美国泡沫破灭型股灾的发生机制与预警研究

施慧洪　著

首都经济贸易大学出版社
Capital University of Economics and Business Press
·北京·

图书在版编目（CIP）数据

美国泡沫破灭型股灾的发生机制与预警研究/施慧洪著.
--北京：首都经济贸易大学出版社，2023.10
ISBN 978-7-5638-3576-8

Ⅰ.①美… Ⅱ.①施… Ⅲ.①金融危机—研究—美国
Ⅳ.①F837.125.9

中国国家版本馆 CIP 数据核字（2023）第 156329 号

美国泡沫破灭型股灾的发生机制与预警研究
施慧洪　著

责任编辑	彭伽佳
封面设计	**风得信·阿东** FondesyDesign
出版发行	首都经济贸易大学出版社
地　　址	北京市朝阳区红庙（邮编 100026）
电　　话	(010)65976483　65065761　65071505(传真)
网　　址	http://www.sjmcb.com
E-mail	publish@cueb.edu.cn
经　　销	全国新华书店
照　　排	北京砚祥志远激光照排技术有限公司
印　　刷	北京建宏印刷有限公司
成品尺寸	170 毫米×240 毫米　1/16
字　　数	287 千字
印　　张	19.25
版　　次	2023 年 10 月第 1 版　2023 年 10 月第 1 次印刷
书　　号	ISBN 978-7-5638-3576-8
定　　价	78.00 元

前　言
PREFACE

　　本书研究美国泡沫破灭型股灾的发生机制与预警,及其对我国股市的相关参考意义。

　　股市泡沫的形成与破裂是周期性的,与商业周期、技术创新周期、债务周期等紧密相联。一般而言,它往往少不了货币宽松,有时候还有财政宽松的外部环境。随着经济繁荣的持续,投机活动逐渐活跃,没有经验的投资新手不断加入,羊群效应催生泡沫。这样复杂的一种场景,我们在"南海泡沫与密西西比泡沫分析"(第二章),"1900年之前美国股灾发生机制分析"(第三章),"1907年和1929年美国股灾发生机制分析"(第四章),"2001年和2008年美国股灾发生机制分析"(第五章),"2021年美国股市泡沫形成及股灾发生机制分析"(第六章),"泡沫、法律和金融监管"(第七章)等章节做了极其详尽的分析。美国股市的发展是从完全自由放任的市场向政府逐渐加强监管的过程转变,而这个转变的节点就是股市乃至金融危机。这与中国的股市改革路径截然不同。

　　在总结美国股市泡沫的形成过程中,我们发现股市属于上层建筑,肯定受到法律、金融监管、政治制度等因素的影响。例如,腐败纵容了股市投机,公司上市中的腐败诱发上市公司财务造假,市场参与者也为了利益链而走险、坐庄、内幕交易、虚假信息、虚假重组、虚假合同,等等,层出不穷。美国的游说活动就是一种阳谋,合法的游说会影响法律和金融监管,从而使得泡沫更容易被无视。事实上,美国股市的动荡性往往比中国股市更严重、影响范围更广。美国不崇尚加强政府对市场的监管,然而金融市场过度自由化必然带来危机;中国金融市场尽管不够完善,但政府主动调控泡沫,防范泡沫,反而使得泡沫破裂时不至于爆发系统性金融危机。"泡沫、法律和金融监管"(第七章),"美国次贷危机政治泡沫分析"(第八章)给我们提供了非常有价值的认识股市泡沫发生机制的视角,它们将政治、法律因素等引入泡沫形成过程的分析中来。这说明,政府对股票市场泡沫的干预是必要的,但是,如何科学干预,其具体机制、手段如何,则值得深入研究。

三十多年历史的中国股市与二百多年历史的美国股市比较起来,中国股市的波动性比较明显,但没有发生过系统性金融危机。每次中国股市动荡之后,政府特别强调改革开放的作用,不断推进和完善股市的市场化进程,释放市场活力,遵循"公平、公正、公开"和"保护投资者"等基本原则。每次改革都重新点燃了人们对股市的期望,从而开启新一轮的股市繁荣周期。"2003年至2009年我国股市波动的发生机制分析"(第九章)和"2010年至2021年我国股市波动的发生机制分析"(第十章)则介绍了中国股市改革的一些重要政策脉络。

可以设想:①新兴股票市场制度不完善,执法或法律本身总是有漏洞;②信息的真实性没有司法保障,虚假合同、虚假财务、虚假重组,违规收益远远超过违法风险和成本;③上市公司圈钱、肇事,劣质公司得不到充分地淘汰,投机者借机炒短、炒小、炒差,或者炒新、炒中小创、炒高送转,或者炒政策、炒题材、炒预期,种种炒作行为,均经不起时间的检验,炒作过后满地狼藉;④股民充满投机性,为了暴富不惜冒不可承受的风险;⑤投资者利益受到非法损害后得不到赔偿,应该让造假者倾家荡产,政府必须拿出这样的态度,塑造这样的投资者维权机制。这些现象最终损害了股市高效配置资金的机制,对经济增长造成伤害。

庆幸的是,政府一直很清醒,一段时间以来,中国政府不断干预股市投机的规模,一定程度上多次降低了股市的剧烈动荡,为股市和经济护航。事实证明,中国政府抑制疯狂的泡沫,而不是放任其演变成不可收拾的金融危机,这种策略是对的,也是比美国股市监管高明的地方。

还有就是金融市场隐蔽的腐败,腐蚀着健康的金融资产;金融业对产业利润的侵蚀乃至剥夺,金融业相对于其他行业的高工资,使人才向金融业集中,不利于制造业的发展;权钱交易和违法牟利在股市不少见。这些往往伴随着股市泡沫发展的全过程。

除了历史分析和定性分析,我们还采用了模型和量化的方法,如"2003年至2022年股市泡沫检测及预警分析"(第十一章)分析了中美股市是否存在泡沫及如何预警的相关问题。美国从2020年3月疫情期间的四次熔断到2022年的股市泡沫,像过山车那样惊心动魄;中国股市相对平稳,不断推出改革措施稳定人们的预期,在没有实行货币宽松的背景下,股市恢复了信心。由于美国货币无限制的宽松与巨额财政赤字,股市泡沫明显,通货膨胀高企等,正蕴酿着可能的金融危机。而中国由于2018年前后,多次全国范围内降杠杆,化解金融风险,即使恒大、融创、华夏幸福等出现资金链危机,也没有演变成系统性的危机事件。在笔者看来,中国政府化解危机的意识和能力要远远强于西方政府。

可以说,中国政府注重防范恶性股市泡沫的一贯态度和政策要优于美国放任股市泡沫、无所作为的态度,要优于美国主流学术圈不承认股市泡沫,即使泡沫破裂也认为股票市场是有效的这样一种学术思潮。股市能自发性地产生泡沫,而政府要防范恶性泡沫的出现,中国政府警惕恶性泡沫,这些就是本书最终的重要的观点。

在近二十年的股票市场投资、教学和研究中,我发现,承认"人之初,性本恶"更符合现实,更有利于股市监管的制度建设。在未来的三十年,股票市场将是我国市场经济运营的核心机制,成为信息和资金的集散中心,服务于科技创新竞赛和市场选拔人才竞争。我们期待着中国建设成功世界上最发达的股票市场的这一天!

最后,感谢学校出版基金的资助,也感谢同事提出的宝贵意见,在搜集资料时提供的帮助,以及首都经济贸易大学出版社的严格要求。书中错误,在所难免,欢迎读者批评指正,笔者邮箱为 shihuihong@ vip. sina. com。

目 录
CONTENTS

第一章　文献综述

第一节　股灾发生机制及预警分析文献综述

近百年来，每十年就会爆发一次全球性金融危机。对于股灾来说，国外理论研究的脉络十分清晰：从需求不足的凯恩斯型经济危机，到信用膨胀（含信贷、财政赤字）与紧缩不断循环的明斯基型金融危机模型，再到依据数学与物理方法展开的股市泡沫与崩盘的数学模型研究。有的重视理论渊源，有的重视方法创新。由于我国的股票市场发展时间短，市场不完善，经济基础也不同，国外理论是否有效还有待验证。

一、国内外相关研究的学术史梳理及研究动态

（一）国际研究现状

1. 股灾类型。

学界对股灾类型作了各种分类，如技术泡沫驱动型（Pastor & Veronesi，2009）与债务泡沫驱动型（Minsky，2008），理性型（Diba & Grossman，1988）与非理性型（Kindleberger，2011），内生型与外生型（Focardi，2014）。Lansing（2010）求解卢卡斯型资产定价方程，得到内生性的理性泡沫解。Kindleberger（2011）分析了金融危机由疯狂、惊恐到崩溃的过程机制。Focardi（2014）分析了某外生型泡沫加速形成的情形：低通货膨胀，金融利润占公司总利润之比较高，金融资产价格增长超指数。

2. 股灾的影响因素。

①货币因素。具体有流动性冲击（Nneji，2015）；货币政策（Jordi 等，2009）；短期利率（Callen，2015）；资本流动（Eichengreen，

2003；Bernanke，2013）；低利率伴随着外资流入，引起资产泡沫及随后的次级债券危机（Bernanke，2013）。②主体因素，如分析师（Andrade等，2013）、投资者、上市公司等不成熟的投资者是股灾的受害者（Greenwood & Nagel，2009），而机构比散户入市早，跑得快（Griffin 等，2011）。对于高成长率企业，股价理论上无穷大，极易形成泡沫（Székely，2012）。而上市公司缺乏社会责任感，刻意隐瞒坏消息，容易导致崩盘（Kim 等，2014）。③杠杆率（Mendoza，2010）、失业率（Farmer，2012）、高管超额津贴（Xu 等，2014）等。资产抵押贷款与资产泡沫化的正反馈循环中，系统将"突停"，暴发危机。④其他因素。如监管的不当激励会促进泡沫的形成（Kroszner，1996），重要事件刺激则立刻吹大或者刺破泡沫。

3. 股灾预警。

①债股票收益差。联邦基金利率下降，证券价格也下降，则股市处于股灾状态（Kontonikas，2013）；BSEYD 模型，即 bond-stock earnings yield differential model，考察了债券收益率与股票收益率（Earnngs/Price）的差值，总结了股灾区间。②PE 模型（Shiller，2015）。③LLPL 模型，即 log-periodic power law（Jiang 等，2010；Cajueiro，2009），它结合遗传算法确定参数，判断崩盘时间。④状态变换法。股灾是前后两个不同状态的切换，由此诞生了马尔柯夫状态空间切换模型（Anaswah，2011）、社会相变模型（Levy，2008）、相变模型（Johansen，2004；Yalamova & McKelvey，2011）。社会相变模型考察投资者的异质性（heterogeneity）与遵从性（conformity），认为股灾是自发和突然的，可用波动性（volatility）指标来预警。⑤动量法。Hui Wang 和 Pandey（2004）定义了股市里的动量概念，并据此预测股灾。

4. 描述股灾发生机理的模型与方法。

①贝叶斯动态随机—般均衡模型（Miao 等，2015）与动态局部均衡模型（Isaenko，2015）。②神经元方法（Ogawa 等，2014）。③金融实验法。Hüsler 等（2013）用实验的方法验证了在正反馈的条件下，价格以超指数的速度膨胀并破裂的过程。④代理人模型（Agent）。Kaizoji（2000）以交互代理人技术模拟了股灾发生的过程。⑤统计方法。包括贝叶斯方法

(Li&Xue 等，2009) 和统计学模型 ［Asako 和 Liu（2013）］。⑥Lévy 过程（Bates，2012）。⑦VAR 模型。它是研究股灾传染性的较好工具（Yang & Bessler，2008）。⑧尖点突变模型（cusp catastrophe model）。Barunik & Vosvrda（2009）、Barunik & Kukacka（2015）发现了美国由内生或外生原因主导的多个股灾。⑨RP 和 RQA 方法（Guhathakurta 等，2010），即递归图（recurrence plot，RP）和定量风险评价（recurrence quantification analysis，RQA）。

（二）国内研究现状

1. 文献综述。吕珊娟（2006）利用非有效市场、金融噪声交易、供需失衡、寡头垄断等经济学理论解释了股市泡沫；吴世农等（2002）根据 CAPM 定理和市盈率的递推关系来度量泡沫，以理性预期理论分析理性泡沫，以信息不对称、正反馈和博弈分析非理性泡沫。

2. 股灾的原因及影响因素。①股灾少不了羊群效应（卞曰瑭，2011；田存志等，2011）。②基金经理及机构投资者投资经验不足或频繁交易（潘越等，2011；陈进国等，2010）助推泡沫。③流动性紧张。梁权熙等（2011）聚焦国际资本流动"突停"时的泡沫破灭。④股市环境不佳。比如：法制、信用、体制等环境有待完善，上市公司行为有待规范（胡挺，2007）；融资者为中心的股市制度需要向投资者为中心转变（涂人猛，2012）；股市监管需要建立协调机制（赵守国，2008）；恶意做空要接受刑法制裁（王群，2015）。⑤日本股灾的原因。日本 1990 年股灾产生的背景是经济长期高速增长提供心理支撑，汇率升值导致热钱流入，低利率带来流动性泛滥促发泡沫的产生；股灾的驱动因素是低利率政策和汇率升值带来的热钱冲击，泡沫破灭的诱因是加息和热钱流出（张建军和胡红伟，2015）。它启示我们：由于长期经济建设成果的积累，人们对风险的警惕性弱化，此时要警惕人为超低利率和汇率升值促成资产泡沫，更要注意金融泡沫被外资找到漏洞，经济成果被掠夺。

3. 对股市内在价值的偏离。刘煜松（2005）估出内在价值和泡沫大小，以及泡沫与 GDP、M2 和城乡储蓄余额等的比值。

4. 泡沫检测与股灾预警。①信息扩散模型。李自然（2015）利用LSW模型中的三个风险扩散因子，分 GARCH（1，1）-M、CGARCH（1，1）-M、EGARCG（1，1）-M 等情形进行计算。②泡沫随机临界时点超指数膨胀模型。林黎等（2012）在非平衡非线性股价序列含有均值回复平稳随机临界时点序列特征时，利用超指数膨胀模型，估算出正反馈效应指数和临界点。③动态期限相关法可判断是否存在泡沫。汪孟海等（2009）将连涨或连跌的时间序列转化 0-1 序列，求出连涨跌次数的分布函数，再根据约定的方法进行假设检测。④实际收益与理论收益的差异进行显著性检验（黄秀海，2008）可判断是否有泡沫。⑤门限自回归模型（TAR）的门限价值反映了泡沫大小（崔畅，2006；孟庆斌，2008）。⑥理性泡沫。周春生（2002）分析了我国理性泡沫存在的多种原因；孟庆斌等（2010）分析了我国 2007 年的理性泡沫。泡沫大小可以度量，毛有碧等（2007）通过蒙特卡罗方法估算出股市价格的均值与方差，按照 95%、85% 的置信区间分成六种程度不同的正负泡沫。⑦泡沫周期性破灭模型。赵鹏等（2008）提出了基于 Markov 域变的周期性破灭型投机泡沫模型。

关于国内研究现状的具体总结参见表 1.1。

表 1.1　典型文献列表

对象	视角	代表性文献
泡沫	文献综述	刘鹤等（2015）；吕珊娟（2006）；吴世农等（2002）；黄佐，孙绍荣（2008）；戴园晨（2001）
	股灾原因及影响因素	（1）羊群效应：王朝晖，李心丹（2015）；卜曰塘等（2013）；田存志，赵萌（2011）；投资者情绪，朱伟骅，张宗新（2008）。（2）基金经理及机构的不当行为：潘越等（2011）；陈国进等（2010）；徐浩峰，朱松（2012）。（3）流动性紧张：梁权熙，田存志（2011）；杨晓兰（2010）。（4）股市环境：王群（2015），胡挺（2007）；涂人猛（2012）；赵守国（2008）。（5）日本股灾：冯维江，何帆（2008）；中国股市 2015：施慧洪（2016），马广奇（2015）
	对股市价值的偏离	（1）净资产与未来 ROE 的 F-O 模型：刘熀松（2005）。（2）宏观经济计量模型：葛新权（2005）。（3）利用 CAPM 定理计算：吴世农等（2002）

续　表

对象	视角	代表性文献
泡沫	泡沫检测与股灾预警	(1) 信息扩散模型：李自然、祖垒 (2015)。(2) 泡沫随机临界时点超指数膨胀模型：林黎，任若恩 (2012)。(3) 非参数蒙特卡罗：张普，吴冲锋 (2009)。(4) 动态期限相关法：汪孟海，周爱民 (2009)。(5) 理论收益率计量模型：黄秀海 (2008)。(6) 门限自回归模型：崔畅，刘金 (2006)；孟庆斌等 (2008)。(7) 理性泡沫：周春生，杨云红 (2002)；孟庆斌，周爱民，张雁茹 (2010)；泡沫程度，毛有碧，周军 (2007)。(8) 马氏域变周期性破灭模型：孟庆斌等 (2008)；赵鹏，曾剑云 (2008)。(9) 神经网络：杨一文等 (2001，2003)
波动	属性	(1) 涨跌不对称性：方立兵，刘烨 (2014)。(2) 跳跃性：赵华 (2012)；陈浪南，孙坚强 (2010)；张普，吴冲锋 (2010)
	基金经理的行为	(1) 固定费用结构下的基金经理激励：曹兴，秦耀华 (2013)。(2) 基金经理波段操作：魏先华，朱世武，梁衡义 (2003)

二、相关述评

国外对股灾的类型、影响因素、股灾预警、股灾模型与方法的研究取得了丰硕的成果。这些方法较为先进，但对中国的 A 股来说，到底实用性如何，没有得到投资实战的检验。因为计算所需要数据的真实性、一致性、及时性、可获得性等方面，中国存在一些薄弱环节。毕竟，中国经济数量的变化与性质的变化交织在一起，弱化了数据的有效性。

国内研究紧跟国际，在股市泡沫的成因、内在价值、泡沫检测等方面取得了较丰富的成果。但是，国内研究也存在以下不足：①对泡沫左侧，即泡沫的生成机制研究较多，对泡沫右侧，即泡沫的破灭机制研究较少。②先进的方法可能好看不好用。例如：模型参数的设定依据的是历史数据，未必适用于现在或未来；数据的真实性、一致性、及时性、可获得性等方面存在瑕疵。③缺少不同方法的比较研究。

第二节　股市泡沫检测方法文献综述

非理性的投资行为、投资者的不良情绪、羊群效应、场内卖空机制缺乏等都会对泡沫产生重要影响，国家可以通过实施相应的政策来抑制股市泡沫的规模。

一、股市泡沫的检验方法文献综述

(一) 国外研究情况

1. 间接检验方法。

间接检验方法是通过考察股票价格自身的变异对股价泡沫的存在性进行检验。Shiller（1981）的方差界检验方法并不是为了检验泡沫所直接设计出来的；Flavin（1983）指出，方差界检验方法所识别的事后理性价格会导致泡沫存在性的过度拒绝；Flood（1985）也认为，由于未系统设定存在泡沫的原假设，即便序列中存在泡沫，该方法也会拒绝泡沫的存在。

Diba 和 Grossman（1988）提出了单位根—协整的泡沫检验方法，通过考察股价与股利的平稳阶数和协整关系等，多角度对股价泡沫进行检验，但该方法对具有复杂非线性演化过程的序列检验结果不理想，往往会掩盖存在的泡沫。

Al-Anaswah 和 Bernd Wilfling（2011）提出了一种新的方法来检测股票价格数据中的投机泡沫，该程序主要用于商业周期研究，并通过创新来适应坎贝尔和席勒（1988）现值股价模型。

Phillips、Wu 和 Yu（2011）在 ADF 模型框架内提出了一种新的泡沫检验的计量方法：上确界 ADF 检验（SADF）。相比以往的泡沫检验方法，SADF 检验具有较高的检验势，且是一种实时检验方法，但存在多个泡沫情况下泡沫产生和破灭时点估计不一致等问题。Asako 和刘振涛提出了一个简单的统计模型来识别金融市场中的泡沫（2013），通过对包括转变概率在内的时变参数的估计，可以确定新生泡沫随时间增长和破裂的时间和方式。众所周知，价格偏离基本面越多，价格越有可能反转。这个模型应用到美国、日本以及中国的股票市场，估计其参数和泡沫破裂的概率并得到结果：股票价格泡沫的时间序列数据呈现出内在的非平稳发展，随着股价变得过高或过低，泡沫破灭的可能性确实会增加。

Branch 和 Evans（2011）运用最小二乘法的资产定价模型来推导内生性泡沫产生和破灭的原因。经济环境中偶尔的冲击可以引导投资者修改他们对风险的估计，而突然减少或增加的股票估计风险可能会推动系统脱离基本面均衡，进入泡沫，导致资产需求暴跌和股价暴跌。这篇文章是从需求角度探寻泡沫破灭的原因，没有提供准确的泡沫分辨检测方法。

2. 直接检验方法。

相比于泡沫的间接检验方法，直接检验方法要求我们在检验过程中显示设定泡沫存在的可能形式。

在直接检验方法领域，West（1987）的二步法检验具有开创性意义，其主要思想在于针对某一特定参数，通过两种不同途径估计出两种不同的系数，并对两种系数的差异进行显著性分析，在不存在泡沫的原假设下，两种途径得出的系数不应该具有显著的统计差异，反之，若两种系数存在显著的差异，则表明存在泡沫。这种方法在股利数据生成过程中的模型设定以及两种不同数据的检验问题上均存在漏洞，在样本较小和风险收益率变动的情况下误差很大，因此并没有得到广泛使用。

Riza（2019）通过 LPPLS 多尺度指标框架检验正、负股市泡沫的可预测性。LPPLS 框架能够成功捕获不同时间尺度上的一些显著的股市泡沫（例如黑色星期一、互联网危机、次贷危机时期），在短期和长期范围内，卖空活动的指标对负泡沫具有强大的预测能力，而市场流动性对负泡沫和正泡沫都具有强大的预测能力。

Gong（2019）为了分析股市泡沫现象，建立了具有非高斯分布和随机波动成分的向量自回归移动平均模型，采用似然函数来加快计算速度。模型参数估计结果表明，紧缩的货币政策可能无法成功地抑制股市泡沫。在检验股市泡沫的实证方法上，单位根右侧 ADF 泡沫检验方法（BSADF）成为常用工具。

上述国外研究的具体情况也可参见表 1.2。

表 1.2　股市泡沫检验方法的国外研究

	作者	检验方法	方法特点
间接检验	Shiller（1981）、Flavin（1983）、Flood（1985）	方差界	可能错误拒绝泡沫
	Grossman（1988）	单位根—协整泡沫检验法	部分泡沫检测不出来
	Al - Anaswah & Wilfling（2011）	马尔可夫转换规范	可以实时发现股市泡沫
	Phillips、Wu 和 Yu（2011）	上确界 ADF 检验（SADF）	一种实时检验方法
	Branch 和 Evans（2011）	最小二乘法的资产定价模型	没有提供准确的泡沫检测方法
	Asak 和 Liu（2013）	时变参数的统计模型	可以预测泡沫破灭的可能性
直接检验	Riza（2019）	LPPLS 多尺度指标框架	可以很好地预测正、负泡沫
	Gong（2019）	具有非高斯分布和随机波动成分的向量自回归移动平均模型	数据获取难度较高

（二）国内研究情况

1. 间接检验方法。

对于间接泡沫检验方法，周爱民（1998）使用方差界模型提出动态自回归方法来检验我国沪深股市泡沫，并验证了之前提出的超常易变性检验方法的可行性，最终发现两种方法均可以有效地检验股市中的泡沫情况。之后，周爱民和张雪莹（1999）比较了各种不同的检验方法的优劣，研究得出超常易变性检验方法可以在同等样本下检验最多的泡沫，而动态自回归检验方法可以与其形成互补，且后者的准确率最高。

但是方差界检验方法所识别的事后理性价格会导致泡沫存在性被过度拒绝。

2. 直接检验方法。

在直接检验方法中，屠孝敏（2003）提出如何利用市盈率来分析计算股市泡沫度，并推导出计算股市合理市盈率的一个简单公式。之后，周爱民和孟庆斌等人（2008）在直接检验的基础上使用 TAR 模型对我国上证指数 1997 年 10 月 31 日到 2007 年 10 月 31 日间的股价进行研究，得到了随机利率下周期性破灭股票价格泡沫的理论框架。研究得出结论：股市最优的成长路径应是持续、适度的上升，发展速度过快或过慢都是不健康的。赵鹏、曾剑云（2008）选择工业增加值、居民消费者价格指数等三个宏观经济变量作为股市基本面的代理变量，经过相关实证检验确保模型的稳定性后，建立向量误差修正模型（VECM）剔除股市的内在价值，进而提取出股市泡沫。欧阳志刚等人（2018）在时变利率框架下，以上证指数作为研究对象，运用递归回归与滚动回归相结合的方法检验我国股市价格，识别泡沫的产生时点与破灭时点。在对上证指数的处理中，基于 Johansen 协整模型，将上证指数的基础价值从整体价格中分离出来。

国内的研究情况具体可参见表 1.3。

表 1.3 股市泡沫检验方法的国内研究

角度	作者	检验方法	方法特点
间接检验	周爱民（1998）	动态自回归方法	检验准确率最高
	郭文伟（2016）	单位根右侧 ADF 泡沫检验方法（BSADF）	弥补了此前研究的不足，但是没有结合我国实际
	屠孝敏（2003）	市盈率法	方法简单
	孟庆斌和周爱民（2008）	TAR 模型	首次在直接检验的基础上使用了 TAR 方法
	赵鹏、曾剑云（2008）	向量误差修正模型（VECM）	通过剔除股市内在价值提取泡沫
	欧阳志刚等（2018）	递归回归与滚动回归相结合的方法	可以将基础价格与泡沫价格互相分离

二、结语与评述

对于股市泡沫的检测方法（无论是直接或间接方法）虽然取得了不少成绩，但难以取得一致。首先，计算方法不完美，国内外所需要数据的真实性、一致性、及时性、可获得性等方面都存在问题。其次，股市泡沫与危机的根源在于经济结构、收入分配与金融资源结构的失衡，而这种研究思路很难量化，国外也排斥这种研究路径。所以，基于价格表象的股市泡沫量化研究几十年来并没有实质性突破，取得的成果也难以达成共识。

未来可以从三个方面对股市泡沫学说进行研究。第一，完善股市泡沫的形成机理，可以从经济结构、社会制度和行为金融学角度进一步分析。第二，分析股市泡沫产生的效应，不仅仅是股票市场。第三，分析相应的法律法规对泡沫的作用，比如监管出现漏洞、监管套利促成泡沫等。

参考文献：

［1］周为. 机构投资者行为与股市泡沫 ［J］. 经济学报. 2019：217-238.

［2］周爱民，汪孟海，李振东，等. 基于三分状态 MDL 方法度量我国股市泡沫 ［J］. 南开大学学报（自然科学版），2010 (2)：92-98.

［3］李心丹. 行为金融理论·研究体系及展望 ［J］. 金融研究，2005 (01)：92-98.

［4］周爱民. 股市泡沫及其检验方法 ［J］. 经济科学，1998 (5)：44-49.

［5］周爱民，张雪莹. 股市泡沫的理论与实证 ［J］. 世界经济，1999 (10)：10-14.

［6］潘国陵. 股市泡沫研究 ［J］. 金融研究，2000 (241)：71-79.

［7］周春生，杨云红. 中国股市的理性泡沫 ［J］. 经济研究，2001 (7)：33-40.

［8］吴世农，许年行，蔡海洪，等．投资者情绪、市场波动与股市泡沫［J］．经济理论与经济管理，2008（2）：45-50.

［9］屠孝敏．基于市盈率的我国股市泡沫分析［J］．金融教学与研究，2003（6）：32-42.

［10］杨继红，王浣尘．我国货币政策是否影响股市泡沫的实证分析［J］．财贸经济，2006（3）：38-40.

［11］崔畅，刘金全．我国股市投机泡沫分析：基于非线性协调整关系的实证检验［J］．财经科学，2006（11）：24-30.

［12］孟庆斌，周爱民，靳晓婷．基于 TAR 模型的中国股市价格泡沫检验［J］．南开经济研究，2008（4）：46-54.

［13］朱伟骅，张宗新．投资者情绪、市场波动与股市泡沫［J］．经济理论与经济管理，2008（2）：45-50.

［14］赵鹏，曾剑云．我国股市周期性破灭型投机泡沫实证研究［J］．金融研究，2008（4）：174-187.

［15］陈国进，张贻军，王景．再售期权、通胀幻觉与中国股市泡沫的影响因素分析［J］．经济研究，2009（5）：106-117.

［16］袁越，胡文杰．紧缩性货币政策能否抑制股市泡沫？［J］．经济研究，2017（10）：82-97.

［17］曾志坚，王雯．基于 LPPL 模型的股市泡沫研究：兼论主权债务危机时国际援助计划效果［J］．财经理论与实践，2018，39（2）．

［18］欧阳志刚，张林军，崔文学．我国股市价格泡沫的识别与动态特征研究［J］．上海经济研究，2018（5）．

［19］周为．机构投资者行为与中国股票市场泡沫［J］．经济学报，2019（6）：217-238.

［20］吕珊娟．股市泡沫形成的经济学解析［J］．统计与决策．2006（4）：112-114.

［21］吴世农，许年行，蔡海洪，等．股市泡沫的生成机理和度量［J］．财经科学．2002（07）：6-11.

［22］田存志，赵萌．羊群行为：隐性交易还是盲目跟风？［J］．管

理世界，2011（03）：180-181.

[23] 王朝晖，李心丹.从众行为与"波动性之谜"[J].宏观经济研究，2015（04）：80-89.

[24] 卞曰瑭，何建敏，庄亚明.股市投资网络模型构建及其稳定性[J].系统工程，2011（12）：19.

[25] 潘越，戴亦，陈梅婷.基金经理的投资经验、交易行为与股市泡沫[J].中国工业经济，2011（1）：120-129.

[26] 陈国进，张贻军，刘淳.机构投资者是股市暴涨暴跌的助推器吗?：来自上海A股市场的经验证据[J].金融研究，2010（11）：45-59.

[27] 梁权熙，田存志.2011.国际资本流动"突然停止"、银行危机及其产出效应[J].国际金融研究，2011（2）：52-62.

[28] 胡挺.股市生态的演化分析：兼论我国股市生态的优化对策[J].财经科学，2007（2）：22-28.

[29] 涂人猛.中国股市的制度设计偏差与变革[J].武汉金融，2012（6）：4-8.

[30] 赵守国.我国股市的过度投机行为及其治理对策[J].经济学动态，2008（8）：62-66.

[31] 王群.中国股市的刑法治理：从核查"恶意做空"证券市场行为谈起[J].南方金融，2015（10）：90-95.

[32] 冯维江，何帆.日本股市与房地产泡沫起源及崩溃的政治经济解释[J].世界经济，2008（1）：3-12.

[33] 刘熀松.股票内在投资价值理论与中国股市泡沫问题[J].经济研究，2005（2）：45-53.

[34] 李自然，祖垒.基于信息扩散模型的上证指数定价和波动特征研究[J].系统工程理论与实践，2015（6）：1416-1424.

[35] 林黎，任若恩.泡沫随机临界时点超指数膨胀模型：中国股市泡沫的检测与识别[J].系统工程理论与实践，2012（4）：673-684.

[36] 汪孟海，周爱民.基于动态期限相关法的股市价格泡沫实证检验[J].财经科学，2009（2）：25-33.

[37] 黄秀海．一种新的股市泡沫计量方法［J］．经济学家，2008（1）：91-99.

[38] 崔畅，刘金全．我国股市投机泡沫分析：基于非线性协调整关系的实证检验［J］．财经科学，2006（11）：24-30.

[39] 孟庆斌，周爱民，靳晓婷．基于 TAR 模型的中国股市价格泡沫检验［J］．南开经济研究，2008（8）：46-55.

[40] 孟庆斌，周爱民，张雁茹．基于理性预期的中国股市价格泡沫研究［J］．南开大学学报（自然科学版），2010（8）：79-83.

[41] 张普，吴冲锋．基于非参数蒙特卡罗模拟的股票波动性价值研究［J］．管理科学，2009（6）：89-95.

[42] 毛有碧，周军．股市泡沫测量及性质区分［J］．金融研究，2007（12）：186-197.

[43] 赵鹏，曾剑云．我国股市周期性破灭型投机泡沫实证研究：基于马尔可夫区制转换方法［J］．金融研究，2008（4）：174-187.

[44] 朱伟骅，张宗新．投资者情绪、市场波动与股市泡沫［J］．经济理论与经济管理，2008（2）：45-50.

[45] 徐浩峰，朱松．机构投资者与股市泡沫的形成［J］．中国管理科学，2012（8）：18-26.

[46] 杨晓兰．流动性、预期与资产价格泡沫的关系：实验与行为金融的视角［J］．世界经济文汇，2010（4）：33-45.

[47] 施慧洪.2015 中国股市施慧洪投资、动荡与治理［M］．北京：中国金融出版社，2016.

[48] 马广奇，王欢．股灾之训救市之思［J］．财会月刊，2015（10）：127-129

[49] 葛新权．泡沫经济计量模型研究与应用［J］．数量经济技术经济研究，2005（5）：67-78.

[50] 杨一文，刘贵忠，张宗平．基于神经网络、多分辨分析和动力学重建理论的股市趋势预测［J］．系统工程理论与实践，2001（8）：19-23.

［51］杨一文，刘贵忠，蔡毓．基于模糊神经网络和 R/S 分析的股票市场多步预测［J］．系统工程理论与实践，2003（3）：70-76.

［52］方立兵，刘烨．股市收益率涨跌不对称性的区间分析［J］．统计与决策，2014（12）：167-169.

［53］赵华．中国股市的跳跃性与杠杆效应：基于已实现极差方差的研究［J］．金融研究，2012（11）：179-192.

［54］陈浪南，孙坚强．股票市场资产收益的跳跃行为研究［J］．经济研究，2010（4）：54-66.

［55］魏先华，朱世武，梁衡义．衡量基金经理"波段操作能力"的方法［J］．管理科学学报，2003（12）：21-27+39.

［56］曹兴，秦耀华．固定费用结构下基金经理管理费激励研究［J］．财经理论与实践，2013（9）：107-111.

［57］JOHANSEN A. Originofcrashesinthree US stockmarkets：shocksandbubbles［J］．PhysicaA – Statistical Mechanics and Its Applications，2004，338（1-2）：135-142.

［58］YALAMOVA R，MCKELVEY B. Explaining what leads up to stock market crashes：a phase transition model and scalability dynamics［J］. Journal of Behavioral Finance，2011，12（3）：169-182.

［59］WANG H，PANDEY R B. Momentum analysis of DJI stocks near sharp rise，crash，and consolidation［J］. PHYSICA A – Statistical Mechanics and Its Applications，2004，334（3-4）：pp. 524-530.

［60］MIAO J J，WANG P F，XU Z W. A Bayesian dynamic stochastic general equilibrium model of stock market bubbles and business cycles［J］. Quantitative Economics，2015，6（3）：599-635.

［61］ISAENKO S. Equilibrium theory of stock market crashes［J］. Journal of Economic Dynamics & Control，2015，60：73-94.

［62］HÜSLER A，SORNETTE D，HOMMES C H. Super－exponential bubbles in lab experiments：Evidence for anchoring over－optimistic expectations on price［J］. Journal of Economic Behavior & Organization，2013，

92：304-316.

［63］ KAIZOJI T. Speculative bubbles and crashes in stock markets：an interacting-agent model of speculative activity ［J］. PHYSICA A, 2000, 287 (3-4)：493-506.

［64］ LI CW, XUE H. A Bayesian's Bubble ［J］. Journal of Finance, 2009, 64 (6)：2665-2701.

［65］ BATES D S. U S stock market crash risk, 1926-2010 ［J］. Journal of Financial Economics, 2012, 105 (2)：229-259.

［66］ YANG J, BESSLER D A. Contagion around the October 1987 stock market crash ［J］. European Journal of Operational Research, 2008, 184 (1)：291-310.

［67］ BARUNIK J, KUKACKA J. Realizing stock market crashes：stochastic cusp catastrophe model of returns under time-varying volatility ［J］. Quantitative Finance, 2015, 15 (6)：959-973.

［68］ BARUNIK J, VOSVRDA M. Can a stochastic cusp catastrophe model explain stock market crashes? ［J］. Journal of Economic Dynamics & Control, 2006, 33 (10)：1824-1836.

［69］ GUHATHAKURTA K, BHATTACHARYA B, CHOWDHURY A R. Using recurrence plot analysis to distinguish between endogenous and exogenous stock market crashes ［J］. PHYSICA A – Statistical Mechanics and Its Applications, 2010, 389 (9)：1874-1882.

［70］ GREENWOOD R, NAGEL S. Inexperienced investors and bubbles ［J］. Journal of Financial Economics, 2009 (93)：239-258.

［71］ ANASWAH N A, WILFLING B. Identification of speculative bubbles using state-space models with markov-switching ［J］. Journal of Banking and Finance, 2011 (35)：1073-1086.

［72］ ANDRADE S, BIANZ J Z. Analyst coverage, information, and bubbles ［J］. Journal of financial and quantitative analysis, 2013.

［73］ ASAKO K, LIU Z T. A statistical model of speculative bubbles, with applications to the stock markets of united states-japan and China〔J〕. Journal of Banking and Financd, 2013（37）：2639-2651.

〔74〕GALI J, GAMBETTI L. The effects of monetary policy on stock market bubbles: some evidence〔J〕. American Economic Journal-Macroeconomics, 2015 （7），233-257.

〔75〕LI C. Log-periodic view on critical dates of the Chinese stock market bubbles〔J〕. Physica A- Statistical Mechanics and its Applications, 2017 （465）：305-311.

〔76〕GONG X L, LIU X H, XIONG X, et al. Non-gaussian VARMA model with stochastic volatility and applications in stock market bubbles 〔J〕. Chaos, Solitons & Fractals, 2019（121）：129-136.

〔77〕DIBA B T, GROSSMAN H I. Explosive rational bubbles in stock price〔J〕. The American Economic Review, 1988（78）：520-530.

〔78〕OGAWA A, ASAMIZUYA T, IRIKI T, et al. Neural basis of economic bubble behavior〔J〕. Neuroscience, 2014（265）：37-47.

〔79〕SHILLER R J. Do stock prices move too much to be justified subsequent changes in dividends?〔J〕. American Economic Review, 1981 （71）：421-436.

〔80〕FLAVIN. Excess volatility in the financial markets: a reassessment of the empirical evidence〔J〕. The Journal of Political Economy, 1983（6）：929-956.

〔81〕FLOOD, GARBER, SCOTT. Multicountry tests for price level bubbles〔J〕. Journal of Finance, 1985（40）：677-687.

〔82〕WEST. A specification test for speculative bubbles〔J〕. Quarterly Journal of Economics, 1987（102）：553-580.

〔83〕MINSKY H P. Stabilizing an unstable economy〔M〕. NY: McGraw-Hill, 2008.

〔84〕PASTOR L, VERONESI P. Technological Revolutions and Stock Prices〔J〕. American Economic Review, 2009, 99（4）：1451-1483.

　　[85] KINDLEBERGER C P, MANIAS R Z A. Panics and crashes: a history of Financial Crises [M]. 6th ed. NY: Palgrave Macmillan, 2011.

　　[86] FOCARDI S M, FABOZZI F J. Can we predict stock market crashes? [J]. Journal of Portfolio Management, 2014, 40 (5): 183-195.

　　[87] LANSING K J. Rational and near-rational bubbles without drift [J]. Economic Journal, 2010, 120 (549): 1149-1174.

　　[88] NNEJI O. Liquidity shocks and stock bubbles [J]. Journal of International Financial Markets Institutions & Money, 2015 (35): 132-146.

　　[89] Callen J L, FANG X H. Short interest and stock price crash risk [J]. Journal of Banking & Finance, 2015 (60): 181-194.

　　[90] BERNANKE B S. The federal reserve and the financial crisis [M]. N J: Princeton University Press, 2013.

　　[91] ANDRADE S C, BIAN J Z, BURCH T R. Analyst coverage, information, and bubbles [J]. Journal of Financial and Quantitative Analysis, 2013, 48 (5): 1573-1605.

　　[92] GRIFFIN J M, HARRIS J H, TOPALOGLU S. Who drove and burst the tech bubble? [J]. Journal of Finance, 2011, 66 (4): 1251-1290.

　　[93] SZEKELY G J, RICHARDS D S P. The St. Petersburg paradox and the crash of high-tech stocks in 2000 [J]. American Statistician, 2000, 58 (3): 225-231.

　　[94] KIM Y, LI H D, LI S Q. Corporate social responsibility and stock price crash risk [J]. Journal of Banking & Finance, 2014, 43: 1-13.

　　[95] Barry Eichengreen. Capital flows and crises [J]. Massachusetts Institute of Technology, 2003.

　　[96] MENDOZA E G. Sudden stops, financial crises, and leverage [J]. The American Economic Review, 2010, 100 (5): 1941-1966.

　　[97] REA F. The stock market crash of 2008 caused the great recession: theory and evidence [J]. Journal of Economic Dynamics & Control, 2012, 36 (5): 693-707.

［98］XU N H, LI X R, CHAN K C. Excess perks and stock price crash risk: evidence from China ［J］. Journal of Corporate Finance, 2014, 25: 419-434.

［99］KROSZNER R S, STRAHAN P E. Regulatory incentives and the thrift crisis: dividends, mutual-to-stock conversions, and financial distress ［J］. The Journal of Finance, 1996, 51 （4）: 1285-1319.

［100］SORNETTE H G. How to grow a bubble: a model of myopic adapting agents ［J］. Journal of Economic Behavior & Organization, 2011, 80 （1）: 137-152.

［101］KONTONIKAS A, MACDONALD R, SAGGU A. Stock market reaction to fed funds rate surprises: State dependence and the financial crisis ［J］. Journal of Banking & Finance, 2013, 37 （11） : 4025-4037.

［102］SHILLER R J. Irrational exuberance ［M］. N J: Princeton University Press, 2015.

［103］JIANG Z Q, ZHOU W X, CAUWELS P. Bubble diagnosis and prediction of the 2005－2007 and 2008－2009 Chinese stock market bubbles ［J］. Journal of Economic Behavior & Organization, 2010 （74）: 149-162.

［104］CAJUEIRO D O, TABAK B M, WERNECK F K. Can we predict crashes? the case of the Brazilian stock market ［J］. PHYSICA A-Statistical Mechanics and Its Applications, 2019, 388 （8）: 1603-1609.

［105］LEVY M. Stock market crashes as social phase transitions ［J］. Journal of Economic Dynamics & Control, 2008, 32 （1） : 137-155.

［106］DEL NEGRO M, PRIMICERI G. Time－varying structural vector autoregressions and monetary policy: a corrigendum ［R］. Federal Reserve Bank of New York Staff Report, 2013, No 619.

［107］PRIMICERI G E. Time varying structural vector autoregressions and monetary policy［J］. Review of Economic Studies, 2005 （72）: 821-852.

［108］张建军, 胡红伟. 全球历次重大股灾对我国的启示 ［J］. 南方金融, 2015 （11） .

 # 第二章　南海泡沫与密西西比泡沫分析

第一节　南海泡沫的时代背景、过程、内在发生机制和后果分析

一、南海泡沫的时代背景分析

15 世纪末至 16 世纪初的地理大发现促进了西欧社会经济的发展，特别是海外殖民与贸易的扩张。地理大发现将连接东西方的商路从地中海沿岸转到了大西洋沿岸，欧洲西部的发展超过了东部，中世纪晚期盛极一时的意大利城市由于商路的改变而衰落，荷兰和英国迅速发展和繁荣起来，成为资本主义的核心地区。

从 16 世纪到 18 世纪中期，西方进入了重商主义时代。其时，固定资本起着相对次要的作用，而资本的迅速周转产生了较高收益，贸易的重要性超过了其他各种经济活动。此外，金融体系有赖于金银的流通，这种流通也取决于对外贸易情况。在重商主义时代，利用本国实力造成贸易顺差，并保证金银及其他贵金属的进多出少，是欧洲各国政府商业政策的出发点和归宿。这一时期，哪个民族能够大规模生产物美价廉的大众商品，能够通过强大的海上力量将这些商品运输到世界各地，特别是垄断海上交通路线，哪个民族就迅速地强大起来。荷兰、法国和英国是这一时期迅速崛起的发达资本主义国家的典型代表。

16 世纪，位于欧洲大西洋沿岸的一些海港城市变得空前繁荣，荷兰由于横贯大陆的贸易同海上贸易的结合，成为当时欧洲主要的商业与金融中心。16 世纪的英国还没有走上经济增长的道路，因为其经济既缺乏规模，又没有优越的商业地位。进入 17 世纪，英国通过与荷兰的

美国泡沫破灭型股灾的发生机制与预警研究

三次战争逐渐确立了海上霸主地位，伦敦和利物浦随着国内外贸易的扩张而迅速发展，使得英国不仅成为欧洲也成为世界的商业中心。17 世纪的法国不存在英国、荷兰那样在国民经济中占主导地位的民族工业，为防止金银及其他贵金属在国际贸易中净流出，法国颁布了相关法规和政策，创建并成功发展了自己的工场手工业体系。

随着工业时代的发展，内外战争都开始升级，中南美洲等海外殖民地的争夺与欧洲大陆西班牙继承权等纠纷纠缠在一起，使得 18 世纪战争不断，英国可谓当时反法联盟的主力。战争需要融资，任何有政治抱负的政治人物都致力于"宫廷理财术"。1715 年，路易十四去世，约翰·劳（John Law）在法国的纸币实验如火如荼，金币价格甚至有时不如纸币，法国的债务神奇地消失了，甚至出现繁荣景象。这也深深刺激了英国，导致英国步其后尘，疯狂拓展新的融资渠道。这也是世界金融史上的奇观，英国错误地学习了法国促进经济发展的方法，并在法国通货膨胀导致股票价格泡沫破灭之后，英国金融市场的南海泡沫也走向了破灭。

地理大发现以来贸易经济的发展为史无前例的股市泡沫创造了三个方面的历史条件：第一，商业组织形式的转变。为发展对外贸易，各地商人组成若干贸易公司。这些公司最初都属于临时性质，通过汇集资金组成商船队，进行贸易，并按照出资额多少进行利润分配。同时，这些贸易公司也依赖各自政府获得某种特许经营权。这样，在特许经营权和巨额贸易利润的推动下，近代资本主义的股份有限公司出现了。第二，金融系统的快速发展。17 世纪，股份制银行为政府融资，并被赋予了经营货币和票据、发行等额纸币的特权。1688 年，性质和运营方式近似银行的海上保险公司出现了，火灾保险、人寿保险等其他保险企业也纷纷成立。另外，从 16 世纪开始，以买卖现货与期货为业务的商品交易所和以买卖股票、公司债券与公债等有价证券为业务的证券交易所纷纷成立。债券和股票成为公司融资的主要手段。第三，投资活动规模迅速扩张。长期的经济繁荣使得私人资本不断集聚，社会储蓄不断膨胀，公司股票、债券的发行与流通迅速成为人们放大财富效应的投资工具。

20

二、南海泡沫的发生过程分析

股市投机泡沫的演变历程可以划分生成、膨胀、破灭三个阶段。

（一）第一阶段：南海公司以"债券换股票"为依托，通过信息欺诈维持泡沫

为了维持与政府的关系，并借此彰显自身实力、抬升自身市场地位，南海公司先后于1711年、1717年两度实施"债券换股票"方案，前后合计认购1 200万镑政府债券，其中第一次认购债券的利率是6%，第二次减为5%。与此同时，南海公司以政府授予的种种海外贸易特权为保证，不断向市场散布公司发展的利好消息。但是，国际环境复杂多变，尤其是英国与西班牙两国关系的恶化，给南海公司从事海外贸易的环境造成了十分不利的影响，导致公司的实际经营活动毫无起色。可是，南海公司管理者通过粉饰公司的经营业绩，散布虚假的利好消息，欺骗广大公众投资者。例如，南海公司大肆宣称在墨西哥和秘鲁海岸发现了储量巨大的金银矿藏，随着开发的推进，巨额的金银财富将源源不断地流进南海公司，公司的经营业绩将会大幅提升。在这些欺诈性利好消息的诱惑下，南海公司的股价保持着高位运行的态势。

（二）第二阶段：南海公司通过巨额国债管理计划，推动投机泡沫不断膨胀

1720年1月，受法国密西西比计划暂时成功的刺激，南海公司如法炮制了自己的巨额国债管理计划。主要内容有：①以"债券换股票"方式认购3 000多万镑政府债券，认购数额为前两次的2.5倍多，债券利率在1727年前为5%，1727年后减为4%。这种机制设计的关键在于，南海公司通过为政府减轻债务压力，进一步巩固并提升自身的市场地位。面对国债管理的潜在好处，英格兰银行也提出了自己的国债管理方案，与南海公司展开竞争。南海公司的管理者则以公司股票市价不断攀高为赢利手段，私下向政府官员和议会议员进行商业贿赂。②南海公司发布虚假信息，公司股价一路飞涨。随着英国议会审议通过南海公司的方案，公司股价从1720年1月每股130镑左右，涨至4月7日每股

310 镑，到 8 月一度达到每股 1 000 镑。①

（三）第三阶段：股市频现内幕交易、疯狂套现，投机泡沫开始破灭

在南海公司股价的财富示范效应下，无数良莠不齐的大小股份公司如雨后春笋般纷纷涌现，甚至西欧其他国家的投资者也携资涌入英国股市。1720 年 6 月，英国议会通过了《反金融诈骗和投机法》（即《泡沫法案》），开始对大大小小的上市公司及其发行的各类股票进行清理整顿。② 8 月，面对南海股价与公司实际业绩之间的严重背离，深谙内情的投机者疯狂套现，过度膨胀的投机泡沫开始破裂了。从 8 月最高时每股 1 000 镑跌至年底每股 130 镑上下，整个股市笼罩在一片恐慌的氛围之中，数以千计的公众投资者血本无归，倾家荡产。

南海泡沫事件重创了英国的经济与社会，一度引发了政治危机，谈股色变的阴影延续一个世纪之久。在英国对股市融资横眉冷对之时，大西洋彼岸的美国抓住机会，华尔街逐渐发展起来了。

三、南海泡沫的内在发生机制分析

（一）商业文明兴起给社会带来了普遍的投机心理

从文艺复兴到宗教改革，人本主义和新教伦理打破了封建思想的禁锢。17 世纪，人们已经开始舍弃神学，追求对现实生活有用的东西，希望过上好生活。英国清教对财富的态度由传统的否定转为积极的肯定，其教义鼓励人们赢得财富。总之，资本主义的商业精神迅速渗透到英国社会各阶层，英国社会已经摆脱禁欲主义和虚无主义的神学束缚，形成了追逐功利的生活目标。此外，1688 年后，英国走上了长期对外战争的轨道，战争带来了政府的巨额债务，也刺激了人们摆脱贫困的渴望。在交易活动中，人人都幻想通过投机与欺骗在某一天成为财富的骑士。人们彻底放弃了中世纪的道德观念，贪得无厌地追求利润，而市场

---

① 史超. 起起落落说"股"事（之三）"南海泡沫"：股市"泡沫"篇 [J]. 宏观经济管理，2007（08）：68-70.

② 李国运. 南海公司事件案例研究 [J]. 审计研究，2007（03）：92-96.

竞争的成败也成为检测人们能力和德行的唯一标准。

1720 年南海公司股价飙涨，让人们产生了获得巨额财富的幻想，淹没了公众应有的质疑和理性，社会各阶层，上至国王、议员、贵族，下至一般民众，甚至大科学家牛顿都参与其中。当股价上升时，社会各阶层都想从股票价格的上涨中获益，纷纷抢购，股价不断上涨，泡沫不断膨胀；当价格下降时，民众信心动摇，纷纷卖出其持有的股票，又加剧了股票价格下跌，最终泡沫破灭。

（二）早期证券市场不完善

南海泡沫事件发生时，新生的股票市场存在许多缺陷。创办公司时，股票发行人以欺骗手段发售股票；在股票买卖时制造谣言，以各种卑劣的手段操纵股市，获取暴利。[①] 这些活动在今天都是犯罪，但在当时的股票市场却很盛行。首先，投资者通常是商人或伦敦专业投资人，1720 年之前，证券市场即以短期和投机交易为主。其次，市场完全分散在交易巷周围的许多咖啡馆里，没有统一的价格。不同的价格会在不同的地点，甚至在同一个咖啡馆里被报价。妇女们不希望暴露于交易巷中，而在附近女帽制造商或杂货商人的商店里会见她们的经纪人。最后，当时的股票市场缺乏有效的监管机制。整个过程充满欺诈、腐败和狂热，而且英国国王和大臣都深度参与了交易。

同期股份公司的设立普遍不遵循法律规定。按照规定，设立股份公司必须首先得到国王的批准，获得国王颁发的特许证书，在没有特许证书的情况下经营是非法的。但是，投机带来的短期暴利使人们漠视法律，《泡沫法案》没有起到预期效果。当各种形形色色的"泡沫公司"上市与南海公司竞争时，政府在南海公司的怂恿下，迫使议会颁布《泡沫法案》。该法案虽然阻止其他"泡沫公司"进入市场分享南海公司的利润，但由于法律条文模棱两可、执法不力以及商人们的普遍漠视，几乎成了一纸空文。

---

① 高德步. 十八世纪初英国泡沫经济的产生与破灭及其历史教训 [J]. 中国人民大学学报，1994（02）.

（三）政府治理股市缺乏经验，纵容并催化了股市泡沫

南海泡沫事件发生时，英国实行的是重商主义政策，强调国家对国内外经济生活实行全面和严格的干预，政府扮演着"万能"政府的角色，政府职能存在"越位"和"缺位"。

1. 南海公司股票发行与国债挂钩。利用政府不用偿还国债的愿望，南海公司后期学习法国密西西比泡沫的经验，股票发行与国债挂钩，这种先天的运行机制的缺陷最终导致法国和英国股市泡沫的破裂。

2. 统治阶层辉格派与托利派矛盾重重，为南海公司所利用。辉格派在财政金融方面有力地促进了英国近代金融体系的初步形成[1]，控制着英格兰银行和东印度公司董事会，并在战争期间享受了丰厚的投资回报。为了提供一个有效替代辉格派的英格兰银行的方法，安妮女王统治时期，托利党大臣们支持建立南海公司。在英格兰银行和南海公司竞标管理英国国债的过程中，政府采纳了南海公司的方案。在南海公司股票持续下跌、将要崩盘时，政府才求助英格兰银行。在英格兰银行拒绝之后，政府被迫采取"补救措施"。

（四）从众心理的羊群效应使得投资大众失去理性

股票投机属于高收益与高风险并存的活动，在正常情况下，人们根据对收益与风险的预期决定自己的投机行为，有人看涨，有人看跌，数量大体相等。但是在泡沫膨胀时期，股价持续上涨，持股者惜售，投资人抢购，造成股价轮番上涨，即所谓的羊群效应。[2] 投资者不是根据基本面分析股票，由于信息不对称，投资者更容易形成从众行为。羊群效应导致动量效应，股价越是上涨，投资者越要跟进；股价越是下跌，投资者越要抛售，而动量效应又加剧了股价的暴涨暴跌。

（五）上层人士存在严重的腐败和违法行为

南海泡沫的发生在很大程度上与上层人士的腐败和违法行为密切相关。南海泡沫破裂后，1721 年 1 月 4 日，议会下院讨论并最终形成了

---

① 王勇."世界金融史上的革命"：论十七、十八世纪英国金融体系的形成 [D].贵阳：贵州师范大学，2008.

② 高德步.十八世纪初英法两国的泡沫危机 [J].学术研究，1995（12）：80-83.

《董事法法案》（*Directors' Bill*），禁止南海董事出国并责令他们提交财产清单。议会还成立了一个调查委员会。与此同时，南海公司的出纳罗伯特·奈特开始涂改认股账目以保护"老朋友"，比如，将 Stanhope 涂改成 Stangage。随着调查的深入，内阁大臣和议员受贿、公司操纵股市等惊人内幕逐渐揭露出来。然而，在调查的关键时刻，奈特潜逃出境，并带走了一本记录着公司行贿关键证据的绿皮账簿。①

四、南海泡沫的后果

（一）金融危机，经济衰退，乃至经济危机

资产泡沫破裂带来的最直接的后果就是财富的雪崩效应，银行的不良贷款迅速增加，引发信用危机。当不良贷款累积到一定程度时，一些银行就会破产，导致金融危机。人们的财富迅速缩水，社会消费和投资下降，订单减少，经济衰退，进而导致工厂倒闭，工人纷纷失业，悲观、阴郁的社会心理盛行。② 英国股票市场被认为花了一个世纪才走出南海泡沫的阴影。银行业发展放慢减缓了英国工业的扩张，降低了经济增长的速度。

（二）影响政治团体的利益分配，甚至引发政治动荡

南海泡沫的破灭增强了英格兰银行和辉格党人的利益。当南海公司锐不可当之际，英格兰银行甚至辉格党都处于下风。南海公司的失败给予英格兰银行不少机会，英国各地开始接受英格兰银行的银行券，成为现代意义上的纸币流通。③

（三）危机促使股票市场监管及法律法规逐渐完善

泡沫的出现及破灭一方面是由于投机者追逐资本利得的非理性行为，另一方面则是缺乏相应的监督管理，法律法规不健全。如果当时有相对独立有效的监管部门能够及时采取行动制止民众过度的投机行为，如果相关的法律法规能够帮助甄别和惩罚欺诈行为，严重的资产泡沫就

① 徐滨. 南海泡泡——英国第一场金融危机的因果始末 [J]. 经济社会史评论, 2010 (11): 28-42.

② 陈舒静. 基于资产膨胀的资产泡沫与金融安全 [J]. 现代商业, 2008 (6): 24, 23

③ 费雪. 1720: 南海泡沫往事 [N]. 中国经营报, 2015-03-23 (E06).

不会出现。所以，泡沫爆破后英国颁布了相关金融法律法规，这成为后来金融市场有序运行的有力保障，为金融体系的健康繁荣发展做出了积极贡献。

第二节　密西西比泡沫的时代背景、过程、内在发生机制和影响分析

密西西比泡沫发生在股票和货币市场，法国民众广泛牵连其中，随后的经济衰退为法国大革命准备了经济条件。

一、密西西比泡沫的时代背景介绍

（一）政治背景介绍

法国前任国王路易十四在执政期间（1661—1715 年），法国发动了三次重大战争：遗产战争、荷法战争和大同盟战争。三次战争虽然奠定了法国的欧洲霸主地位，却造成国库空虚，政府债务高达 30 亿里弗尔的局面。当时，整个法国的年收入只有 1.45 亿里弗尔，且政府开支达 1.42 亿里弗尔，只能剩下 300 万里弗尔用来支付 30 亿里费尔债务的利息。[①] 当时的法国税制对王室豁免征税，百姓税务负担不断加重，经济困难，政府财政入不敷出，政府部门几乎陷入瘫痪状态。所以说，30 亿里费尔债务使得法国经济萧条、通货紧缩。路易十五（1710—1774 年）于 1715 年继承王位，当时只有 5 岁，由摄政王履政。

（二）经济背景介绍

17 世纪欧洲国家普遍奉行重商主义政策。路易十四也推行重商主义政策。1673 年，路易十四颁布了世界上最早的公司立法《商事条例》，以制定法的形式取代自由贸易时代的商事惯例和商事习惯法。该法首创核准主义，即公司成立除符合法律规定外，还需获得行政官批准。核准制授予密西西比公司诸多特权，支撑了其初期的泡沫。在债务

---

① 查尔斯·马凯，约瑟夫·德·拉·维加. 金融投资 400 年［M］.苏州：古吴轩出版社，2016：4~72

支持下，泡沫初期出现股价上涨、经济复苏的景象。

（三）历史人物背景介绍

密西西比泡沫是由金融家约翰·劳策划和推动的。1705 年，约翰·劳出版著作《论货币与贸易》，显示出他在货币理论方面的独特天赋。他主张纸币本位制，拥有货币发行权的银行有权管理国家税收，并以税收和不动产为基础发行纸币，保证提供足够的通货以摆脱财政困境，解决国债问题，并且支持经济繁荣和宏观调控。恰好法国政府国库枯竭，巨额国债导致财政窘境，这让摄政王看到了解决财政和经济困境的曙光，继而重用约翰·劳，特许他建立私人银行——通用银行。

二、密西西比泡沫爆发过程分析

我们从密西西比泡沫发展的时间线（见图 2.1），以及内在机制予以分析。

（一）泡沫酝酿阶段，形势向好

1716 年 5 月，约翰·劳获得路易十五王室批准开办通用银行，经营期限 20 年，拥有发钞权，最初规定该银行所发钞票必须以固定价格与黄金和白银铸币兑换。通用银行的纸币拥有市值稳定且可以用来兑换硬币和交税的特点，受到民众的欢迎，通用银行继而发行了超过其自有资本的新纸币，政府信用担保、民众信心支持和优秀的经营策略使得通用银行的股利十分可观。

1717 年，法国规定王国所有税收皆以约翰·劳的银行钞票缴付，为银行货币流通开辟了新的道路。国王授权成立密西西比公司，经营期限 25 年，公司股权每股定价 500 里弗尔，国内外投资者可自由购买，资本金上限确定为 1 亿里弗尔，成为全世界资本金最庞大的公司。

1717 年 8 月，约翰取得在北美法属殖民地——路易斯安那州贸易特许权和 25 年自由开发权，之后获得加拿大皮货垄断权。密西西比公司与法国政府达成协议，规定民众购买密西西比公司股票必须先购买公债，再用公债购买股票。密西西比公司获得公债后销毁，法国政府不用到期偿还公债，但在接下来的 25 年，每年给密西西比公司支付 400 万里弗尔利息。

1715年	法国摄政王奥尔良公爵启用约翰·罗,任命其为财政大臣。
1716年5月	法国政府特许约翰·劳开立通用银行,经营期限20年,拥有发钞权;通用银行发行了超其自有资本的新纸币;约翰·罗同意每年向法国王室支付5300万里弗尔;以1:1.2的比例兑换国债。
1717年7月	国王规定所有税收皆以约翰·劳的银行钞票缴付;25日,国王授权密西西比公司成立,经营期限25年,公司股权每股定价500里弗尔,股本1亿里弗尔。
1717年8月	密西西比公司取得美洲密西西比河流域法国贸易特许权、25年自由开发权和加拿大皮货垄断权;约翰·劳制定法国公债转成密西西比公司股票的方案:民众购买密西西比公司股票必须先购买公债,再用公债购买股票。密西西比公司获得公债后销毁,法国政府在接下来25年每年给密西西比公司支付400万里弗尔利息。
1718年12月	通用银行被国有化,更名为皇家银行,约翰·罗担任行长;皇家银行拥有实际印钞权
1719年	约翰·罗买下了法国皇家造币厂,皇家银行纸币成为法国法定货币;密西西比公司和法属东印度公司合并为法国印度公司,垄断了法国所有的欧洲以外的海外贸易。
1719年7月	25日,印度公司发行5万股股票,每股面值1000里弗尔,支付了政府5000万利弗尔,取得了皇家造币厂的承包权,股价涨到1800里弗尔;皇家银行发行2.4亿里弗尔钞票,用于支付印度公司发行的1.59亿利弗尔的股票。
1719年8月	约翰·劳取得了农田间接税的征收权,法属印度公司股价涨至1800里弗尔
1719年9月10日	皇家银行再发行货币2.4亿里弗尔。
9月12日	法属印度公司增发10万股,每股面值5000里弗尔。
9月28日	法属印度公司增发10万股,每股面值5000里弗尔。
1719年10月2日	法属印度公司增发10万股,每股面值5000里弗尔,三次共偿还15亿利弗尔的国债。
1719年	法国通货膨胀率4%。
1720年3月25日	皇家银行发行货币3亿里弗尔,
4月5日	家银行发行货币3.9亿里弗尔,
5月1日	家银行发行货币4.38亿里弗尔。
1720年5月	法国皇家银行的黄金储备只有流通纸币的一半。50%黄金储备不算低,但王室和约翰·劳应对错误:王室发布纸币贬值50%的法令;任何拥有超过500里弗尔的金银的人,都将被处以高额罚款。
1920年	法国通货膨胀率20%。
1721年9月	法属印度公司股票股价跌至500里弗尔每股。

图2.1　密西西比泡沫爆发过程时间轴

(二) 股市泡沫发生机制:融资、垄断、谣言与超货币发行

1. 股票质押贷款拉抬股票投资需求。约翰·劳给股民提供融资方案,允许股民用密西西比公司(后是法属印度公司)的股票做抵押向皇家银行申请贷款,再以贷款购买股票。这种信用扩张机制刺激了股票需求,快速推动股票价格上涨。

2. 不断增强增多的垄断特权带来的未来可预期收入能力迅速提升了人们对股票价值的预期。直至1719年,密西西比公司拥有多项垄断特权,支撑了其早期上涨的股价。①1719年7月25日,约翰·劳成立印度公司,垄断法国所有的欧洲以外的贸易,为约翰·劳的公司带来巨额利润。②垄断烟草销售相关的一切税款和其他收入。1718年,通用

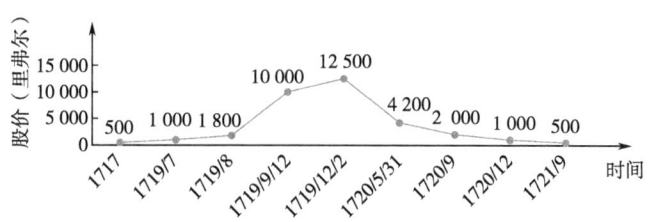

图 2.2　密西西比/法属印度公司股价变动

资料来源：《新资本论》附录：约翰·劳和密西西比泡沫。

银行的信誉大幅提升，垄断烟草销售，法国通用银行被国有化，更名皇家银行。③8 月，承包王室一切间接税和直接税的征缴，股票价格涨到 1 800 里弗尔。④向法国政府支付 5 000 万里弗尔，取得国家铸币厂 9 年经营权，独揽改铸金币、银币权。为了取得铸币权，法属印度公司发行 5 万股股票，每股面值 1 000 里弗尔。

3. 在没有现金流支撑的情况下，只有谣言支撑高昂的股价。有关法属印度公司拥有大量黄金储备，以及皮毛、烟草贸易具有巨大增长潜力的流言广为流传，随着路易斯安那州金、银、宝石等传统雕刻品面世，更吸引普通民众积极参与。公司许诺40%股息，大肆宣传和虚假承诺。

4. 超速超额纸币发行支持了短期股价飙升。不受控制的货币洪水进一步支撑股票的巨额发行和股价的同步飙升。1719 年 4 月，皇家银行宣布货币价值与白银价值脱钩，不再保证兑换，这标志着法国社会迅速从金本位制彻底转换成纸币本位制。皇家银行具有中央银行和商业银行双重性质。1719 年 7 月，皇家银行发行 2.4 亿里弗尔钞票；9 月 10 日，皇家银行又发行 2.4 亿里弗尔钞票；之后，为了替政府偿还 15 亿里弗尔国债，法属印度公司约翰·劳三次发行巨额股票。1719 年 9 月 12 日，增发 10 万股，每股面值 5 000 里弗尔；9 月 28 日又增发 10 万股，面值相同；10 月 2 日再次增发 10 万股（如图 2.3 所示）。三次增发股票过程中，法属印度公司股价不断上涨，达到每股 10 000 里弗尔。1719 年 8 月至 1719 年 12 月的四个月间，股价从 2 759 里弗尔急速攀升至 12 500 里弗尔。

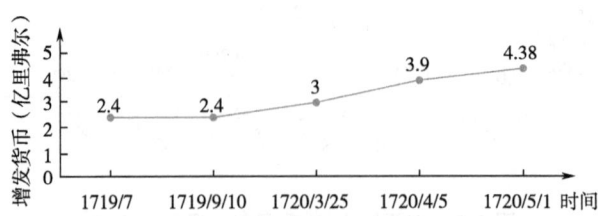

图 2.3　1719 至 1720 年皇家银行增发货币数量

资料来源：《新资本论》附录：约翰·劳和密西西比泡沫。

密西西比投机泡沫具有现代泡沫的相似特征。一是需要一种理论工具或舆论工具塑造公众对公司未来收入迅速增长的预期。例如，美国 20 世纪 90 年代股市泡沫的主观驱动因素是"新经济理论"，塑造了科技革命企业收入无限增长的幻景。二是暂时还不能被识破的谣言进一步巩固了这种预期。三是超额货币发行与投资杠杆从宏观和微观两个方面促进了投机交易，交易气氛炽烈也使得人们害怕错过财富机会，纷纷下场博弈。

（三）泡沫难以维持，最终破天，危机总爆发

公司股价持续高涨，吸纳大量本国和欧洲各国投机资金涌入。由于约翰·劳不断重复增发股票伴随增发货币，货币供应的大幅增加最终带来了通胀的恶果。1720 年 3 月 25 日，货币发行扩张 3 亿里弗尔，4 月 5 日扩张 3.9 亿里弗尔，5 月 1 日扩张 4.38 亿里弗尔。1719 年，法国通货膨胀率为 4%，1720 年上升为 23%。

通货膨胀引发民众恐慌，投资者信心开始动摇。1719 年 12 月 2 日至 1720 年 5 月 31 日，法属印度公司股价直线下跌至 4 200 里弗尔。1720 年 5 月，政府的股票贬值令打算分 7 个阶段将股票价格从 9 000 里弗尔降到 5 000 里弗尔，同时降低纸币面值。价格下跌的预期引起民众恐慌，民众大量抛售股票：1720 年 9 月，股价跌至 2 000 里弗尔；12 月，跌至 1 000 里弗尔；1721 年 9 月，跌至 500 里弗尔。股价下跌幅度远远超越了政府预期和调控能力。至此，密西西比泡沫破灭，法国金融体系崩溃，经济受到重大打击，政府宣布恢复金本位制。

1. 泡沫破灭时的杠杆紧缩机制。信用杠杆越高，泡沫破灭时越惨烈。密西西比泡沫就是典型的杠杆型自我强化机制，这种机制一旦被触发反向运行，就像开启了潘多拉的盒子，过程难以控制，直到出现最坏结果。

2. 政府调控力量与市场力量博弈的结果往往是调控目标恶化。事实证明，市场的破坏性力量远远超过了政府的想象和控制力。密西西比泡沫也是这样，政府打算分 7 个阶段调控股价，目标是 5 000 里弗尔，实际则是 500 里弗尔。

三、密西西比泡沫内在发生机制分析

约翰·劳创造信用货币并通过发行信用货币来解决当时法国的通货紧缩和政府债务问题的思路，头几年成效显著，发行的股票曾受到法国民众的狂热追捧。但是，超量发行股票和纸币使泡沫不断膨胀，通胀不断高企，泡沫的破裂则顺理成章了。密西西比泡沫经过了三个阶段：第一阶段，法国面临巨大的财政赤字和政府债务负担，从 1717 年到 1718 年，货币乃至纸币增发，股价不断上涨，仍属于正常的经济现象。第二阶段，随着巨量货币的增发，通货膨胀逐渐高企，股价不断攀升。1720 年进入第三阶段，巨量货币集中增发，股市进入危机阶段，纸币不断贬值，股价迅速下跌，即使各方全力干预也无效果。

（一）政治因素

密西西比泡沫是一个政府为了财政减压而主导的金融泡沫。路易十四的征战导致法国政府财政困难，国债负担难以为继。路易十五上台后，为了缓解经济紧缩，重用约翰·劳，由其成立私人的通用银行，由王室提供信用担保。一开始，该银行缓解了国家的财政压力，提高了民众对纸质货币的信心。成功之后，约翰·劳及其所在公司获得了许多产品和贸易的垄断权，其中包含能够影响国家经济命脉的殖民地自有开发权、垄断烟草销售和铸造金、银币权。在王室的信用担保和股价不断攀高的影响下，民众信心高涨。王室默许和纵容约翰·劳的行为，把缓解财政压力的希望放在约翰·劳身上。

（二）特权、超量货币发行和虚假承诺

约翰·劳拥有众多特权和垄断权，其中不乏与国家经济密切相关的贸易，其公司确实具有美好的发展前景。但当市场过分炒作该远景的时候，高得离谱的预期收益未必能够兑现。发行股票时承诺的40%的高收益也超越了经济理性，使得投资者对股票的信心极其脆弱。谣言之下，高预期收益和发行人承诺的40%的投资收益，都预示着货币和股市泡沫破灭的必然性。

根据货币主义理论，货币发行要适度。在经济紧缩的时候，凯恩斯主义理论是相对有效的；在通货膨胀的时候，货币主义理论是相对有效的。也就是说，当法国经济萎靡时，纸币因为能够摆脱金属货币的数量限制，货币增发能够刺激经济发展和繁荣。但是疾风暴雨式的货币发行既超越了经济的需要，也刺激了人们对于货币币值稳定的信心。当人们对于货币价值稳定的诉求难以实现时，货币信心崩溃就会引发金融海啸，导致恶性通货膨胀、汇率迅速贬值等后果。

（三）约翰·劳货币理论的缺陷：皇家银行货币超量发行

约翰·劳的货币理论过分强调增加货币数量的作用，适用于财政经济拮据的苏格兰①，没有考虑货币发行数量的边界。约翰·劳建议苏格兰发行以土地为抵押的纸币，后来在法国实行以国债信用为抵押的纸币，初期由于信用扩张，经济规模扩大。但是，纸币超量发行引发的通货膨胀则在约翰·劳的著作《论货币和贸易》中只字未提。货币超发引发通货膨胀是约翰·劳纸币理论的根本缺陷。

在约翰·劳的货币实验中，皇家银行同时承担了中央银行和商业银行的角色。当代中央银行的首要职能是根据国家经济状况调节货币供应量，以防范通货膨胀和促进就业、经济增长等为目标；商业银行则在央行基础货币的基础上通过货币乘数扩张全社会的信用。约翰·劳规定可以用国库券，配以贷款加杠杆，购买密西西比公司的股票；由于股票供

---

① 约翰·劳. 论货币和贸易：兼向国家供应货币的建议［M］. 朱泱，译. 北京：商务印书馆，1997.

给突然增加，约翰·劳辅以巨量的货币发行来消化巨量国债。这就是当时约翰·劳的任务和为完成任务而设计的金融机制（见表 2.1）。这个复杂的机制打通了纸币、国债、股票等市场，但是设计上却存在先天的缺陷，无法应付通胀的局面。

一开始，皇家银行发行的货币与黄金白银价值挂钩，这无形中还可以控制基础货币供应量的无限扩张；当纸币与黄金脱钩之后，皇家银行发行的基础货币暴增，最终导致通货膨胀率迅速上升，使得约翰·劳的财政金融机制崩溃。为了偿还国债，他大量发行股票和货币，法国竟然从恶性通货紧缩迅猛演变成恶性通货膨胀。从 1716 年 5 月约翰·劳的银行创建到 1720 年 5 月的 4 年时间里，纸币发行量超过之前金属货币供应量（黄金和白银）的四倍还多。[①]

表 2.1 约翰·劳的资金循环过程

第一轮循环 （债转股阶段）	政府用银行券向公众还本付息，公众则用银行券（挂钩国库券）购买约翰·劳公司股票；公司获得特权，赢利前景诱人，股价上涨[②]；股票成功销售，国债成功抵销
第二轮循环 （泡沫及破灭阶段）	皇家银行大肆发行货币，将高额国债转换为公司股权，承诺高额股息；股价急剧上升，信用货币过度扩张和股价上涨相互刺激，通胀不断上扬；投机者出售股票获利，兑换白银导致白银短缺，触发了货币危机和股市危机

四、密西西比泡沫造成的影响

密西西比泡沫破灭给法国货币、金融、经济体系造成毁灭性打击，影响深远，波及法国政治和社会稳定，甚至对法国大革命的爆发都有着间接影响。无数投资者包括百姓和王室成员的财富遭受重大损失。法国再次回归金本位制，国家重新陷入通货紧缩和经济萧条，王室财政长期捉襟见肘，货币信用制度和资本市场长期停滞，最终法国王室财政宣告

---

① 向松祚. 新资本论 [M]. 北京：中信出版社，2010：579–589.
② 瞿强. 资产价格泡沫与信用扩张 [J]. 金融研究，2005，(3)：50–58

破产。

（一）经济影响

密西西比泡沫破灭之后，法国经济恶性通货膨胀，社会购买力下降。挤兑导致银行倒闭，纸币没有任何效力，"劣币驱逐良币"的格雷欣定律发生作用，金属货币退出流通并大量外流，法国经济衰退并陷入大萧条。泡沫破灭给法国民众内心带来巨大打击，甚至有"银行诅咒"的说法出现，阻碍了股市和银行的发展，进而进一步阻碍了资本主义先进生产力的发展。

（二）政治和社会影响

当出现急剧的通货膨胀时，政府制定的制度朝令夕改，根本无法维持市场稳定，民怨更甚。泡沫的产生受王室深度介入，泡沫破裂使得王室信誉持续下降。泡沫破裂后，为了稳定货币局势，法国王室规定公民不得持有超过 500 里弗尔的金属货币，甚至大规模搜查民宅，使股价暴跌、货币贬值的社会紧张情绪变成了社会恐慌，加剧了社会动荡。在经济持续萧条、通货膨胀居高不下的背景下，1789 年暴发了法国大革命。法国大革命使统治法国数个世纪的波旁王朝及其君主制土崩瓦解。

（三）货币制度影响

约翰·劳进行了法国从金本位制转换至纸本位制的尝试。但是，随着泡沫破裂，信用货币的公信力和法国政府信用一起崩塌，导致信用货币制度停止运转长达数十年。

五、启示

第一，扩张性的货币政策是形成泡沫的外生条件。货币政策应当与实体经济相适应，严重偏离实体经济需求的加速扩张必定会造成资产价格泡沫，孕育泡沫破灭危机，即使中央银行也无力回天。

第二，大规模财政赤字不可持续，财政透支或借款超过一定限额，会引发通货膨胀，最终泡沫破灭。无论是 1720 年前法国难以承受的债务，还是当今的欧洲主权债务危机，都预示着美国超量国债可能的危害。

第三，投资者对价格短期内几倍甚至几十倍的上涨要警惕。

参考文献：

［1］FRENHEN，GOETZMANN，ROUWENHORST. New evidence on the first financial bubble［J］. Journal of Financial Economics，2013，108（3）：585–607.

［2］JOHANNESSEN. The South Sea and Mississippi bubbles of 1720［J］. Innovations Lead to Economic Crises，2017：59–87.

［3］VOGEL. Financial market bubbles and crashes，features，causes，and effects［M］. London：Palgrave Macmillan. 2018：47–116.

［4］蒋立场. 误导性的货币政策：法国"密西西比泡沫"［J］. 中国城市金融，2015，（3）：76–77.

［5］马凯，维加. 金融投资400年. 苏州：古吴轩出版社，2016：4–72.

［6］向松祚. 新资本论［M］. 北京：中信出版社，2010：579–589.

［7］瞿强. 资产价格与货币政策［J］. 经济研究，2001，（7）：60–67.

［8］贾康，余小平，马晓玲. 财政平衡与财政赤字［J］. 财经科学，2001，（1）：45–50.

# 第三章　1900年之前美国股灾 发生机制分析

1900年以前，美国作为一个新兴国家，通货膨胀、金融投机与经济恐慌时常出现，股市在繁荣和萧条之间频繁变换。这个时期，美国股市的发展可分为三个阶段：萌芽阶段（1790—1837年）、快速发展阶段（1838—1869年）以及深化发展阶段（1870—1900年），大致经历了1792年杜尔投机第一美国银行股票泡沫事件、1837年土地投机泡沫破灭导致经济大萧条、1857年明斯基型第一次世界金融危机、1869年黄金投机逼空价格操纵案、1873年铁路投资过剩及货币紧缩政策条件下的经济萧条期，以及1893年黄金严重外流戳破股市泡沫破灭的经济危机。这些简要的美国股市及经济发展史料对中国股市发展很有借鉴意义。

第一节　股市萌芽阶段的泡沫和 股灾的发生机制分析

从1790年美国资本市场诞生到1837年美国经济大萧条，经历了两次股市泡沫，分别是1792年杜尔第一美国银行股票投机案和1837年经济大萧条。

一、美国股市初步发展介绍

（一）美国股票市场的诞生

美国独立战争后，新政府承担了前殖民地的战争债，但不幸的是，它几乎没有用以偿还债务的税收。于是，1790年，美国财政部长亚历山大·汉密尔顿决定开始在纽约发行国债，成功筹集8 000万美元（查

理斯·R. 吉斯特，2004）。

（二）费城股票交易所的成立与发展

1790年，证券经纪人成立了费城经济商协会，同年，美国第一家股票交易所即费城股票交易所正式成立。至1800年，费城一直都是美国的首都，是美国最重要的商业和政治中心，是许多美国金融机构的诞生地。费城股票交易所成立初期，交易对象是政府或准政府有价证券。1791年4月9日，美国立法机关通过法案，允许政府成立公司，建造从费城到兰凯斯特的一段公路，费城股票交易所便发行了美国第一家收费公路的股票，股票上市后价格大涨。这为政府公共事业融资提供了新思路（李冀峰等，2006）。随后，第一美国银行、宾夕法尼亚银行、费城银行、农机银行等也都纷纷发行股票。1790年到1834年，费城股票交易所都是在"商人咖啡屋"里运行，1834年，费城股票交易所大楼正式建成并投入使用。

（三）纽约证券交易所的成立与发展

1792年5月17日，美国24名经纪人在华尔街的一棵梧桐树下聚会，约定证券交易的地点为梧桐树下，并规定了交易佣金的最低标准及其他交易条款。这是纽约证券交易所（简称"纽约证交所"）的开端，当时商订的协议叫《梧桐树协议》。

1792年之前，零星的纽约股票交易并没有固定场所，报价商制定并操纵市场价格。随着金融业务增多，咖啡屋成为这些经纪人进行股票交易的场所。1792年初，约翰·萨顿等人决定在华尔街22号建立一个拍卖中心，并称之为股票交易所。股票出售者将股票存放在交易所，拍卖人根据交易量收取佣金，经纪人参加拍卖。可这个体系很快就崩溃了，因为许多外围经纪人参加拍卖会获取最新股票价格后，却在场外收取更低的佣金成交相应股票。于是，场内经纪人巨头们签订了《梧桐树协议》，以制止场外交易的无序竞争。协议规定，佣金将不得低于0.25%，经纪人之间才能从事股票交易并互惠互利。当时的交易对象主要是政府和银行发行的股票。

1817年，《梧桐树协议》的主要经纪人到费城股票交易所考察后，制定了与费城股票交易所一样的章程，并将经纪人委员会更名为"纽约股票交易委员会"，场内交易也转移到华尔街40号大楼的二层室内，佣金开始实行浮动制，在0.25%~0.5%之间浮动，纽约证券交易所正式建立（刘振亚等，2001）。每天委员会主席依次对股票进行叫价，经纪人会知道彼此的买价和卖价，并据以进行交易。交易所于每日上午11点30分开市，一般在下午1点结束，交易合约将在交易日后的第二天下午2点15分前进行清算。

1818年，共有5只联邦政府发行的债券、1只纽约市政债券、10只银行发行的股票、13只保险公司股票以及几只外国股票在纽约证交所交易（纽约股票交易委员会，1918）。1825年，伊利运河建造成功，纽约取代费城成为商贸中心。1830年，"默荷克"和"哈德逊铁路"股票开始在纽约证券交易所交易。因为美国西部丰富的物产通过五大湖和伊利运河直接运送到了纽约，纽约证交所依靠港口城市的优越地理位置，成为美国最重要的证券交易中心。1836年，纽约证交所上市公司有81家，包括38家银行、32家保险公司、4家铁路公司、4家运河公司以及3家天然气公司（冯少杰，2013），相比于1818年的20多家金融机构，上市公司新增了铁路、运河、天然气等公共基础设施类型。

（四）场外交易市场

场外交易市场自美国资本市场诞生起就一直存在。由于交易委员会的排他性，非会员经纪商不能参与场内交易，只能在场外进行股票交易，场外交易量常常超过场内交易量。场外市场交易的股票品种主要是未在证券交易所挂牌交易的股票（马达，2008）。店头交易多发生在交易所闭市后，此时证券价格已经由交易所确定。此外，一些证券经纪人设立固定的柜台，吸引和方便投资者到柜台上买卖股票，这种交易称为柜台交易。

至此，美国股票交易市场开始分为以费城股票交易所和纽约证券交易所为主的场内交易，以及店头市场、柜台市场为主要形式的场外交易两种基本类型。

二、股市泡沫及股灾事件发生机制分析

（一）1792年杜尔投机第一美国银行的股票泡沫及其破灭的发生机制分析

1. 第一美国银行股票泡沫。1791年，美国中央银行被称作第一美国银行，总部在费城，筹集资本1 000万美元，股票发行价为100美元（约翰·S. 戈登，2005）。金融家和投机商们对其联邦财政独家代理的垄断地位非常感兴趣，1791年7月，第一美国银行股票正式认购一个小时内售光。随后股价一路攀升，启动了美国股市的第一轮牛市。

威廉·杜尔1789年担任财政部部长助理。他泄露内幕核心机密给亲朋故旧，甚至杜尔本人也参与到证券的投机之中，获取了暴利。后来，联邦政府规定财政部官员不准参与联邦证券的投机买卖，杜尔就辞去公职，从政府高官那里借钱投机。

1791年，杜尔决定与纽约最富有的人之一亚历山大·麦卡姆合作。两人商定，用麦卡姆的名义和金钱开户，用杜尔的投机天才和信息优势操盘，双方合作一年，平分所得利润。一开始杜尔买进了纽约银行的股票，因为传闻第一美国银行准备兼并纽约银行，纽约银行股价看涨。但是，杜尔私下否定了这种可能性，所以他又用自己的账户卖空纽约银行股票。

两家银行合并的消息不断传来，加上杜尔本人的身份地位，投资者蜂拥而至，大量吃进纽约银行股票。于是，杜尔也放弃了自己的空方账户，四处借钱买进了大量的第一美国银行股票和纽约银行股票（刘振亚等，2001）。1791年，纽约银行股票7月份价格为25美元，8月份涨到325美元，上涨了13倍（冯少杰，2013）。第一美国银行股票和纽约银行股票的泡沫迅速膨胀。

2. 市场空头紧缩信贷后，第一美国银行股票泡沫破裂。1792年2月，卖给杜尔股票的利文斯顿家族开始从银行存款账户撤出黄金和白银，并与当地的货币供应商共同迫使银行收回贷款，开启银行信贷紧缩过程。当时利率飙升到日息1%，这对借钱做多的投机者们是致命打

击。当杜尔因挪用 23.8 万美元公款暴露而入狱（约翰·S. 戈登，2005）时，股价一路狂跌。杜尔被捕第二天，纽约就有 25 起破产案发生，损失至少有 500 万美元（钟铁夫等，2003）。

3. 美国政府介入，缓解因货币紧缩导致的股票泡沫破裂的后果。汉密尔顿总统积极采取行动，下令财政部购买几十万美元的联邦证券，向市场释放货币流动性；要求银行不收回贷款，允许商人可以暂时用短期票据支付关税，股市很快恢复常态。尽管因政治原因，第一美国银行于 1811 年被迫关闭，其存续的 20 年间为投资者提供了年 8% 的股息和 57% 的资本利得（Edmund C. Stedman，1969）。

（二）1837 年土地投机泡沫破灭导致的股市泡沫破灭事件分析

股市投机和土地投机并行时，投机泡沫破灭的危机程度更深。

1825 年，伊利运河修建成功，取得了巨大的商业成功，纽约也成为美国最大的经济中心。美国西部丰富的物产被源源不断送到纽约，运输成本只有原先的 1/20，运输时间为原先的 1/3。仅 1825 年就有大约 13 110 艘船只穿行于布法罗和奥尔巴尼之间，缴纳的税收高达 50 万美元，足以支付纽约州为修建运河所借的债务（约翰·S. 戈登，2005）。1827 年，伊利运河股票市值达到了 2 200 万美元，比伊利运河本身的价值高出整整三倍（钟铁夫等，2003）。1829 年，上任的杰克逊总统要求尽快还清国债并关闭第二美国银行。为此，他一方面提高关税，另一方面大幅削减政府开支。1834 年，杰克逊政府偿还了所有国债。由于市场上证券供给大量减少，剩余证券的价格进一步被抬高，同时，股市交易商也越来越多，交易量越来越大。1835 年，交易所的日交易量大约为 6 000 股，相当于 1830 年的 60 倍。1837 年前，伊利运河股票泡沫加速膨胀。

杰克逊政府批准建立银行以资助西部土地开发项目，又吹起了土地投机的泡沫。银行把它们的银行券贷给投机者，投机者再去购买土地；由于土地的卖方主要是联邦政府，银行券很快又回到了银行，贷款又被贷给土地投机者，泡沫越吹越大。1832 年，政府的土地销售总额为 250 万美元，到 1836 年，这一数字达到了 2 500 万美元，土地投机盛行

（钟铁夫等，2003）。在美国土地投机时，这股投机热潮也影响到了美国股市，大量与土地有联系的股票（如铁路和公路股票）在 1834 年末至 1835 年初，其价格暴涨了两三倍。

各州对银行的监管能力不足，埋下了土地投机泡沫破裂时银行倒闭破产的隐患。1837 年，全美银行数目比 1829 年翻了两倍多，银行券总值翻了 3 倍多，发放的贷款翻了近 4 倍（约翰·S. 戈登，2005）。然而，许多州的银行资本金不足，监管不严，发放的贷款都压在了土地上，而土地是最缺乏流动性的抵押品。

政府抑制土地投机的政策导致土地投机泡沫破裂，股市泡沫也随之破裂。1836 年 7 月 11 日，新颁布的《铸币流通令》要求 1836 年 8 月 15 日以后购买土地都必须用金币或银币支付。由于铸币需求激增，为应对流动性缺口，银行不得不尽快收回贷款。同时，国会下令财政部从 1837 年 2 月开始，每个季度都从财政部在银行的存款中取出 900 万美元，并根据人口按比例分配给各州（查理斯·R. 吉斯特，2004）。因此，黄金储备较少但发行了大量银行券的银行纷纷破产，美国股市也因此大受影响。运河股票牛市泡沫和铁路、公路股票牛市泡沫瞬间破碎，股价开始大幅下跌，投资者们一时间对股市失去了信心，纷纷抛出手中的股票（约翰·S. 戈登，2005）。全国经济也处于一片恐慌之中，全美 90%工厂关门，商业活动空前冷寂，美国历史上首次进入经济萧条期（钟铁夫等，2003）。费城股票交易所在这次金融风暴后元气大伤，华尔街逐渐成了美国金融的象征。

三、总结与述评

这个时期的股市泡沫及其破裂具有以下特征：①当项目满足了全社会需要时，其赢利前景容易产生泡沫。如费城股票交易所和纽约证券交易所先后为美国金融业和基础设施的发展筹集了大量资金，却往往伴随着价格繁荣和泡沫。②泡沫生成与破灭往往和货币与财政的宽松与紧缩相联系。1792 年，杜尔投机美国第一支股票——第一美国银行，泡沫期股价一年涨了十几倍。但是该泡沫最终被市场信贷紧缩力量击破，这是美国股票发展史上第一次股灾。在汉密尔顿货币宽松政策的救市下，这次股灾并没有对美国经济造成严重的影响。③一旦资产泡沫绑架了银行，政府出台去泡沫政策容易引发经济危机。1837年，因银行被土地投机所绑架，在杰克逊政府金银币购买土地和财政部每个季度划拨资金分给各州的双重政策打击下，发行银行券比例过多的银行大量破产倒闭。土地投机大泡沫破裂间接地刺穿了股市泡沫，引发经济危机。④危机调控需要提前预警、提前调控，因为一旦泡沫规模达到一定的程度，政府再调控就略显迟滞。

股市价值提升和高投资回报的期待必须遵循劳动价值的规律，否则，人为的股市泡沫必然伴随着泡沫破灭。美国股市和股灾发展史是一座金矿，富含哲理。

第二节　1838—1869 年美国股灾的发生机制分析

1838 年至 1869 年，美国股市进入了快速发展的新阶段，也经历了两次股市泡沫破裂，分别是 1857 年第一次世界金融危机和 1869 年黄金操纵案。

一、美国股市的飞速发展

（一）交易所恢复发展，优势明显

随着美国经济从 1837 年的投机危机中恢复过来，19 世纪 40 年代可以说是纽约证券交易所历史上最重要的时刻，在此期间获得了空前的发展。1837 年，交易所会员比起场外经纪商（路边经纪商）日子要好过得多了。在 19 世纪 30 年代牛市的最高峰时期，场外经纪人因不能进入股票交易所，建立了一个新的证券交易所。到 1839 年，这些经纪商几乎都已破产，到 1848 年，这些证券交易所自然而然地消失了。

1848 年，纽约证券交易所报道了它的财务状况：年收入 10 396 美元，支出 9 317 美元，盈余 1 079 美元。19 世纪 50 年代初，美国资金变得宽裕，股票投机十分活跃。1857 年纽约证券交易所出现危机时，场内交易比场外交易的那些股票跌幅要小很多。

（二）金矿的发现和资本主义生产力的发展

1848 年，加利福尼亚州发现金矿，淘金热开始，美国黄金产量激增，扩大了货币供应并且强有力地支撑了美元，经济在黄金的带动下迅速繁荣，美国股市也迅速发展，矿业股票和其他证券的数量迅速增加。1856 年，上市公司有 360 家铁路、985 家银行、75 家保险公司，还有那些被交易所拒绝的证券在场外交易。

另外，1829 年，美国开始修建铁路，铁路通车试验获得巨大成功（斯蒂芬，1829），一直到 1840 年，美国铁路业迅速发展。铁路是资本密集型行业，由此产生了巨大的融资需求，这使得铁路股票迅速成为美国股市投资的主要品种。1835 年，只有 3 只铁路股票在交易所挂牌交易，到 1840 年已经有 10 只铁路股票挂牌交易，到 1850 年，有 38 只铁路股票挂牌交易。南北战争爆发时，铁路证券相当于美国证券的 1/3，成为华尔街的主要交易品种，正如一代人之前的政府债券和银行股票。

电报也对华尔街的发展产生了巨大且深远的影响。1841 年，电报的发明使得股市交易和投机进入新信息时代，纽约股市开盘价格传递到费城所需的时间从 30 分钟锐减到几秒钟，大大促进了美国股市交易的发展。

1. 伊利铁路证券成为完美的投机工具。因政治因素导致伊利铁路的修建极为困难，崎岖不平的路线给工程实施带来了很多技术上的难题。伊利铁路造价高昂，公司被迫一次次地向州政府借款和到华尔街筹集所需要的资金，形成了特殊的资本结构。有一批可转换债券甚至允许持有人可以随心所欲地在债券和股票之间来回转换，这在华尔街的历史上是绝无仅有的。由于伊利铁路大量发行各种证券，伊利铁路公司的股票和债券几乎成为投机者从事投机活动的专门平台。

2. 电报巩固了纽约作为美国金融中心的角色。19 世纪 30 年代，费城和华尔街之间铺设了一条旗语线，每隔 6 英里或者 8 英里就安排一个人在山丘或者楼顶之上，拿着大旗和望远镜，第一个人站在纽约证券交易所的最高处，通过旗语向外传递纽约证券交易所的开盘价格，大约

30 分钟后开盘价可以传到费城。1846 年，电报公司已经开始盈利并且分红。美国金融中心的经纪商是最早也是最主要的用户。电报可以在几秒钟之内把纽约的股价传送到费城或其他任意地方，而且完全不受天气因素的影响，全天 24 小时都可以传送。"金钱总是有聚集的趋势，股票、债券、黄金、很快就集聚到了那些金融活动盛行的地方。流动的财富总量越大，这种特性表现得越明显。根据这一原理，伦敦成为世界金融中心，纽约成为美国的金融中心。"（James K. Medbery，1870）

二、伴随着经济繁荣的股市泡沫和黄金投机泡沫的演变

（一）1857 年明斯基型第一次全球金融危机

黄金的流入扩大了货币供应并且强有力地支撑了美元，经济在黄金的带动下迅速地繁荣发展起来。同时，西部的密西西比河流域大规模铺设铁路，生铁产量从 1850 年的 6.3 万吨激增到 1856 年的 88.3 万吨，煤炭产量也翻了一倍。整个美国的经济开始蓬勃发展起来。这样的经济形势在股票市场上也得到了反映。在每一个经济形势乐观时期，股票都是投机者的至爱，即使是一些投资价值令人高度怀疑的矿业股票，在场外市场的交易也非常活跃。加之银行为投机者们提供了大量贷款，使得他们可以用很少的保证金购买大量的股票，新一轮股市泡沫开始膨胀。这个时期，股票交易所的日交易量稳定在 6 000 股的水平，场外市场交易经常超过 70 000 股。

然而，到 1857 年中期，经济出现衰退：金融诈骗频发，黄金产量趋于平稳，再加上在夏季和早秋农场主为支付收割费用和偿还贷款，从当地银行提走他们的存款，导致银行资金供应下降。各种原因交织在一起，1857 年 8 月 19 日，铁路股票价格开始下跌，8 月 24 日，俄亥俄人寿保险和信托银行破产，大量欺诈行为被揭露，公众对股市失去信任，股价大幅下跌，并且很快波及巴黎和伦敦市场，第一次真正意义上的世界金融危机爆发。此时市场上有大量急于抛出的股票，却找不到一个买家。

这次金融危机给美国股市的打击几乎是致命的，一半的经纪商都走

向破产，另外还有 985 名纽约商人破产，留下高达 1.2 亿的债务，热门的矿业交易也以很快的速度消失。美国经济在狂热之后归于萧条。在此次金融危机中，场内交易的股票相对于那些场外交易的股票而言，其价格跌幅要小得多。1858 年，纽约股票交易委员会就出现了大量的会员申请。

明斯基出生于美国芝加哥，他将金融与经济周期联系起来，强调信贷顺周期的不稳定性。他认为，在一个不受到政策干预的自由资本主义金融体系内，信贷是顺周期的——当经济处于上升阶段时，信贷会扩张；当经济下行时，信贷便会紧缩。信贷的这种顺周期行为形成了金融体系内生的不稳定性，并最终造成危机的爆发。这个理论能够解释1857 年、1929 年、2008 年等美国典型泡沫形成与破灭的过程。明斯基型泡沫一定要与银行信贷联系起来，泡沫破灭过程中的银行破产、企业破产、货币紧缩机制像绞索一样，而挽救市场的政策就是松开绞索，释放货币的流动性。但是，在纸币宽松的背景下，经济能否从危机中恢复效率却是一个问题。2008 年美国次贷危机之后，欧洲紧跟着又发生了主权债务危机，发达国家推崇负利率政策。这说明 2008 年的危机并没有根本解决，如果经济靠负利率才能运转，这样的经济不是健康的。

（二）1869 年黄金投机逼空事件价格操纵案

1. 美国南北战争促进了股市繁荣和黄金投机。

1861 年美国南北战争打响，带来了巨大的战争融资需求，纽约因此一跃成为仅次于伦敦的世界第二大资本市场。北方政府为战争融资有三种方法：税收、印钞和借款。其中，借款融资为北方政府取得内战胜利发挥了关键性作用：1861 年，美国国债总额只有 6 480 万美元；1865年，美国国债总额激增到 27.55 亿美元，增长了 42 倍之多。另外，政府的大量支出流向铁路、钢铁厂、纺织厂和军工厂等，这些公司产生的利润又流入股市。无论是债券交易还是股票交易，都迅速扩大，华尔街历史上最繁荣的牛市到来。

首先，南北战争期间，印钞的融资方式使得美国又出现了一次规模空前的黄金投机热。联邦政府总共发行 4.5 亿所谓的"绿背钞票"，占战争总融资的 13%，并引发了战时的通货膨胀。当绿钞和金币同时流通时，"劣币驱逐良币"，金币从流通中消失。但是，某些流通环节（比如缴纳关税等）又需要黄金，于是，华尔街立刻出现了黄金交易和黄金投机。1861 年，黄金开始在纽约证券交易所进行交易。因当时美国政府拒绝用硬币兑换其发行的绿钞，金价开始升水；不久，黄金交易取代股票交易，成为交易所最重要的交易对象。但是交易所的管理高层很快发现了这个问题，并意识到这是一种对国家不利的行为，于是马上禁止在交易所从事黄金买卖。大量的黄金投机交易在战争期间进行，并因此促进了新的黄金交易所的产生。随着战争的继续，黄金价格不断上涨，纸币价格接连下跌，每次关于战争进程的新闻报道都能导致黄金和纸币价格的剧烈波动。1864 年 7 月 11 日，黄金买价已达到 285 美元，而绿钞的价值只是其面值的 35%。

2. 黄金投机操纵案的逼空机制。

1869 年，黄金投机发展到极致，一位被称为"华尔街最聪明的人"——杰伊·古尔德登上历史舞台。在当时的黄金市场上，只需要缴纳少量保证金就可以购买数额很大的黄金，这种杠杆效应使得黄金投机成为最危险的行为，也是回报最丰厚的投机活动。古尔德的计划是买断纽约黄金市场的所有黄金供应。如果他能成功，那么，那些为实现套期保值而卖空黄金的国际贸易商将在绝望中眼睁睁地看着被古尔德操纵的黄金价格飙升到天价而无能为力。

为了实现这个美妙的计划，古尔德必须保证做到一件事情：避免联邦政府的干预。如果联邦政府察觉到他的操纵计划而决定干预黄金市场的话，政府国库中储存的大量黄金就可以随时进入市场，黄金价格就会一落千丈，古尔德的计划也会被彻底粉碎。于是他小心翼翼地编造了一张关系图，设法结识了当时的总统格兰特，并让他相信：政府应该让黄金市场自由运行而不进行任何干预。

万事俱备之后，古尔德和菲斯科开始了他们的逼空操作。他们成功地控制了数倍于纽约黄金供应量的黄金合同，黄金价格扶摇直上。1869年 9 月 15 日，黄金价格上涨到 138 美元；9 月 23 日，黄金价格上涨到

143.375 美元，黄金交易量从每天 7 000 万美元，上升到 2.39 亿美元。

1869 年 9 月 24 日星期五这天，古尔德继续囤积黄金，使黄金价格一路上扬，在 11 点 40 分时，黄金价格上涨到 160 美元。

3. 黄金投机逼空泡沫的破裂：政府介入。

从 11 点 40 分开始，布朗（一名德高望重的经纪人）抛出 500 万黄金，政府抛出 400 万黄金，几秒钟内黄金价格就下降到了 140 美元。格兰特总统意识到自己被古尔德愚弄了，下令干涉黄金市场，这一天，华尔街股市泡沫瞬间破碎。因为那一天是星期五，所以这次黄金恐慌随即被称为"黑色星期五"。

三、总结和述评

（一）股市繁荣与生产力发展互相成就，股灾往往是繁荣的落幕

1838—1869 年美国股票市场经历了飞速发展阶段。铁路和电报两大发明的出现，以及生产力的发展，为资本发展提供了史无前例的商业机会；美国西部金矿的挖掘带动了股市的发展，黄金作为货币直接增加了股市投资需求；南北战争带来了战争融资的巨大需求并因此推动美国资本市场的发展，上市公司数量翻倍，证券成交量也不断翻倍。

但是，由于交易规范和监管制度的不完善，股市泡沫导致第一次世界金融危机的发生。1857 年股市泡沫破灭符合经济持续繁荣下的明斯基时刻的定义，即经济长时期稳定可能导致债务增加、杠杆比率上升，进而从内部滋生爆发金融危机和陷入漫长去杠杆化周期的风险。多种原因可能导致流动性紧张，并启动不可逆的紧缩过程。

（二）1869 年的黄金投机泡沫是基于黄金绿钞双本位制的先天缺陷

美国南北战争北方取得了胜利，而黄金绿钞双本位制又有着先天性缺陷，是不稳定的制度，劣币驱逐良币，市场存在套利机会。

1857 年的股票投机泡沫与 1869 年的黄金投机泡沫都是十年左右发生一次的金融泡沫，是两种有代表性的情形，但泡沫发生的机理明显不同。第一种情形符合经济持续繁荣下的明斯基时刻的定义，第二种情形

则是黄金绿钞双本位制条件下高杠杆黄金投机的逼空情形。

第三节　工业化进程中的美国股市泡沫破裂发生机制分析

19 世纪 70 年代至 19 世纪末，美国完成了空前强大的工业化进程，股市进一步发展，1873 年经济萧条期和 1893 年经济危机值得研究。

一、美国股市：工业空前发展，股市实施现代会计制度，工业企业不断上市

南北战争使美国国内对工业产品的需求猛增，战时的高关税政策保护了美国的工业免受来自欧洲的竞争与冲击，而南北战争也摧毁了南方的政治势力，城市里迅速聚集了大量的劳动力。经历内战后南北统一，南部地区对北部地区工业产品的需求增加，同时西进运动加速，用铁路串联起东西部、南北方的需求加深，美国铁路投资热情高涨，铁路建设再一次进入繁荣期。

1873 年 3 月，财务会计准则委员会设立。财务会计准则委员会是美国制定财务会计和报告准则的指定机构，是美国证券交易监督委员会（《财务报告公告》第 1 号第 101 节）以及美国注册会计师协会（《职业行为守则》第 203 号，1873 年 5 月及 1879 年 5 月修订）正式承认的权威机构。财务会计准则委员会集中精力处理财务会计一致性和可比性的关系，并及时更新准则（如有必要的话）以适应商业及经济环境的变化，同时提高公众对财务报告所含信息的性质和目的的理解。这使得华尔街有可能创造出来一些超级企业。

在此背景下，19 世纪的最后 20 年，美国完成了规模宏大的工业化进程。1878 年，纽约证券交易所还没有一家以制造业为主的上市公司；到 1900 年，工业股票已经迅速成长为主体，股市结构得到优化。期间，美国的钢铁产业从零开始，产量已经超过了全欧洲的总和。美国的铁路总里程从 1865 年的 3.5 万英里增加到 1890 年时的 16.4 万英里，把美

国联结成一个统一市场。铁路行业的迅猛发展为很多重工业产品如钢轨、机车、铜线等创造了庞大的市场，实现了巨大的规模经济效应。

在工业空前发展阶段，工业兼并浪潮高涨，投机盛行，股市高涨。1885 年以后，美国一些小的、区域性的公司联合起来组成大公司（托拉斯），销售范围遍及全美乃至全世界。若要兼并较小的公司，托拉斯公司可以收回小公司股东所持有的股票，换成托拉斯公司的股票。

1884 年，查尔斯·亨利·道（1851—1902 年）开始编制道琼斯指数。[1] 1886 年，纽约证券交易所股票日交易数量第一次超过 100 万股。1889 年，《华尔街日报》成立，查尔斯·道开始在《华尔街日报》发表大量关于股票投资的文章。1892 年，纽约建立了一个大型清算中心，为经纪商的证券交割提供方便、快捷的服务。1896 年，道琼斯指数发布。自 1897 年起，道琼斯股票价格平均指数开始分成工业与运输业两大类，其中工业股票价格平均指数包括 12 种股票，运输业股票价格平均指数包括 20 种股票。[2] 股市已经成为美国经济发展状况和活力的晴雨表。

二、1873 年和 1893 年两次股市泡沫破灭的发生机制分析

（一）1873 年铁路投资过剩及货币紧缩政策条件下的经济萧条期

在疯狂的投机下，美国铁路工业发展逐渐过剩。1865 年至 1873 年，美国新增铁路线 3.62 万英里，铁路总里程翻番。然而，由于本次铁路工业的繁荣很大程度上是在英国资本的刺激下膨胀起来的，市场需求客观上没有快速跟进，铁路及配套的码头、工厂、附属设施等的建设逐渐过剩。19 世纪 70 年代初，铁路公司收入增长放缓，钢轨价格出现上涨，铁路建设成本增加，铁路建设速度大幅放缓，1872 年 4 月，铁路股票高点之后逐渐开始下跌，而同期的货币紧缩也加剧了危机。由于

---

①　刚刚问世时道琼斯指数只有 40 点，1906 年道指首次突破 100 点，1972 年突破 1 000 点，1999 年突破 10 000 点，2021 年 4 月 16 日，道琼斯指数为 34 000 点。

②　1929 年，道琼斯指数增加了 15 种公用事业类股票，工业类股票由 12 种提升到 30 种，一共 65 种。

预见包括康斯托克矿脉在内的多个白银富矿将会导致银价下跌，进而动摇金银复本位体系，1873 年 2 月 12 日，国会通过了《1873 年铸币法案》（*Coinage Act of 1873*），取消了白银的法偿地位，结束了金银复本位制，进入金本位时代。然而，新的铸币法案也造成了美国货币供应量的减少，导致利率水平大幅上升。此外，欧洲对美国的资本输出也减少了；铁路投机发展至今已进入风险高发期，继续投资基本无利可图，1873 年，有 89 家铁路公司出现债务违约；1873 年 5 月 9 日，维也纳股市大跌并迅速蔓延至其他各国，欧洲经济陷入危机；普法战争法国战败，德国要求法国一次性付清 50 亿法郎赔偿，法国在欧洲大陆筹集资金导致市场资金供应减少。

1873 年，一场突如其来的经济萧条开始了。9 月 13 日，凯恩·考克斯公司倒闭。9 月 18 日，在南北战争中为联邦政府成功发行债券、以铁路债券融资著称、美国最富有银行之一的杰伊·库克金融公司，由于前期大量借债投资太平洋铁路债券，资金链断裂，最终宣布破产，无数与之合作的经纪商和银行被迫停业，经营良好、利润丰厚的公司的股价也遭到了重创，纽交所股票出现暴跌。9 月 20 日，西部联合公司股票价格从 75 美元骤跌到 54.5 美元。20 日上午 11 点，纽约证券交易所宣布无限期休市。联邦政府决定从市场上买入联邦债券，以此向金融市场注入新的资金。随着崩溃的恐慌衰退，纽约证券交易所于 9 月 30 日重新开业，慢慢恢复了元气。

这次大崩溃给整个美国经济带来了沉重的打击：股票交易量不断萎缩；铁路股票在 1873～1878 年市值损失了一半；纽约证券交易所的席位价格也从 1873 年最高峰的 7 700 美元下降到三年之后的 4 250 美元；总共有 287 家经纪公司破产倒闭，更多经纪公司则是自动解散。

（二）1893 年黄金严重外流戳破股市泡沫的经济危机

19 世纪的最后 20 年，第二次工业革命逐渐深化，美国进入到工业化快速发展阶段。发电机、电灯、电话、电车、内燃机汽车等新事物不断问世，形成一个又一个新的产业。在铁路建设和电气革命的推动下，美国的工业迅猛发展，经济再度繁荣。这一阶段美国股票市场得到了迅速的发展，但市场操纵和内幕交易的情况非常严重。

1. 金银复本位制条件下，随着白银价格的进一步下降，"劣币驱逐良币"，黄金不断退出市场。南北战争后，随着美国回归到金本位制，美国财政部于 1873 年开始停止铸造银币，但在 19 世纪 70 年代中期声势浩大的银矿工人罢工等政治压力下，国会于 1890 年通过《1890 年舍曼白银法案》，允许更为自由地铸造银币，并规定了银币和金币的价格比。官方兑换价 16 盎司白银兑换 1 盎司黄金，但在黑市上，一盎司黄金可以兑换 32 盎司白银。西部地区白银供应量剧增，抬升了农产品价格，农民高兴，银矿主也高兴。然而，由于"劣币驱逐良币"效应，银币成为事实上的货币流通工具，黄金退出了流通；外国投资者开始抛售美国证券，大量黄金从美国流出，美国的黄金储备锐减，美国将被迫放弃金本位制度，国家信用将受损。

2. 货币紧缩带来了股市危机。1893 年 2 月，费城雷丁铁路公司宣告破产。克利夫兰总统 1893 年 3 月上任后不久召集了特别会议，强烈要求废除《1890 年舍曼的银法案》，并最终得到国会同意。1893 年 4 月，华尔街一些小机构发生违约。1893 年 5 月，股票市值最大的公司美国绳索公司计划垄断大麻原料市场的尝试失败，引发了股民抛售，股市全面大幅下跌。7 月，股票市场受到重创。纽约中央铁路从年初的 109 美元跌到了 7 月底的 92 美元，宾夕法尼亚铁路从 54 美元跌到了 46 美元。伴随着 1893 年美国股票市场的崩溃，欧洲各银行更加迅速地将它们持有的美元兑换回黄金，并被整船整船地运往欧洲。

3. 银行倒闭潮出现。1893 年底 4 000 家银行的倒闭，其他行业也有高达 14 000 家公司关门。美国经济进入了萧条阶段，1894 年失业率达到了 20%，此后数年失业率也在两位数，各个大城市都涌入了大量无家可归、需要工作的流浪汉，工资收入明显缩水，贫富差距进一步扩大，罢工越来越普遍，1894 年就超过了 1 000 次，多达 75 万工人参与，参与罢工的工人时常被打死打伤。

4. 法定黄金储备的恢复。1895 年 1 月，美国国库只剩下价值 4 500 万美元的黄金，不到 1 亿美元法定黄金储备量的一半。1895 年 2 月，美国的黄金储备只剩下 6 800 万美元。克利夫兰总统要求国会批准发行新的债券，遭到国会的拒绝。总统转向当时的世界首富、英国的罗斯柴尔德家族寻求帮助。但是对方坚持要求要通过摩根本人来达成合作。摩根建议，由摩根和罗斯柴尔德家族拿出 350 万盎司的黄金，交换美国财政部未来 30 年的政府债券；财团买入债券的价格为 104.5 美元，再以 112.5 美元的价格出售给公众。这笔交易拯救了美国政府，市场上原来做空美国政府债券的投机商损失惨重。美国政府债券的市场价格很快上涨到 119 美元，所有的美国政府债券在 22 分钟内就抢购一空。1895 年 6 月，美国国库的黄金储备又稳定在了 1 亿美元以上。到 1897 年，美国经济重新走上正轨，失业率回落到个位数。

1893 年恐慌时期，美国三分之一的铁路公司破产。摩根通过跨州商业委员会（ICC）低价收购了这些破产铁路公司。最终，摩根财团控制了近 3 万英里（约 4.8 万公里）的铁路，精心构建的私人铁路卡特尔的营业收入已经相当于当时美国政府年财政收入的一半。

三、述评

19 世纪 70 年代至 19 世纪末，美国工业化空前发展，股市高涨，投机盛行。工业化进程与美国股市发展相互成就，道琼斯指数和公认会计准则的出现使得美国股市的发展更加成熟。1873 年铁路投资过剩和错误的货币紧缩效果政策引发了经济萧条，作为股票市场和经济支柱的铁路股票市值损失惨重，纽约证券交易所 200 多家经纪公司破产倒闭。经过联邦政府的宏观调控，六年后，美国经济逐步恢复。在 19 世纪的最后 20 年，美国第二次工业革命逐渐深化，在铁路建设和电气革命的推动下，美国的工业迅猛发展，逐步成为世界中心。但是，美国金银复本位制度中的银币驱逐金币导致黄金外流，黄金储备严重不足恶化了外资信心，股市泡沫破灭，最终摩根财团救市并垄断了美国经济。

这两次危机都与股市的过分投机和货币紧缩有关。当股市参与人纷纷通过违法犯罪获利时，泡沫就到了较严重的投机阶段了，脆弱的股市很不稳定，容易引发螺旋形下跌。当股市财富迅速消失时，真实财富价值被低估，消费和投资都被人为地压制了。

谁拥有货币发行权，或者谁在股市危机中拥有货币，谁就能赚取天量财富，甚至形成绝对的垄断，如 1895 年的摩根和罗斯柴尔德家族。对中国来说，货币发行权掌握在中国人民银行手里，危机时金融和社会财富就能不被掠夺。

四、本章启示

通过美国 1900 年之前的六次金融危机的分析，我们得到以下启示：

1. 股市的成熟总是相对的。不成熟的股市有不成熟股市的危机，成熟股市有成熟股市的危机。

2. 股市泡沫期，货币紧缩往往提前戳破泡沫。这是不是说泡沫贵在预防呢？

3. 股市违法犯罪增多是股市泡沫的检测指标，它使得股市的信心异常脆弱，容易引发股灾。

4. 触发经济危机的金融危机往往与银行信贷顺周期过度扩张，危机时信贷收缩有关；在金融危机背景下，通过货币宽松满足一定比率的信贷增长，能够解开危机不断恶化的死扣，使危机得到缓解。

5. 金属本位制下，货币数量是天生容易波动的，金融货币价格一旦大幅上升，股市泡沫时的货币紧缩将戳破泡沫。

参考文献

［1］吉斯特．华尔街史［M］.北京：经济科学出版社，2004.

［2］李冀峰，朗莹梅．美国费城股票交易所［J］.产权导刊，2006（4）：59-60.

［3］TEWELES，BRANDLEY.The stock market seventh edition［M］.NY：John Wiley & Sons，Inc，1998：109.

［4］刘振亚．美国股票市场［M］.北京：经济科学出版社，2001.

［5］冯少杰．从华尔街看到世界金融 300 年［M］.北京：人民邮电出版社，2013.

［6］马达．美国场外交易市场的发展历程及启示［J］.金融教学与研究，2008（02）：45-49.

［7］戈登．伟大的博弈：华尔街金融帝国的崛起（1653—2004）［M］.北京：中信出版社，2005.

［8］钟铁夫，黄文泉．华尔街二百年股市风云录［M］.上海：百家出版社，2003.

［9］STEDMAN. The New York stock exchange［M］. NY：Greenwood Press，1969：53.

［10］江晓美．开国的苦斗：美国金融战役史［M］.北京：中国科学技术出版社，2009.

［11］阎志鹏．反思华尔街［M］.北京：商务印书馆，2009.

第四章　1907 年和 1929 年美国股灾发生机制分析

第一节　美国 1907 年股灾发生机制分析

一、"1907 年大恐慌"的过程分析

布鲁纳和卡尔（Bruner & Carr, 2007）的著作《完美风暴：1907 大恐慌和金融危机的根源》（*Panic of* 1907, *Lessons Learned From the Market's Perfect Storm*）详细地描述了 1907 年大恐慌发生的过程。1907 年 10 月 16 日，投机商 F. 奥古斯塔斯·海因泽（F. Augustus Heinze）和查尔斯·W. 摩尔斯（Charles W. Morse）逼空联合铜业公司（United Copper Company）股票的投机活动失败后，联合铜业公司股票股价暴跌，两个小时内从 60 美元跌至 10 美元。联合铜业公司很快因此破产，股票持有人普遍受损，海因泽和摩尔斯更是损失惨重。由于当时海因泽、摩尔斯控制了纽约的多家银行、股票经纪行和信托公司的董事会，并借此为这次股票逼仓活动融资，这些机构也损失惨重，甚至到了要破产的地步。当投资者们得知许多银行和信托公司卷入了此次联合铜业股票逼空的投机活动并遭受惨重损失的消息后，担心自己的存款血本无归，纷纷前往相关机构挤兑。纽约第三大信托公司——尼克博克信托公司（Knickerbocker Trust Company）首当其冲，因为其总裁查尔斯·T. 巴尼（Charles T. Barney）深深地陷入了这次逼空投机失败事件。

10 月 18 日，储户开始挤兑尼克博克信托公司。该信托公司原本实力雄厚，初期并没有向外界求助，也没有采取休业措施，连续两天满足了储户的提款要求。但是储户的挤兑并没有因此停止，由于纽约清算机构在集中清算时不向尼克博克信托公司提供贷款，清算行纽约国民商业银行（National Mercantile Bank）停止代尼克博克信托公司进行资金清算，挤兑风潮加剧并很快蔓延到其他信托机构，如美洲信托公司（the Trust Company of America）。恐慌的情绪在整个纽约迅速扩散，内地银行和储户也开始从纽约提取存款，而纽约货币市场的现金供应已经十分吃紧，股价因此一片惨淡：摩斯制冰公司的股票垂直下跌，电器设备公司的股票一天之内从 103 美元暴跌至 79.875 美元，被迫中止交易。两家经纪行和成百上千的股票投机者已经破产。由于经纪行在代客户进行股票交易时通常都会从银行融资，普遍有交易杠杆，这样，资金紧张——利率上升——股票价格下跌——融资爆仓——股票暴跌、经纪行破产、银行破产——挤兑加剧——金融机构破产——资金更加紧张。这是完整的基于杠杆机制的股灾发生链条。

如果在接下来的几天里危机仍然得不到控制，挤兑很快就会蔓延到纽约所有的商业银行，纽约金融体系将崩溃。同时，危机从美国的金融中心纽约向全国扩散，可能导致整个国家的金融体系崩溃。当时，美国没有一个权威的反危机机构出面控制局势，缓解这极端的、不断加剧的货币紧缩乃至绞杀机制。

在挤兑危机从信托公司扩散到商业银行之前，纽约的私人银行家们决定采取联合行动，并请出已经隐退的时龄 70 岁的老将摩根来负责组织危机解救工作。

二、"1907 年大恐慌"原因分析

虽然海因泽、摩尔斯逼空联合铜业公司股票的投机事件直接引发了金融危机的连锁反应（Kindleberger & Aliber，2005），但是，深刻原因远不止于此。有人认为，竞争性窖藏货币是造成 1907 年银行恐慌的主要原因（Andrew A P.，1908a）；国际上缺乏一种有弹性的货币（Andrew J. Frame，1908），以及货币市场的随意性干预及其不当的财政政策（Andrew A P.，1908b）也是造成 1907 年大恐慌的原因。另外，也有人认为，财政部长莱曼·盖奇（Lyman. J. Gage，1836—1927）和

莱斯利·肖（Leslie M. Shaw，1848—1932，任期 1902—1907）对 1907 年金融危机负有部分责任，而财政部越俎代庖履行中央银行职责有其弊端。

1907 年，世界金融市场的信贷紧缩对美国货币市场造成了一定的冲击。1906 年，美国财政部长莱斯利·肖实行吸引黄金的政策使得大量黄金从英国流往美国。有鉴于此，为防止大量的黄金出口、保护自己的储备金，1906 年秋，英格兰银行将其存款利率从 4% 提高到 6%，与此同时，它还对以美国信托公司为主要借款人的金融债券市场予以限制，这使得 1907 年夏季大量黄金从美国流往伦敦。各国金融市场均面临着货币短缺的局面，纷纷提高利率，使整个国际信贷处于紧缩状态。

正常情况下，每年夏季，美国的商业银行和信托公司都会在伦敦卖掉一些短期商业票据，将获得的英镑和黄金收益运回美国。美国农作物运到伦敦后，到期的商业票据将予以偿付，由美国银行代为收款。但是，英国乃至全世界都在加息，使得英镑和黄金从美国纽约流向英国伦敦，抵销了通常的贸易调节下英镑和黄金流向纽约的货币回流机制，加剧了纽约货币市场的紧缩局势。

在外国政府提高利率的同时，美国由于没有中央银行来调节货币供需，国内货币市场的紧缩状态也无法缓解。同时，美国联邦政府的反托拉斯政策也打击了投资者的信心。自 1907 年 3 月开始，美国出现了经济低迷及其他金融危机早期征兆，如银根紧缩、利率攀升、股价下跌、实体经济严重萎缩等。1907 年整个夏季，美国国内的经济环境不断恶化，不但国内的融资受挫，而且出现了资本持续外流现象。例如，威斯廷豪斯公司以及波士顿和纽约市政府发行的新债券都没有成功地销售出去，纽约大都会拖车公司（New York's Metropolitan）和一家大型制铁企业宣告破产。8 月 10 日，美国股市曾一路狂跌。

其他各国在中央银行的调控下很快控制住了危机，但美国受这场金融危机的打击最惨重。下面还有一些美国特有的原因需要交代。

（一）信托公司的不规范

信托公司属于州注册银行，比国民银行更少受到限制和监管。以尼克博克信托公司为例，该公司担任州、市、铁路、公司、信托和房地产的执行人、管理人、监护人、接收人、注册人、转让人和财务代理人，也提供定期存款利息，并根据活期支票收取存款。正是信托公司相对较高风险的资产比率，使它们成为危机产生的策源地，并将恐慌扩散到金融市场的其他机构（Moen & Tallman，1992）。1907 年金融危机后，国民银行与信托机构存款额变化的对比表明，受危机集中打击的是信托机构，因为危机后信托机构的存款额急剧减少，而国民银行的存款额反而有所增加（Moen & Tallman，2000）。

（二）纽约信托机构只能通过代理银行参加清算所，反危机体系失效

纽约的信托公司遭遇存款大量减少、经营规模缩小甚至破产倒闭，芝加哥却没有一家银行倒闭，其原因就在于芝加哥的信托机构都是芝加哥清算所的会员行，在危机期间能够得到清算所的及时救助（Moen & Tallman，1994）。

美国国会于 1908 年成立了国家货币委员会，专门调查 1907 年金融危机发生的原因，并提出相应的银行改革方案。斯普瑞格（O. M. W. Sprague）是该委员会的主席，他于 1908 年发表了《1907 年金融危机》（The American Crisis of 1907），于 1910 年编撰了《国民银行体系下的金融危机史》（History of Crises Under the National Banking System），指出：纽约严重的货币短缺是多次金融危机发生的共同背景，过去四年美国整体经济的急剧膨胀和股市的过度投机是危机发生的经济条件。

（三）缺少现代中央银行制度是导致金融危机频繁发生的深层次原因

1913 年美国联邦储备体系建立以前，美国曾在 1791 年建立美国第一银行和 1816 年建立第二银行，是美国早期中央银行的尝试。但在各种社会利益的剧烈冲突乃至引发宪法争论的情况下，美国第一银行、第二银行先后于 1811 年和 1836 年关闭。第二银行被杰克逊总统关闭后，1836 到 1863 年期间被称为自由银行时期，金融市场混乱无序，发生了 27 次危机，致使统一货币和恢复联邦政府对货币银行实行监管的呼声

再次兴起。同时，由南北战争所激发的爱国主义情绪也使得联邦政府的权威得到了公众更广泛的认同。1863 年，美国国会两院通过《国民通货法》。1864 年，国会又通过《国民银行法》（*National Banking Act*）以取代《国民通货法》，并在此基础上建立国民银行体系。

　　国民银行体系并没有建立一个对货币银行实行集中调控和监管的中央银行，而是试图通过对各州银行发行的银行券课征税收来促使州银行（向州注册，受州政府监管）向联邦政府注册，加入国民银行体系，最终以国民银行体系取代州银行体系，实现联邦政府对银行业的统一监管，并协调货币流通，维护金融稳定。但州银行体系仍然不断发展，最终形成了由货币总监局和各州政府金融机构批准注册及进行金融监管的"双轨银行制"（Dual Banking System）。而且，国民银行体系的安排存在准备金分散、通货无弹性、落后的商业票据市场以及缺乏统一支票清算机制等弊病，这些弊病的存在正是 1907 年金融危机加剧并迅速扩散的原因。

　　加重危机的美国银行体系的这些弊端归纳起来有三点：一是《国民银行法》层层集中的倒塔形准备金制度，使得少数银行、局部地区或者个别部门的不稳定很可能演变成全国性的金融动荡甚至恐慌。二是货币发行与经济的实际需要无关，难以在短期内增加货币供应量，从而不能应付季节性短缺和金融恐慌。《国民银行法》规定，国民银行纸币的发行必须以联邦政府债券为基础，这使得货币供应缺少必要的弹性，不能适应经济周期需要和紧急需要而进行扩张或收缩。纸币发行量实际上与政府财政状况、债券的价格和国民银行发行纸币的利润等因素密切相关，而与经济的实际需要无关，这就造成了国民银行纸币发行量不仅在长期内处于下降趋势，纸币供应不足，不能对经济周期做出合理反应，而且在短期内也缺少必要弹性。三是商业票据市场和全国统一性的银行清算系统不健全。当商业票据市场不健全时，由于银行将大量资金"锁定"于非流动性单名票据[1]，在遭遇紧急情况（如公众挤提存款）时，

---

　　[1]　单名票据是由一个发票人（原始签名人）或多个发票人共同签发的流通票据。其中，全部签署人均系第一责任债务人。汇票就是单名票据。

银行无法将单名票据出售或者再贴现，这削弱了银行迅速将票据转变为货币的能力。四是由于银行缺少其他适当、安全的短期投资渠道，把大量储备金投入与股票证券市场紧密联系的活期贷款市场，使得危机在货币市场与资本市场之间传染，导致短期贷款和活期贷款利率经常性大幅度波动。

（四）金融系统耦合复杂，加上资金短缺、不利事件叠加等因素，"蝴蝶效应"引发危机

1. 在缺少中央银行的情况下，黄金出口、美国内地谷物丰收加剧了纽约的资金短缺。①洛杉矶地震和大火导致保险公司5千万美元的巨额赔付，货币供给紧张；②美国农产品丰收季收购的短期流动资金需求等原因，使货币市场极度紧张；③某些大型运营商出售了8 000万美元的证券，随后铁路公司大量出售新证券，加剧了货币短缺；④经济快速增长过程中资本形成不足，黄金借款需要偿还，经济快速增长创造了对外部融资的巨大需求，但美国金融体系的资本水平较低，新资本——1907年进口的近1亿美元黄金——是通过借款从欧洲获得的，不是以美元计价而是以英镑、法郎和马克计价——以外币计价的大笔借款其偿还加剧了黄金流出，加剧了货币紧缩；⑤全国各地的资本大部分进入了房地产和其他固定形式，失去了流动性；⑥尼克博克信托公司不慎发放了逼空联合铜业股票的巨额投机贷款，最终因巨额亏损、客户挤兑而被停牌，诱发多米诺骨牌效应。

2. 金融系统耦合复杂，局部危机容易演变成系统性危机。①股票经纪、银行贷款、货币、黄金、铜业公司和其他大宗商品市场形成了一个复杂的耦合金融系统（Henry 1973），与全球联系紧密，却面临信息不对称，缺乏监管协调；②股票信用交易加码，使价格推高3.5%至4%，但英镑贷款利率推高至6%及以上，股市上涨敌不住贷款利率增加，股市转向下行；③股票经纪人破产、银行破产、流动性窒息等互为因果，货币市场与资本市场高度耦合，泡沫与破灭转换动能大。

（五）不利的政策与错误的领导

每一个后果严重的金融危机必然离不开不利的政策和错误的领导。罗斯福总统强硬的反垄断立场，对富人的不断谴责，并发起多项司法调查，恶化了危机。如兰迪斯法官对一家资本为 100 万美元的公司处以 2 940 万美元的荒谬罚款，对人寿保险公司的调查，对大都会街铁路的调查，州际商务委员会对芝加哥和阿尔顿交易的审查及其结果，等等，都加剧了恐慌（Bruner & Carr, 2007）。

第二节　美国 1929 年股灾发生机制分析

美国持续多年的经济繁荣于 1929 年以股灾的形式结束，美国经济陷入了萧条时期。1929—1933 年的大萧条是美国历史上最严重的一次经济衰退，多年经济繁荣表象下积累的隐患与联邦政府的错误应对恶化了危机形势。

一、美国从经济繁荣向 1929 年经济危机演化的过程分析

20 世纪 20 年代是美国经济持续繁荣时期，这一时期美国的工业利润和国家财富不断增加，也带动了国内金融资本的空前活跃。同时，随着美国民众可支配收入的增多和贷款的便捷性，民众也在寻求新的致富方式。当时美国股市中新发行的证券大部分是债券，这满足了那些不愿冒高风险的、谨慎的投资者的需求。但随着美国股票价格 20 世纪 20 年代的大幅度上涨和成交量的迅猛增加，更多的投资者（包括散户和机构投资者）开始被股票潜在的收益所吸引，加上当时科技的发展，如汽车、各种电器、石化产品等，更为投资者提供了广阔的前景，人们纷纷转而购买股票。数百万普通百姓怀着发财的梦想投入股市当中，股市的规模变得越来越大，越来越复杂。

在这个时期，工业、公用事业、铁路业和银行业都赶着印刷新的证券，去填补供不应求的股票市场，制造和分配股票甚至成为一种行业。即便如此，股票的需求量仍难以得到满足。由于股价不断上涨，股市的赚钱效应被放大，投机的狂热愈演愈烈，股票的交易量也剧增。1920—1929 年，美国证券市场的交易额从 2.23 亿股增加到 11.24 亿股，其中

纽约证券交易所的成交额从 1923 年的 23 600 万股增加到 1926 年的 45 100 万股，而 25 种有代表性的工业股票的价格，每股从 108 美元增为 166 美元，增长约 54%。1928 年 3 月 12 日，股市成交量达到了 387.591 万股，创下了新高。但是到了 3 月底，这样的成交量已经成了家常便饭。3 月 27 日，成交量达到了 479.027 万股。6 月 12 日则有 505.279 万股股票换手。在此前的经济繁荣期，华尔街股市的涨幅和美国经济的增长基本上保持同步，但 1928 年前后，美国经济的增速已远远赶不上华尔街的步伐，美国国民生产总值增长了不到 50%，而道琼斯指数却上涨了 3 倍，此时的股指不是缓慢平稳地增长，只能用"飘升"来形容。由于美国经济的突飞猛进，投资者们依然信心十足，乐观主义普遍盛行，人们无视股票市场的风险，相信股市"黄金时代"的到来实属必然。

股市泡沫从投资和消费两个方面刺激经济增长。一方面是因为股价高于企业重置成本有利于企业增加融资，从而刺激企业投资支出增加和国民经济增长；另一方面，由于财富效应，消费者的即期消费（按照消费时间来划分，分为即期消费和远期消费，即期消费就是把具有消费购买力的财富现在就花出去消费掉）支出增加，从而增加社会有效需求，也促进经济增长。但是，股票泡沫总是有一定限度的。20 世纪 20 年代末，美国股市预期财富的增长速度已经大大超出了实体经济所能支撑的速度，随着二者的严重脱节，股市大灾难也逐步逼近。

1922 年到 1924 年，美国股票价格的上涨是理性的，是以一定的市盈率为基础。从 1924 年下半年开始到 1926 年，股价开始偏离正常范围。到了 1926 年，投机逐渐狂热起来。第一轮的大规模投机开始于 1927 年，一直持续到 1928 年 6 月中旬。这是因为不断有新开户的投资者大量地涌入股票市场，使股票的需求持续增长，因此股票价格总居高不下。到 1929 年初，美国股票市场的泡沫成分达到了顶峰，投机的狂热已经彻底失去控制，无论选择什么股票，每一次的买进再卖出都能赚到钱。传统估计股票价值的方法将市盈率确定在 10~15 之间视为合理，但是 1929 年，多数股票的价格都高于该标准，甚至一些股票的卖价已经达到此基数的数十倍以上。

大萧条时期，工业、农业、商业、金融等危机同时爆发。1929年股市发生崩盘后，由于之前银行资金已大规模介入股市，股市的暴跌导致银行系统的崩溃，由此造成了美国的金融危机，进一步引发了更大范围的经济危机。这一次史无前例的经济危机引起了全球性的经济衰退，造就了"大萧条"这样一个特有名词。大萧条持续了四年时间，在这四年多的时间里，经济连续负增长，美国国内的生产总值不断下降，失业人数达到千万以上。投资急剧减少，实际上，直到第二次世界大战，美国经济仍没有完全摆脱萧条。这次大萧条造成全球范围内工业总产值和世界贸易额缩减了近一半、经济持续疲软、生产水平倒退了数十年的严重后果。

美国的经济危机导致了1931年春夏之交的欧洲金融恐慌。各国政府的财政预算都出现了赤字，奥地利和德国的银行也都纷纷倒闭，欧洲的经济状况岌岌可危。关税壁垒的建立和贸易保护主义的抬头搅乱了正常的国际贸易，严重阻碍了国际贸易的发展，导致贸易量急剧减少。面对突如其来的经济危机，西方各国已经没有足够的国内市场来消费进口产品，为了维护本国利益，各国均加强了贸易保护措施和手段，通过提高进口关税和降价等方式在贸易摩擦中抢占别国市场。美国首先挑起了关税战，1930年5月，美国国会通过对890种商品提高征税的法案。随后，1932年英国在渥太华举行英联邦会议，决定在英帝国内部建立关税优惠制。法国采取限额输入的办法保护本国的商品市场。随着贸易摩擦的加剧，经济形势的恶化，金本位制度开始动摇。英、匈、德、美、日等国纷纷宣布放弃金本位制度，阻止本国的黄金出口。黄金不足直接引起了汇率大幅波动，各国间的货币平衡被打破，国际货币秩序开始瓦解。货币秩序危机又直接引发国际金融体系的无序和混乱，国际信用大规模缩减，进一步冲击了国际贸易与投资，并最终造成国际货币体系的分崩离析。"到1935年，世界大部分地区分裂成5个货币集团，主要是英镑区、美元区、黄金本位区，此外还有日元区和德国统治制下的外汇控制区。"

大萧条加上白热化的经济冲突，进一步加剧了世界经济形势的恶化，使整个资本主义社会动荡不安。经济大萧条强化了反资本主义的运动，美国式的自由市场资本主义在华尔街危机后的萧条中举步维艰，许多国家产生了"一种需要独裁政府来解救民众解救经济的渴望"，反资本主义势力乘机崛起，为意大利、德国和日本法西斯政权的上台提供了土壤，也将全世界拖入了第二次世界大战的边缘。

二、美国 1929 年股灾的成因分析

美国 1929 年股市大灾难是多方面原因共同作用的结果，既有必然性，也有偶然性，除了经济运行周期这一根本原因外，当时美国股票市场自身存在的一些严重的弊端和缺陷更是导致其发生的直接原因。

（一）国内工商业快速扩张

1894 年，美国的工业生产总值已超过英国，跃居世界第一位。1913 年，美国工业产品"已占世界工业产品总量的 1/3 以上"。第一次世界大战更是彻底改变了世界格局。在战争期间，美国坐收渔利，国民财富几乎超过了整个欧洲。战争结束后，美国作为战胜国一方，由债务国成为最大的债权国，也是最大的资本输出国，纽约取代伦敦成为世界金融中心。1918 年，战争的突然结束给美国经济带来了一次急剧而短暂的衰退，但这次衰退很快又被新一轮的经济扩张所替代。

"柯立芝繁荣"时期，汽车工业、电气工业和建筑业成为美国经济增长的支柱性产业。可以说，科学技术的创新、劳动生产率的提高、信用消费的形成等这些因素促成了美国整个 20 世纪 20 年代的经济飞速增长。1922 年到 1929 年，由于国内外政治环境良好，新技术不断涌现，美国享受着经济繁荣的盛宴。这一阶段美国经济持续高速增长，被称为"咆哮的二十年代"（Roaring Twenties），此期间正值共和党人凯文·柯立芝担任美国总统，故又称"柯立芝繁荣"。此轮美国经济的繁荣首先是由汽车工业的快速发展带动的。商业界大量采用广告推销商品和分期付款的赊购制度，信用卡的普及大大增强了人们的购买力和购买量，许多人开始利用信用卡购买大件商品，中产阶层家庭开始购买如电熨斗、洗衣机吸尘器及电冰箱

等"奢侈品"，整个社会对新技术和新生活方式趋之若鹜，出现了广泛的放纵现象，"炫耀性消费"成为美国当时的社会潮流。

（二）国内农产品过剩危机，大量的企业资金源源不断地进入股市

第一次世界大战期间，粮食的巨大需求造成了一种假象，粮食供应激增，农业的收入却因农产品供过于求而大幅下降。在20世纪20年代，农业人口的收入与其他行业人口的收入差距扩大。由于农产品价格的下降，1921年，美国的农业纯收入总额为53亿美元，1928年则徘徊在32亿美元。1919年，农场主的收入占国民收入的16%，到1929年则只占8.8%。1929年，农民的人均收入只有全国平均数的1/3左右。1914年至1927年，农场主的抵押债务增长一倍以上，许多农场主破产。由此可见，农民在当时几乎不具有消费工业产品的能力。在这种农业生产力相对过剩的情况下，"股票信用借贷生意"要比任何买卖都赚钱，股票市场兴旺起来。

（三）各国高关税壁垒报复，美国巨额贸易顺差难以维持

第一次世界大战期间，美国国际收支顺差。战后，美国成为净债权国，并决定继续维持高额关税来保护本土生产者的利益，抑制进口，结果国际收支顺差继续扩大。1928年，贸易顺差高达10亿美元，而1923年的贸易顺差大约只有3750万美元。美联储采取低利率政策，而欧洲各国的中央银行通过较高的利率维护本国的货币价值。战后穷困的欧洲各国无法增加对美国出口商品，长期支付越来越多的黄金来弥补贸易差也不现实，欧洲各国不太可能偿还在第一次世界大战中所欠的债务及战后赔款。随着战后欧洲国家经济的恢复，它们对美国商品的需求量逐渐减少，并同美国展开国际贸易竞争。而美国的高关税政策引起了其他国家的报复，它们相继采取类似的保护措施，使国际经济前景变得糟糕。

（四）股市行情信息延误加重了快速下跌行情中的恐慌

1. 借钱买股票，在股价下跌时，随着时间的推移，连锁反应会越来越强烈。许多纽约银行无法追加保证金以满足人们买入股票的需求，不得不向其他银行借钱。通常他们会从联邦储备银行以低利率借款，然后以更高的利率贷款出去。投机者借钱买股票，期望价格上涨能够获利；当股票价格开始下跌，投机者开始担心并抛售股票，导致价格进一步下跌。

2. 行情信息延误发布，可能在恐慌的严重性中起到很大的作用。纽约证券交易所设立了17个半圆形交易站，每个交易站处理不同类型的股票。在20世纪20年代，股票出票人将纸带打印出来的数字转录到黑板上，由于这些报价器相对较慢，如果交易进行得太快，跟踪机制就会落后。1929年10月21日，星期一，大崩盘的前一周，股票行情在当天结束时落后实际销售整整100分钟。在接下来的一周里，这一延误进一步恶化。当股票行情落后时，人们不知道任何特定股票的实际价格，也不知道自己损失了多少，那些试图通过电话获取信息的人同样感到沮丧，因为电话线一直被占用。

综上，美国1929股灾有国内经济过剩、国际贸易壁垒重重、整体投资机会下降、股票保证金不断扩张、交易所行情呈现慢等原因，但世界财富分配不均限制了消费潜力，即使欣欣向荣的科技创新与经济创新也没能阻挡危机的发生。

参考文献：

［1］SPRAGUE O M W. The American crisis of 1907 ［J］. The Economic Journal, 1908, 18 (71)：353-372.

［2］SPRAGUE O M W. History of crises under the national banking system ［R］. US Government Printing Office, 1910.

［3］ANDREW A P. Hoarding in the panic of 1907 ［J］. The Quarterly Journal of Economics, 1908a, 22 (2)：290-299.

［4］ANDREW A P. The United States treasury and the money market：the partial responsibility of Secretaries Gage and Shaw for the crisis of 1907 ［J］. American Economic Association Quarterly, 1908b, 9 (1)：218-231.

［5］FRAME A J. Diagnosis of the World's elastic currency problems

[J]. The Annals of the American Academy of Political and Social Science, 1908, 31 (2): 77-97.

[6] MOEN J, TALLMAN E W. The bank panic of 1907: the role of trust companies [J]. Journal of Economic History, 1992: 611-630.

[7] MOEN J R, TALLMAN E W. Clearinghouse membership and deposit contraction during the panic of 1907 [J]. Journal of Economic History, 2000: 145-163.

[8] MOEN J R, TALLMAN E W. Clearinghouse access and bank runs: trust companies in New York and Chicago during the Panic of 1907 [R]. Federal Reserve Bank of Atlanta, 1994.

[9] ALLEN F, GALE D. Bubbles and crises [J]. The Economic Journal, 2000, 110 (460): 236-255.

[10] ARMENTER R, LESTER B. Excess reserves and monetary policy implementation [J]. Review of Economic Dynamics, 2017, 23: 212-235.

[11] RODGERS M T, PAYNE J E. How the Bank of France changed US equity expectations and ended the panic of 1907 [J]. The Journal of Economic History, 2014: 420-448.

[12] ODELL K A, WEIDENMIRE M D. Real shock, monetary after shock: The 1906 San Francisco earthquake and the panic of 1907 [J]. Journal of Economic History, 2004: 1002-1027.

[13] FRYDMAN C, HILT E. Investment banks as corporate monitors in the early twentieth century United States [J]. American Economic Review, 2017, 107 (7): 1938-70.

[14] KOWALIK M, DAVIG T, MORRIS C S, et al. Bank consolidation and merger activity following the crisis [J]. Federal Reserve Bank of Kansas City Economic Review, 2015, 100 (1): 31-49.

[15] WESTERN D L. Booms, bubbles and busts in US stock markets [M]. NY: Routledge, 2004.

[16] BERNANKE B S. Essays on the great depression [M]. NJ: Princeton

University Press，2009.

　　［17］ BRUNER R F， Carr S D. 2007. Panic of 1907， lessons learned from the market's perfect storm ［M］. NY：John Wiley & Sons.

　　［18］ KINDLEBERGER C P， ALIBER R Z. 2005. Manias， panics and crashes：a history of financial crises ［M］. 5th ed. NY：John Wiley & Sons.

　　［19］ CLEWS， HENRY. Fifty years in Wall Street ［M］. N Y：Arno Press （originally published in 1908）， 1973.

　　［20］ LANGE B， The stock market crash of 1929：the end of prosperity ［M］. N Y：Chelsea House Publishers， 2007.

 # 第五章　2001 年和 2008 年美国股灾发生机制分析

第一节　2001 年美国股灾发生机制分析

一、以道琼斯工业平均指数（DJI）为例看1990—2008 年美股整体波动情况

从图 5.1 中可以看出，道琼斯工业平均指数（以下简称"道琼斯指数"）在 1990—2010 年间整体呈现出上升趋势，在 7 000 点有支撑。自 1990 年 12 月 19 日的 2 626.73 点一路上升，2000 年 1 月 7 日达到波峰 11 722.98 点，2002 年 10 月 9 日达到谷底 7 286.27 点。之后，股市进入牛市，于 2007 年 10 月 9 日达到最大值 14 164.53。由于次贷危机的影响，在美国政府全力救市政策的影响下，2009 年 3 月 6 日达到谷底 6 626.94 点。之后反弹，至 2010 年 12 月 31 日收盘 11 577.51 点。从 1990 年 12 月 9 日至 2010 年 12 月 31 日，波峰与起始点指数之比达到 539.25%。

从图 5.1 中不难发现，在此期间，道琼斯指数出现过二次大的下跌，因此可将美股这一时段的泡沫发展划分为二个大阶段。

第一阶段为 1990 年 12 月 19 日至 2002 年 10 月 9 日。2000 年 1 月 7 日达到波峰 11 722.98 点，上涨了 3.46 倍；2002 年 10 月 9 日达到谷底 7 286.27 点，从波峰回调 37.85%。

如图 5.1 所示，亚洲金融危机虽然也影响美股，有过数次调整，但并没有从中长期拖累美股。相反，由于资金从亚洲逃往到美国，反而推高了美股。亚洲金融危机大致从 1997 年 7 月 2 日泰国宣布放弃固定汇

率制开始，很快席卷整个东南亚，1998 年初，印尼金融风暴，经济严重衰退，之后，各国股市以及汇率直线下降，引发经济甚至政治危机，直到 1999 年金融危机才结束。

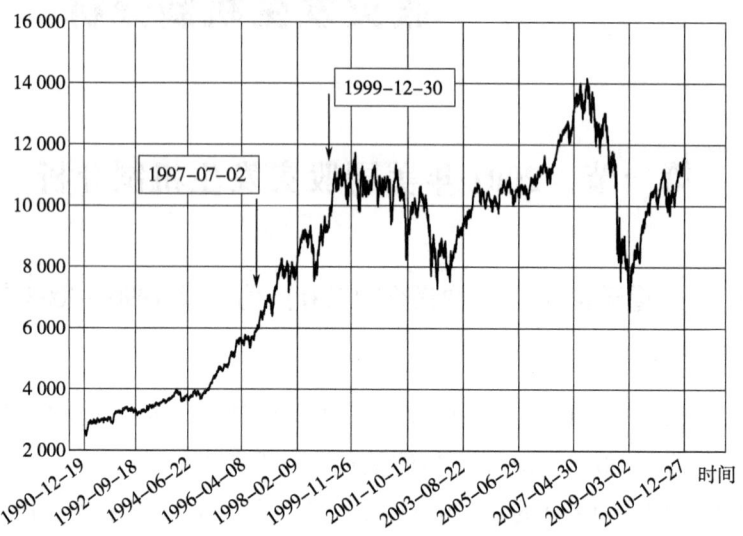

图 5.1　1990—2010 年道琼斯指数变化①

第二阶段为 2002 年 10 月 9 日至 2009 年 3 月 6 日。道琼斯指数从 7 286.27 点上涨至 2007 年 10 月 9 日的 14 164.53 点，涨幅达到 94.40%。随后，指数下降至 2009 年 3 月 6 日的 6 626.94 点，下跌幅度达到 52.98%。之后指数一路上扬，直到 2010 年 12 月 31 日的 11 577.51 点，涨幅达到 74.70%。

二、2001 年股灾前的美股泡沫形成过程分析

老布什 1989 年至 1993 年出任美国第 41 任总统。从 1990 年 8 月 4 日美国决定向海湾派遣部队，到 1991 年 2 月 27 日战争结束，美国向全世界展示了其超强的军事实力，震动了全世界。1991 年 12 月 26 日，苏

---

① 数据来源：万得 DJI 日收盘数据，数据从 2010 年 12 月 19 日开始，没有更早的数据

联解体，这为后续克林顿政府的互联网新政提供了更多的战略资源，美国收割了世界和平红利。

1991年末到1992年中，美国经济复苏，道琼斯指数上升至全年最高的3 414.67点。老布什执政采取了双宽松政策，即增加政府财政投入和扩张性货币政策。但政府赤字问题与通货膨胀问题导致老布什不得不选择增加税收，美股受到严重打击，一路下跌至最低3 136.47点。1992年底，克林顿成功当选第42任总统，美国开启了十年牛市。

（一）互联网股市泡沫逐渐形成

克林顿政府减少财政赤字、抑制通胀的政策以及信息高速公路建设，对美国股市的繁荣有着非常重要的影响。

1. 老布什政府打下的基础和克林顿新政。

1992年美国政府财政赤字高达2 900亿美元①，这一数字直到2003年才被打破。老布什企图解决财政赤字问题，但是在解决方法上，共和党和民主党产生了分歧，共和党认为减少财政赤字的最好办法是减少开支，民主党认为唯一的方法是增加税收，当时的国会由民主党控制，在国会的压力之下，老布什只能采取增加税收的方法解决财政赤字问题。这一举措打破了其竞选总统时做出的"不加新税"的誓言，老布什因此失去共和党内强硬保守派的支持。在这种情况下，时任美国总统乔治·布什（George Bush）的民意支持率不断下降，最终在1992年11月举行的总统大选中败给了年仅46岁的比尔·克林顿（Bill Clinton）。

相对于老布什，克林顿新政降低了财政赤字、通货膨胀和利率。克林顿上台执政后，采取了一系列减少财政赤字、抑制通胀的政策。李良栋、孔祥振、杨广辉（1998）给出的数据显示，美国政府财政赤字占GDP比重逐年下降，从1992年的4.9%直至1997年的0.5%以下，到1998年，美国政府的财政预算30年来第一次出现了盈余。

此外，国际货币基金组织（IMF）（1993，1998）给出的数据显示，美国长期居高不下的通胀率开始下降，从1990年的5.4%下降到了

---

① 数据来源：Office of Management and Budget. "Historical Tables," Download Table 1.1 - Summary of Receipts, Outlays, and Surpluses or Deficits：1789–2021. Accessed Oct. 8, 2020.

1998 年的 1.55%（见图 5.2）。

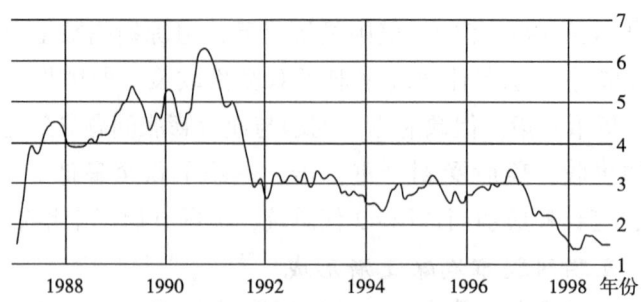

图 5.2　1990—1998 年美国通货膨胀率变化

　　随着美国政府财政状况全面好转，美国政府的借债成本明显降低，国债收益率也随之下降，这为金融资本从国债市场大举转向股票市场提供了动力。而通胀率的逐年下降又使美国资本市场的投资风险不断下降，预期收益上升。

　　2. 信息高速公路计划、《1996 年电信法案》和"反广场协议"① 推动泡沫形成。

　　（1）美国信息高速公路法案让政府与民众有了新的投资方向。1992年，当时是参议员、后任克林顿政府副总统的艾伯特·阿诺·戈尔（Albert Arnold Gore）提出了美国信息高速公路法案，建议美国建立一个连接全国乃至全球的高速信息通道。1993 年 1 月克林顿正式上任以后，在美国传统产业普遍不景气的情况下，大举投资信息产业，以带动美国经济的发展。1993 年 9 月，美国参众两院通过了关于建设美国信息高速公路的法案，"国家信息基础设施"（National Information Infrastructure）建设拉开序幕。② 它以计算机技术、网络通信技术为基础，以光纤、数字卫星等为主要载体，以最快速度传递和处理信息，最

－－－－－－－－－－

　　① 1995 年 9 月，时任美国财政部长的罗伯特·鲁宾（Robert Rubin）牵头，七国集团签订了一个有关货币汇率的协议，美元开始升值并进入强势美元时代，马克和日元则相应开始贬值。由于这个协议的内容与 1985 年的"广场协议"的内容正好相反，因此也被称为"反广场协议"（Reversed Plaza Accord）。

　　② 胡道明. 信息基础设施与美国信息高速公路计划 [J].中国计算机用户，1994（08）.

大限度实现全社会信息资源共享（张海峰，1994）。

随着信息高速公路计划大幕的拉开，美国也掀起了投资互联网产业的热潮。1993 年 11 月，万维网（www）首次亮相，次年 2 月，微软推出了著名的 Windows 操作系统①，预示着互联网时代的来临。

受克林顿"新经济"财政政策影响，1993 年美股一路攀升，此时大多数投资者仍然对新事物持观望态度，美股还没有产生非理性泡沫。

（2）《1996 年电信法案》打破垄断，带动了电信投资和技术升级。《1996 年电信法案》通过倡导公平和鼓励竞争激活了电信投资，既带来了行业并购的无限商机，也迎来了不少初创的电信公司，首次公开募股（IPO）的热潮随之而来，投资者热烈回应，纷纷买进。这不但使各电信公司获得了并购所需的资金，更促使股市进一步上扬。在电信法案的利好作用下，1996 年 11 月 25 日，道琼斯指数一路上升到了 6 547. 79 点的空前高位。

1996 年 1 月 3 日，美国国会通过了《1996 年电信法案》（*Telecommunications Act of 1996*）；1996 年 2 月 8 日，克林顿总统正式签署该法案。该法案给予媒体市场更大的自由度，明确规定了现有的本地交易公司必须以"公平、合理和非歧视性的费率、条款和条件"将其部分或全部网络设施租给任何新进入者，限制传播暴力、色情等低俗内容（展江，1997）。

《1996 年电信法案》打破了行业垄断，释放了创新潜力。1927 年，为提高电台频谱资源利用效率，美国国会通过了《1927 年无线电法》；1934 年，罗斯福总统签署颁布了《1934 年通信法案》，增加了新的更为详细的管理措施与规定，并成立了联邦通信委员会（FCC）规范广电行业（唐嘉，2013）。之后的 62 年间里，美国再也没有出台相关法案，广电行业逐渐形成了垄断局面。美国的地方电信市场一直由现有的本地交易公司（LECs）主导，同时大多数州的监管机构也主要关心保护 LECs 在各自州内的垄断地位，而不注重广电行业的长远发展（Alexander & Feinberg，2004）。伴随着新的服务提

---

① 希勒. 非理性繁荣 [M]. 廖理，施红敏，译. 北京：中国人民大学出版社，2008.

供商进入市场，电信市场竞争激烈，一些大的电信公司开始对传输声音、数据、图像的网络基础设施进行巨额投资，并掀起了新媒体并购浪潮。以 1996 年为例，Nynex 出资 221 亿美元买下贝尔大西洋公司，成为美国最大的地区性电话公司；默多克新闻集团以 30 亿美元购买了新世界通信集团的全部股权，成为美国最大的拥有 22 个连锁电视台的业主；英国电信公司出资 230 亿美元购买 MCI，成为外国人接管美国公司中最大的一宗事件。截至 1996 年底，美国当年电信行业并购总金额高达 5 180 亿美元。

《1996 年电信法案》抹去了本地服务和长途服务之间的区别，允许任何通信公司在任何通信市场上进行相互竞争[①]，促进了广播、电视以及新兴互联网技术的融合发展，完成了电信法从"公用事业模式"向市场导向的转变，堪称分水岭式的立法（Jim Chen，1997）。该项法案给电信企业带来的刺激促进了美国股市的繁荣。

（3）1995 年后美元大幅升值与国际资本流入，9 月，七国集团签订了"反广场协议"[②]，美元开始升值，进入强势美元时代。1996 年，美元兑日元汇率上升了 10.2%，由年初的 1 美元兑换 103.90 日元升至年底的 114.50 日元；美元兑马克也从 1996 年初的 1.4370 升至年底的 1.5560，升幅达 8.3%（萨奇等，1997）。美元升值导致大量国际资本流入美国市场，对美国股市的走高起到了重要的作用。

美国政府财政状况的全面好转使美国政府的借债成本明显降低，这就为资本从国债市场大举转移到股票市场提供了条件。进一步，通胀率逐年下降，使得美国资本市场的投资风险下降，预期收益逐渐上升，促使投资者更大胆地投资于股市。

纳斯达克指数从格林斯潘"非理性繁荣"，即 1996 年 12 月 5 日的 1 300.12 点，涨到 1999 年 12 月 30 日的 4 069.31 点。同期，道琼斯指数从 6 437.1 涨到 11 452.8，前者涨幅达 213%，后者为 78%。

[①] 见美国联邦通讯委员会（Federal Communications Commission，FCC）官方网站相关介绍：http：//transition.fcc.gov/telecom.html

[②] 储宁炜，析美国 20 世纪 90 年代的股市泡沫，南京师范大学硕士论文，2012-04.

（二）1999 年《金融服务现代化法案》开启了金融混业经营时代

1. 东南亚金融危机。1995 年开始的美元升值削弱了类似泰铢等汇率与美元挂钩国家的出口能力，贸易逆差开始飙升。泰国银行以相对较高的利率向华尔街出售债券，并用借来的钱向当地企业提供贷款。随着泰国同意遵循"华盛顿共识"（Washington Consensus），全面开放资本市场，过度短期海外借贷使泰国金融业更容易受到货币投机带来的不稳定的影响。1997 年 2 月，乔治·索罗斯大肆抛售泰铢，泰铢对美元汇率大幅波动，泰国民众恐慌，银行业遭遇挤兑。5 月，国际金融投机家再次瞄准泰国，联手冲击泰铢，泰国股指由年初的 1 200 点跌至 461 点，泰铢对美元的汇率不断贬值（见图 5.3）。7 月 2 日，泰国政府被迫宣布放弃固定汇率制，实行有管理的浮动汇率制度，1997 年底，汇率贬值 1 倍（邱凌月，2017）。市场恐慌逐渐蔓延到其他国家和地区，特别是那些遵循"华盛顿共识"所规定的资本市场自由化的国家或地区——马来西亚、印度尼西亚、中国香港、韩国、日本等。攻击泰铢给国际投机资本家带来了巨大的利润，这更加激发了他们短期赚取巨额利润的欲望。

图 5.3　1996—1999 年美元兑泰铢汇率变化

1997 年 10 月 27 日，道琼斯指数猛泻 554.26 点，但很快就摆脱了向下的压力，继续回到上升通道。随着亚洲工业品价格的大幅下跌，亚洲的廉价产品以更大的规模涌进美国，使美国 1998 年上半年的贸易逆差增加了 42%。贸易逆差的逐渐扩大使得美国企业的开工率下降，失业率上升，大量资金从萧条的生产领域撤出，转投股市。^① 而且从 1997 年 7 月到 1998 年 10 月，从新兴市场国家流入美国股市的资金高达 7 000 亿美元（狄荫清，1999）。1998 年 7 月 17 日，道琼斯指数创下了 9 937.97 点的历史高位。1998 年 8 月，以乔治·索罗斯为代表的国际金融大鳄大举进攻中国香港市场和俄罗斯市场，但投机失败。1998 年 8 月 31 日，道琼斯指数下泄到 7 539.07 点的低位，相比于一个月前的 7 月 17 日，降幅达 19%。但是，源于国外的金融危机虽然短期内冲击了美国股市，但也为美国股市泡沫化提供了巨量外来资金，尤其是纳斯达克市场，由于其所代表的新经济企业实力独步全球，因而创造并支撑了天量的美国金融财富，膨胀了美国的金融市场实力。

2. 俄罗斯金融危机。由于韩资在俄罗斯金融市场中占有一定比重，韩国金融危机大爆发立即对俄罗斯金融市场产生连锁反应。1998 年，俄罗斯石油外汇收入比 1997 年同期减少了约 60 亿美元，若再加上其他资源品出口的降价损失，实际外汇收入减少了 100 亿~120 亿美元（邸凌月，2017）。

由于国际市场油价暴跌，俄罗斯政府财政收入锐减。具体表现为 1998 年 8 月 17 日，俄罗斯中央银行突然宣布年内扩大卢布兑换美元汇率的浮动幅度，并推迟偿还外债及暂停国债交易，冻结国外投资者贷款偿还期 90 天。9 月 2 日，卢布贬值 70%，俄罗斯金融市场全面崩溃，资金大量出逃（见图 5.4），造成了所谓"1998 年俄罗斯金融危机"。

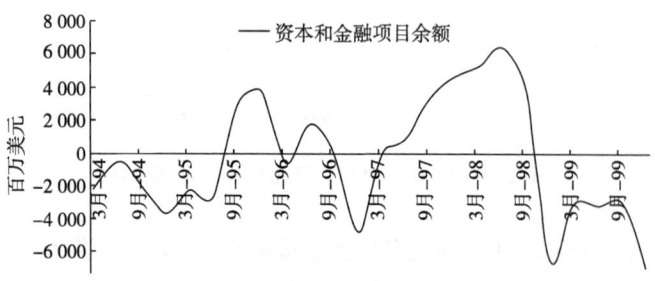

图 5.4　危机爆发后国际资金迅速撤离俄罗斯

---

① 我国 2007 年的股市动荡类似，大量的产业资本没有产业投资空间，转战股市牟利，造就了一定的股市波动。实业资本一旦脱实向虚转战股市，股市泡沫破灭的负面影响就会更加深远。

俄罗斯的这次金融崩盘让长期资本管理公司（Long-Term Capital Management，LTCM）处于债务违约的边缘。LTCM是华尔街最负盛名的对冲基金之一，进行的是"固定收益套利"交易，这些交易与各种政府债券挂钩，其中就包括俄罗斯政府发行的债券。1998年亚洲金融危机爆发时，LTCM模型认为发展中国家债券和美国政府债券之间的利率相差过大，预测发展中国家债券利率将逐渐恢复稳定，利差缩小。但事实上，在俄罗斯金融危机后，世界各地的投资者陷入恐慌，大量热钱转向安全的美国国债，这与长期资本管理的模型预测正好相反，最终LTCM损失了大量的资金，资本总额由1997年底的48亿美元下降到1998年的10亿美元，公司也处于债务违约的边缘。1998年9月23日，美联储银行召集纽约各大银行的代表，决定以美林、摩根为首的15家国际性金融机构注资37.25亿美元购买LTCM90%的股权，共同接管该公司。

3. 1999年《金融服务现代化法案》开启了混业经营时代，但混业监管却跟不上形势发展。1999年《金融服务现代化法案》从法律上实现了金融行业由分业经营向混业经营的转变（杨松，2008）。该法案建立了一套允许银行、证券公司、保险公司以及其他金融服务提供者之间可以联合经营、审慎监管的金融体系，解除了银行进入证券业和保险业的所有限制，允许银行、证券公司和保险公司通过建立金融控股公司从事各类金融业务。这改变了1933年后《格拉斯—斯蒂格尔法》要求金融业采取分业经营、分业监管的制度。但是混业监管机构并没有什么改变，这为美国经济周期运行下行时、因混业监管不力而引爆2008年金融危机埋下了伏笔。

（三）20世纪90年代美国互联网泡沫总结

图5.5中，相较于1990年12月19日纳斯达克指数最高峰时增长了12.9倍，美国金融财富增长主要取决于美国对新技术应用的垄断能力，但也有着其他深刻的原因。

1. 美国执掌了信息技术的牛耳，股市充分享受了技术革命的红利。

图 5.5　纳斯达克指数演变 ①

　　首先，19世纪90年代后期，风险投资涌入电子商务、电信、软件服务等互联网相关领域，投资回报率远超化工、能源、金融等其他行业，而且美国对新技术企业的估值远高于传统企业。其次，摩尔定律推动着计算机和通信技术硬件更新换代，硬件又推动软件迭代创新，行业充满着生机与活力。"千年虫"的担忧也使金融机构等事频繁更新电脑设备。最后，全球信息技术的头部企业在美国，由于知识经济、网络经济的垄断效应，赢者通吃，这些头部企业通过并购越来越强大，赢利能力也越来越强大，促使纳斯达克市场雄冠全球。

　　2. 资金注入。在美元升值背景下，东南亚金融危机、俄罗斯金融危机等使全球的美元纷纷向美国回流避险。

　　3. 美国的金融改革与财政改革。克林顿没有采用增税的办法，而是直接降低财政支出，使财政收支逐渐好转，甚至出现财政盈余；通货膨胀、名义利率逐渐降低，利于股市投资；金融自由化改革也使更多的资本向金融业集中，金融业在 GDP 中的比例逐渐提高。

　　4. 苏联解体给美国带来了和平红利，而伊拉克战争的胜利又给美

---

　　①　数据来源：同花顺网站。

国带来战争获胜的好处。由于美国综合实力远超他国，全球资金纷纷流向美国，尤其是国际动荡的时候。

总之，20 世纪 90 年代，美国在全球拥有绝对的军事、经济和金融实力，这种实力之下，股市泡沫不断吹大是很难避免的。

三、2001—2003 年美股互联网泡沫的破灭及新的房地产泡沫的兴起分析

（一）互联网泡沫破灭受到诸多不利因素的刺激

纳斯达克指数 1990 年 12 月 19 日为 371.22 点，2000 年 3 月 10 日为 5 048.62 点，2002 年 10 月 9 日为 1 114.11，比波峰下降了 78%。纳斯达克指数 10 年里增加了 12.6 倍，泡沫破裂时又下降了 78%（见图 5.5）。根据万得 WFT 数据，纳斯达克指数与道琼斯指数同一天达到波谷（2002 年 10 月 9 日），纳斯达克指数下降了 78%，而道琼斯指数下降了 38%。在 2002—2007 的牛市中，道琼斯指数创新高，新的波峰比上一个波峰高 20.83%，而纳斯达克指数的新波峰（2007 年 10 月 31 日）只是上一个波峰的 56.63%，积重难返。

1. "9·11 事件"和阿富汗战争打击了股市。

2001 年 9 月 11 日上午，美国纽约和华盛顿等地接连遭遇恐怖袭击，位于纽约曼哈顿南端、素有"世界之窗"美誉的 110 层高的世界贸易中心大楼被夷为废墟，全球金融市场在极度恐怖中大幅动荡。9·11 事件后，美国股市关闭，但在 9 月 17 日股市重新开盘后，尽管美联储和欧洲央行分别降息 0.5 个百分点，道琼斯当天还是下跌了 7.1%。"9·11 事件"发生的当周，东京股市下跌 4.8%，伦敦下跌 6.2%，巴黎下跌 11.4%，法兰克福下跌 12.3%，英国航空、汉莎航空和法国航空的股价跌幅在 30% 以上。在美国股市开市后当天，美国以外的世界主要股市出现了反弹，欧洲股市的股价上升 3% 左右。

2001 年 10 月 7 日，以美军为首的联军对基地组织发动战争，标志着反恐战争的开始。阿富汗战争爆发于美股指数下行的熊市区间，战争对标普航天国防指数刺激作用明显。临近 10 月 7 日，美国市场关于是

否会对阿富汗进行报复式打击的不确定性增强，避险情绪高涨，VIX 指数上升。阿富汗战争爆发后，避险情绪结束，资金流回美国，标普 500 指数走高，油价开始反弹，具体见表 5.1。

表 5.1　阿富汗战争短期影响①

	开战前三个月	开战前一个月	开战前一周	开战当日	开战后一周	开战后一个月	整个战争期间	战争后一个月	战争后三个月
标普 500 指数	-10.46%	-0.08%	2.06%	0.15%	-1.66%	2.21%	96.77%	-3.32%	-0.21%
WYI 原油期货结算价	-16.91%	-18.60%	-4.18%	-0.13%	-0.71%	-10.51%	139.44%	-16.93%	-9.20%

2001 年，"9·11 事件"对美国金融市场的负面影响深远，资本加速流出美国并引起国际资本市场的剧烈震荡。美国经济大幅下跌，消费者信心指数下降，零售、航空等行业出现不景气以致面临破产，制造业已有的订单被取消。消费开支、制造业和建筑业活动的不景气影响了劳动力市场，从东海岸的金融服务到西海岸的传媒和广告业，乃至中部地区的汽车零件制造业，许多行业都在裁员并关闭工厂。

2. 2002 年，美国著名公司破产案件进一步打击了投资者的信心。

（1）安然公司破产。2002 年 1 月 12 日，安然公司破产带来了冲击波，几乎所有的财经媒体都充斥着安达信会计丑闻事件，投资者对上市公司财务报表的质量普遍感到不安。市场开始质疑通用电气、泰科公司和其他大型蓝筹公司的会计报表，加上疲弱的经济数据，从 4 月 1 日到 6 月 24 日，道琼斯工业综合指数下降 11%，标准普尔 500 指数同步下挫 13%，纳斯达克综合指数则大幅下跌 21%。

（2）世通公司破产。在虚报巨额利润丑闻曝光 4 个星期后，2002 年美国东部时间 7 月 21 日，世界通讯公司（Worldcom）正式向纽约南区地方法院递交了破产保护申请。该公司截至 2002 年第一季度的资产总值超过 1 000 亿美元，债务达 310 亿美元，破产涉及的资金规模是

---

① 数据来源：中信证券研究院。

2001 年 12 月申请破产的安然公司的两倍，是 2002 年 1 月环球电讯破产案的 4 倍，成为美国有史以来最大规模的企业破产案。尽管美国总统布什多次站出来痛斥企业丑闻，并表示对美国经济的未来充满信心，但股价仍然不断下跌。7 月 19 日，美股出现暴跌，道琼斯工业股票指数当天下跌 390 点，收市报 8 019.26 点，是当时道指历史上第 7 个最大的跌幅日。9 月 23 日，纳斯达克指数也下探至 6 年来的低谷 1 185 点。

3. 伊拉克战争引发原油价格剧烈波动，增加了美国经济复苏的难度。

2003 年 3 月 11 日，伊拉克强迫联合国中止美国的 U2 间谍飞机在其境内协助武器核查员执行侦察任务，市场将其视作伊拉克战争即将来临的信号。在美国下达最后通牒（2003 年 3 月 17 日）至战争爆发（2003 年 3 月 20 日）期间再次出现一波明显的避险情绪。开战后，股价一路反弹，连创新高，如图 5.6 所示。石油价格的居高不下导致美国企业成本上升，加大了家庭用于能源方面的开支。

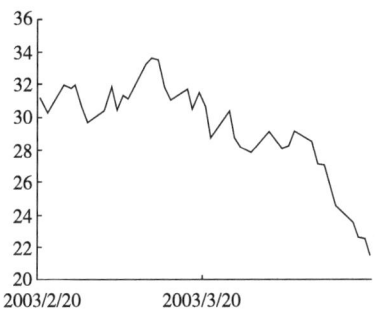

图 5.6　伊拉克战争爆发时 VIX 走势[①]

2002 年 10 月 9 日，纳斯达克指数见底，为 1 114 点，超过 4.4 万亿美元市值蒸发，总市值跌破 2 万亿美元，近一半的科技公司破产，一度迅速膨胀的互联网泡沫以破灭而告终，投资者损失惨重。直到 2015 年 6 月，即 15 年以后，纳斯达克才收复前高。泡沫破灭对经济的影响体现为经济增速下滑和失业率上升，美国实际 GDP 增长率从 2000 年二

① 数据来源：中信证券研究院。

季度的 5.30% 下降到了 2001 年四季度的 0.15%，失业率则从 2002 年二季度的 4% 上升到了 2003 年二季度的 6.3%。严重的生产过剩导致高科技企业盈利状况恶化，许多企业开始压缩生产、缩减投资。纳斯达克市场的迅速下挫也使得融资难度加大（Kraay，2005）。

（二）美联储宽松货币政策救市及新的房市泡沫的兴起

1. 美联储 12 次降息及股市表现。

互联网泡沫破灭给经济带来了巨大的下行压力，为了应对这一压力，美联储采取持续降息措施，实行宽松货币政策，两年内降息 12 次，如表 5.2 所示。

表 5.2　美联储互联网泡沫期间降息汇总

时间	次序	联邦基金率（%）	贴现率（%）	股市反应
2001 年 1 月 3 日	首次降息	6.5~6	6~5.5	股市大跌
2001 年 1 月 31 日	第 2 次	6~5.5	5.5~5	股市大跌
2001 年 3 月 20 日	第 3 次	5.5~5	5~4.5	股市大跌
2001 年 4 月 18 日	第 4 次	5~4.5	4.5~4	股市暴涨
2001 年 5 月 15 日	第 5 次	4.5~4	4~3.5	股市反应冷淡
2001 年 6 月 27 日	第 6 次	4~3.75	3.5~3.25	股市有升有降
2001 年 8 月 21 日	第 7 次	3.75~3.5	3.25~3	股市大跌
2001 年 10 月 2 日	第 8 次	3~2.5	2.5~2	股市反弹
2001 年 11 月 6 日	第 9 次	2.5~2	2~1.5	股市上扬
2001 年 12 月 11 日	第 10 次	2~1.75	1.5~1.25	股市平静
2002 年 11 月 6 日	第 11 次	1.75~1.25	1.25~0.75	股市上涨
2003 年 6 月 25 日	第 12 次	1.25~1	0.75~0.5	股市大跌
降息幅度 4 次为 25 个基点，9 次为 50 个基点。降息频繁，间隔时间一般一个月，甚至半个月				

一般而言，降息能刺激投资和鼓励消费，对股市也是利好。但在债务型危机中，企业和消费者一门心思要降低债务，对利率的下降并不关心，美联储降息的作用很有限（Bernanke & Kuttner，2005）。美国股市

下跌主要是网络股泡沫破裂和技术股业绩表现欠佳引起的，利率调整对人们恢复对技术股的信心影响不大。这可以解释表5.2中美国股市在降息后的表现。同时，利率调控还具有明显的滞后性，难以立竿见影。另外，降息影响油价，如果油价不跌反升，必然加大通胀压力，制约美联储进一步降息（Ansari，2006）。

2. 美联储降息，家庭债务加杠杆，促进了美国房地产泡沫和股市繁荣。

美联储为了应对2001年高科技泡沫和"9·11事件"而出现的熊市和经济下滑局面，持续降息，刺激低息资金迅速进入房地产市场，并在2002年10月9日开始扭转股市的颓势。2001年10月7日开始的阿富汗战争，2002年1月12日的安然公司破产，2002年7月21日世界通讯（Worldcom）公司申请破产，这些事件都延缓了美国股市的复苏。2003年3月20日开始的伊拉克战争的获胜，对美股上涨有支撑作用。

在政府鼓励中低收入人群购房政策的激励下，大量信用程度较差或偿还能力较弱的购房人转向次级贷款。美国家庭杠杆率（即家庭负债与GDP的比率）在2000年一季度是69.3%，到2006年三季度房价到达峰值时，杠杆率上升到了95.7%，上升了26.4个百分点。而从1990年一季度到2000年一季度，10年间美国家庭杠杆率只上升了9.4个百分点。2002年2月，美国房地产市场出现泡沫（Phillips，2011）。

图5.7显示，随着利率的走低，美国的房价不断上涨。即使美联储2004年5月开始加息，由于前期利息仍然偏低，房价仍然一直上涨。直到2006年9月，联邦基金利率处于5.25%的高位，利率才高到足以对房价产生抑制，房价开始下跌。2003到2006年，美国房价相对于2000年已经翻了1倍。由于美国对房价的调控工具不包括限购、调节首付款比例等行政性结构化调控手段，而仅仅采用高利率的市场手段，房价无法稳定在一定区间，只能不断下跌。在房价下跌约35%时居户纷纷选择断供，最终引爆了次贷危机。

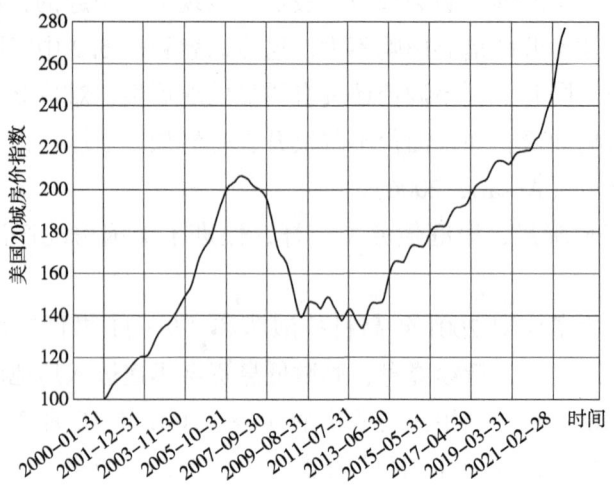

图 5.7 美国 20 城市房价指数

第二节 美国 2008 年房地产泡沫破灭引致的 股灾发生机制分析

2008 年次贷危机本来是可以避免的，危机的发生既有市场失灵的因素，也有政府失灵的因素。

一、2003—2007 年房地产泡沫的形成与股价变动分析

在图 5.8 中，2006 年 9 月，联邦基金利率处于 5.25% 的高位，房价开始下跌；直到 2007 年 10 月，美股开始下跌，次贷问题对股市的消极影响开始显现。2003 年至 2005 年间，房价的快速升值掩盖了次级抵押贷款市场的恶化，也掩盖了次级抵押贷款的真正风险（Demyanyk & Hemert，2011）。2004—2007 年，低利率和大量富余流动性驱动资产通货膨胀。

（一）防通胀，联邦基金利率迅速上行，房价和股价下跌，次贷泡沫被刺破

如图 5.8 所示，2004 年 5 月，联邦基金利率仅为 1.00%，到 2005

年5月，联邦基金利率上升至了3.00%，而到2007年5月，联邦基金利率上升到5.25%的超高水平。对于按揭贷款的债务人来说，这么大的利率变动确实是难以承受的。

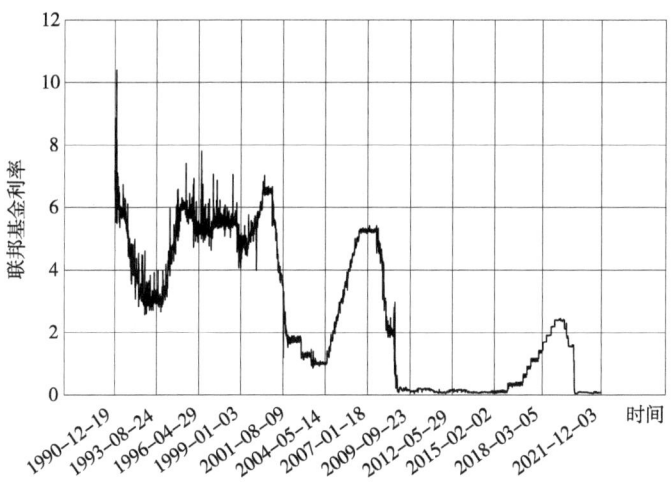

图5.8　美国联邦基金利率的波动

利率变化如此之大，对股价的影响也是抑制性的：一是上市公司在金融机构的借款成本增加，利润减少；二是利率上升，利于资金从股市流入银行或债市，进一步导致股价下跌；三是利率上升，投资者评估股票价值的折现率上升，股价也会下降。

本书第十三章在利用模型进行泡沫检测时，发现2008年美股泡沫其实不明显，或者说不存在泡沫，而是由于次贷危机引起系统性金融机构的崩溃，触发了金融危机。

（二）房价下跌和原油价格快速上涨促使股价下跌

Yuhn等人（2014）认为，房地产泡沫的形成促成了股市泡沫的形成。当石油价格上涨时，在其他产品价格不变的情况下，相关下游产品的价格会上涨，公司利润减少，股价就会下跌。此外，企业成本的上升还会导致生产者物价指数和消费者物价指数的上升，从而引发通货膨胀预期上升，利率上升引发股市下跌（Alsalman & Herrera，2015）。美国纽约 WTI 原油价格从 2006 年 66.05 美元一桶的平均价格上升至 2008 年 99.67 美元一桶的价格 （Mollick & Assefa，2013）。

（三）系统风险集中并击垮了系统重要性公司，引起股市不断下跌和恐慌

衍生金融工具具有分散风险的功能，但是在华尔街金融系统运作时，风险却集中到少数大型金融机构。次贷危机引爆后，雷曼兄弟倒闭，房地美和房利美申请破产保护，花旗、贝尔斯登、瑞银集团、瑞信信托、瑞士银行、日本大和生命保险、苏格兰皇家银行等金融巨头均出现巨额亏损。众多银行出现亏损，市场流动性紧张，信贷紧缩，经济受到影响。

（四）股灾发生机制的其他非主流观点

一些中法学者的观点与华尔街和美国金融市场有效论的主流学者的观点是明显不同的。观点大致有三类：

1. 生产相对过剩的危机（赵磊，2008；吴宣恭，2009）。赵磊（2008）认为美国的个人消费增长缺乏应有的收入基础，因而消费的进一步扩张以及对经济的推动作用是不可持续的。透支消费，比如分期付款、贷款消费、信用卡购物、次级房贷等办法，消费者提前支付了远期利益（即"寅吃卯粮"），既能为唯利是图的资本家接受，也能为囊中羞涩的普通劳动者认可，已成为西方极为流行的一种生活方式。吴宣恭（2009）认为美国因为试图以扩大信贷消费去缓解生产扩大与消费能力相对缩小的矛盾，加速了房地产和金融泡沫的发展，矛盾虽然暂时由泡沫遮掩着，但经过长期的积累、发酵危机难免会爆发。

2. 收入分配和财富分配差距的积累（殷剑峰和王增武，2018；徐大建，2009；Piketty，2014）。尽管西方将危机的主要原因归结为过度的金融创新和缺乏监管，以及宏观经济失衡和信用过度膨胀所产生的美国房地产泡沫，徐大建（2009）从经济伦理的立场出发，从不同的角度，如贫富悬殊造成的有效需求不足、新自由主义、道德风险、美国的消费文化等来解释危机。在外生信用扩张因素既定的情况下，收入分配差距扩大也会在居民部门内部推动金融资产向收入中高端集中和金融负债向收入中低端集中，从而形成内生性的信用扩张。在这一过程中，储蓄率和利率下降，房价上涨，并且如果只观察部门整体的资产负债质量，会大大低估实际存在的金融风险，因为收入中低端的杠杆率，尤其是违约概率，显著大于整体平均水平（殷剑峰和王增武，2018）。皮凯蒂（2014）也认为资本主义主要的不稳定力量与这样一个事实有关，即私人资本回报率 r 在很长一段时间内可能明显高于收入和产出的增长率 g。财富分配的长期动态的后果可能是可怕的，尤其是当人们补充说，资本回报率与初始股份的大小直接相关，并且财富分配的差异正在全球范围内发生时。

3. 经济周期。陈雨露和马勇（2012）将视角扩展至整个泡沫经济和金融危机形成、发展和崩溃的全过程，对泡沫经济推动的周期性金融危机的基本机制和主要特征进行了分析，从金融与实体经济的持续反馈机制中去认识危机过程中的价格、利率和信贷机制，动态理解泡沫经济推动金融危机的渐进过程，并为泡沫的识别与危机的防范提供现实的依据。

二、2008 年房地产泡沫破裂引致股灾的理论分析

2001—2005 年美联储不断降低利率，美国房地产市场空前繁荣。美国总统布什签署了补助无房户买房的法案，即凡有能力支付月供款但无力支付首付款的美国家庭，都可以买房。这是次级抵押贷款市场迅猛发展的政治条件。最终，美国国际集团（AIG）卖出 CDS 引发 2008 年亏损 617 亿美元，美国政府最终提供资金约 1 820 亿美元；美国次级贷款总额约 2.5 万亿美元[①]，实际按揭损失 4 000 亿美元，其中银行承担了 2 000 亿美元损失。这些损失如何引发如此巨大的金融海啸呢？发达的美国金融市场为什么不能防范如此级别的危机呢？

学界对危机成因具有代表性的观点见表 5.3。

---

① 2006 年，美国住房抵押贷款市场总值达 12 万亿美元，其中次级贷款为 21%。

表 5.3　2008 年股灾发生机制研究

	核心观点
金融市场缺陷论	从微观金融运行机制的角度，金融市场过度自由化和衍生产品泛滥是次贷危机的根本原因（余永定，2008；张明，2009）
全球经济失衡论	从宏观经济的角度，危机爆发原因是新兴经济体经常账户长期的顺差（伯南克，2009），是世界经济结构的不均衡和国际货币体系的不合理（吴晓灵，2009）
监管缺位论	监管层失误是次贷危机爆发的根本原因（索罗斯等，2009；谢国忠，2009）

（一）金融市场缺陷和道德风险

1. 许多具有系统重要性的金融机构在公司治理和风险管理方面的严重失误是此次危机的关键原因。"太大而不能倒"意味着太大而不能管理。金融机构和信用评级机构将数学模型作为可靠的风险预测工具，在大多情况下直接代替了风险判断，风险管理常常沦为风险识别，最后只能剩下事后风险处置。

2. 金融机构和监管机构的激励存在偏差。①金融公司薪酬计划中的激励措施导致金融市场参与者进行能够产生即时收入，但是却使金融系统暴露在巨大风险之下的交易（Mishkin，2011）。在廉价资金、激烈竞争和宽松监管的环境下设计的薪酬体系往往会奖励快速交易，即没有适当考虑长期后果的短期收益。通常这些系统鼓励大赌注，对于个人来说，上行收益可能巨大，下行收益有限。道德风险使得从业人员不关心系统风险和信用风险，而只关心自己不对称激励带来的收益。例如，套利交易（carry trade）是交易者以低利率借款，购买产生高利率的资产。套利交易产生即时且可能巨大的风险，因为购买资产的收益越高，反映的尾部风险就越大，如信用违约互换合约（CDS）（Mishkin，2011）。②当财政部专注于放松管制时，监管激励导致监管制度有时过于干预，有时根本不存在。当纳税人是银行的保险人时，控制道德风险至关重要。没有监管和强有力的执法，就无法实现这一目标。然而，监管机构也必须获得正确的激励来完成其工作。现在看来，试图"精简"监管产生了意外的后果，救灾时创造了一个可能损害美国经济长期增长的局面（Stulz & Zingales，2009）。

3. 超高杠杆的投资。①投资杠杆过高。五大投行的杠杆比率是40∶1，3%的资产下跌就会消灭一家公司。2007年底，贝尔斯登拥有118亿美元股本和3 836亿美元负债，在隔夜市场上的借款高达700亿美元。房利美和房地美的综合杠杆比率（包括他们拥有和担保的贷款）为75∶1。但并非只有金融公司参与了这场借贷狂潮。2001年到2007年，尽管工资基本上停滞不前，国民抵押贷款债务几乎翻了一番，每户抵押贷款债务从91 500增加到149 500，增幅超过63%。杠杆通常隐藏在衍生品头寸、表外实体以及"粉饰"后的投资大众可获得的财务报告中。当房地产低迷来袭时，负债累累的金融公司和家庭都遭受重创。②经济良好时高杠杆性的借短还长。金融公司筹集短期债务为资产购买融资，当经济状况恶化时，会导致风险转移，并限制他们展期偿还债务的能力。受约束的公司通过向杠杆率较低的公司出售资产来降低杠杆率。然而，资产市场流动性取决于杠杆的全系统分布，而杠杆本身就是未来经济前景的内生因素。良好的经济前景会产生更便宜的短期债务，促使杠杆率更高的公司进入。因此，景气时期的不利资产冲击会导致更大程度地去杠杆化以及市场和融资流动性的突然枯竭（Acharya & Viswanathan，2011）。

短期债务的积累和高杠杆企业在经济繁荣时期的进入，随之而来的是资产方面的冲击，这些冲击导致债务展期、大规模去杠杆化、甩卖（fire sell）、资产价格中的流动性折扣。当金融风险被金融工具转嫁给少数金融机构时，金融危机就会出现。

4. 部分重要金融市场信息缺乏透明度。①影子银行系统不透明，充斥着与传统银行系统规模不相上下的短期债务。市场的关键组成部分——比如数万亿美元回购贷款市场、表外实体和场外衍生品的使用——都被隐藏在视线之外。资本市场和传统贷款的逐步整合在2000—2006年间次级贷款和抵押贷款支持证券的不可持续性地发展并爆炸中发挥了重要作用（Tarullo，2019）。大量银行资金来自银行商业票据和货币市场共同基金持有的存款证（Mishkin，2011）。②危机时刻，对潜在风险级别的担忧导致对交易对手违约的担忧，特别是在回购市场，违约将导致信用风险。回购市场中的这些问题非常严重，因为美国的回购协议市场估计为12万亿美元，超过了美国银行系统的总资产。这个市场是"影子银行系统"的核心，影子银行系统是向资本市场发行债券的结构性工具的纽带。这一短期融资市场在危机期间变得非常缺乏流动性，回购折价（初始保证金）的增加导致了大规模去杠杆化。如果没有人愿意接受结构性产品进行回购，那么这些债券就不能交易，也就没有人愿意在回购交易中接受它们（Gorton，2009）。③部分回购市场和ABX指数等交易导致金融信息缺乏。第一个市场是回购市场，估计约为12万亿美元，超过美国银行体系的总资产。该市场已发展成为资产支持证券和抵押贷款支持证券的重要中介角色，特别是随着中介业务已从传统银行业转移出去。另一个市场是次级住宅抵押贷款风险的合成市场，可以通过ABX等指数（与基础次级债券相关的衍生工具）进行交易。从2006年1月开始，ABX指数是唯一与次级抵押贷款相关且以透明方式交易的地方，汇总并披露了有关次级住房抵押贷款支持证券（RMBS）价值的信息。其他与次级抵押贷款相关的工具，RMBS债券、债务抵押债券、结构化投资工具负债等，不在有形市场交易，也没有次级市场（Gorton，2009）。

5. 金融机构的基于市场的会计制度夸大或恶化了收益，它高估了收益，恶化了损失，并使得会计信息随着市场价格波动而更大幅度地波动，是促使危机或泡沫发生的正反馈机制。2007年秋天，银行遭受了显而易见的按市值计价的损失，银行也将不得不收回资产负债表外业务所持有的证券，从而进一步降低其监管资本比率。

6. 信用评级机构的失败是"金融毁灭车轮上的重要齿轮"[①]，在此基础上，过高的为债务抵押提供保险的金融衍生品头寸最终爆炸。期初，信用评级帮助市场飙升；到2007年和2008年，评级下调对市场和公司造成了严重破坏。约翰·坎贝尔（John Campbell）指出，在经济繁

---

① Conclusions of the Financial Crisis Inquiry Commission。

荣时期，信用评级已经扩展到了具有系统性风险的新型工具，这使得投资者能够在信用评级约束范围内购买资产，但仍然承受着系统性风险。信用评级机构已超出其职权范围。

实际操作中，住房贷款金融机构为了提高资金周转率和转移信贷风险，与投资银行一起将次级抵押贷款打包成抵押贷款支持证券（MBS）后出售给投资银行，投资银行再将抵押贷款进一步打包成担保债务凭证（Collateralized Debt Obligation，CDO）出售给保险基金、养老基金或者对冲基金等投资者。机构投资者还会购买一些信用违约互换合约（Credit Default Swap，CDS），即购买一种对抗抵押贷款违约率上升的"保险"，进一步分散自己的风险。未能有效遏制抵押贷款和金融市场的过度行为才是此次危机的主要原因。例如，CDS 的规模达 62 万亿美元，是美国 GDP 的 4.2 倍。最终，原生次级贷款的缺陷通过衍生品创新机制引爆了整个金融市场。

（二）美国乃至全球经济失衡论

1. 新兴经济体近年经济高速增长中出现了国内储蓄过剩或储蓄率上升，净储蓄表现为大量经常账户顺差，大量经常账户顺差累计又成为官方外汇储备。美国长期处于低储蓄率和财政、经常项目双赤字的经济结构中，储蓄投资比为 1∶3。美国经济当时正经历一个低利率环境，一方面是因为国外，特别是亚洲国家的大量资本流入，另一方面也是因为美联储采取了宽松的利率政策。20 世纪 90 年代末的东南亚危机之后，亚洲国家购买美国证券，既是为了将汇率固定在有利于出口的水平，也是为了对冲将来本币对美元的贬值。美国联邦储备银行由于担心互联网泡沫破裂后会出现通缩期，也没有抵消房地产泡沫的累积（Brunnermeier，2009）。

2. 顺差国将绝大部分外汇储备投资于发达国家金融市场，尤其是美国国债与机构债，压低了国际金融市场的长期利率，造成普遍的流动性过剩。全球外汇储备由 1999 年底的 1.78 万亿美元上升到 2007 年底的 6.4 万亿美元，增长了 2.6 倍。新兴市场经济体经常账户顺差又保证了美国双赤字的长期性，这种长期性是由美元霸权为主导的国际货币体系造成的。

3. 美国银行体系经历了一场重要的变革，贷款被集合、分批，然后通过证券化转售。传统的银行模式，即发行银行持有贷款直到偿还，被"发起和分配"银行模式所取代。新证券的创立反过来又促进了国外的大量资本流入。流动性过剩并不必然促成危机，但是在政府监管缺位和高杠杆等一系列机制下，资金过剩被引向危机之路。

（三）监管缺位论

21 世纪的金融体系与 19 世纪的保障措施的结果证明市场完全有效假设是错误的。监管和市场演化都会影响到市场的有效性。

1. 场外衍生品在这场危机中起了重要作用，却很少受到监管。CDS 对押注于真实抵押贷款相关证券表现的合成 CDO 的产生至关重要，规模竟是 GDP 的 4.2 倍。而且危机前，美国衍生品市场规模高达 530 万亿美元，相当于美国 GDP 的 40 倍。即使危机之后，欧洲加强全球私募基金监管的诉求始终遭到美国的坚决抵制。

2. 金融业本身在削弱对机构、市场和产品的监管约束方面发挥了关键作用。1999 年到 2008 年，金融部门报告的联邦游说支出为 27 亿美元；该部门的个人和政治行动委员会的竞选捐款超过 10 亿美元。从 1978 年到 2007 年，金融部门持有的债务额从 3 万亿美元飙升到 36 万亿美元，占国内生产总值的比例翻了一番多。许多华尔街公司的性质从相对固定的私人合伙企业转变为承担更大、更多样化风险的上市公司。2005 年，10 个美国最大的商业银行在该行业总资产占比 55%，是 1990 年的两倍多。2006 年，金融业利润在美国所有公司利润中占 27%，而 1980 年是 15%。2012 年前后，美国民众的占领华尔街运动轰轰烈烈，最终实际影响有限。

3. 监管者往往缺乏政治意愿，缺乏对委托他们监管的机构和整个体系进行批判性挑战的毅力。许多具有系统重要性的金融机构在公司治理和风险管理方面的重大失误是此次危机的关键原因。金融自由化思潮盛行背景下，金融创新层出不穷，金融机构能够有效地规避管制。金融系统中充满不当行为，如贷款人向抵押贷款经纪人支付"收益利差溢价”，抬高了借款人贷款成本，但这些费用通常从未向借款人披露。对于一些风险苗头，监管当局选择性地视而不见。

4. 资深官员没有认识到房地产次级贷款泡沫破裂会威胁到金融系统。从炒房的投机者到寻找贷款的抵押贷款经纪人，到发放抵押贷款的贷款人，再到创造抵押贷款支持证券、债务抵押债券、CDO 平方和合成 CDO 的金融公司：在这条有毒抵押贷款管道中，没有人有足够的参与，他们都相信，只要马上通知下一个排队的人，就可以减轻风险。资深官员们不相信，崩溃的抵押贷款标准和抵押贷款证券化管道会点燃、蔓延并加深危机。

所以，公司治理的严重崩溃，监管监督的严重失误，以及金融体系中近乎致命的缺陷，使得危机的发生不可避免。但是，这样的危机本应该避免。

（四）货币政策效力的滞后性与干预的提前性

货币政策对泡沫的干预效果是滞后的，矫枉过正的结果是泡沫变成了危机。联邦基金利率从 2004 年 6 月 23 日的 1%，上涨到 2006 年 5 月 12 日的 5%，并在此高水平上一直维持到 2007 年 8 月 9 日，整整一年多。其实，2006 年 7 月，美国 20 城房价指数达到峰值（206.52），开始下跌。2007 年 8 月，房价开始加速下跌，2009 年 4 月，指数为 139.26，幅度达 32.6%。可以说，货币政策干预太猛，效力太滞后，房地产泡沫向次贷危机转化了。如果美联储提前半年降息，可能后果截然不同。之所以没有提前降息，是为了继续抑制通货膨胀，结果由于政策效力的滞后性，抑制过头，跨进了危机的门槛。

股票市场泡沫的形成与膨胀机制需要时间和条件，如果及时制定适宜的政策措施，将隐患消灭于未然，可以防止泡沫规模过大。即使由于经济周期规律的作用，只要泡沫可控，向经济危机演变的程度就轻。可见，市场经济有周期性需要解决的问题，就是周期性繁荣时要避免过大的资产泡沫。政府和央行要加强对股市泡沫的政策应对能力。货币政策、财政政策、行政手段、产业政策等多管齐下，是资本市场规模发展到一定阶段的必然产物。

三、2008 年美国政府针对股灾发生机制的处置策略及效果分析

（一）2008 年美国政府针对股灾发生机制的处置策略分析

1. 市场信心恢复、流动性不足、受困金融机构处置策略分析具体见表5.4。

表5.4　2008 年危机针对股灾发生机制的处置策略分析

		具体措施	效果
恢复市场信心	降息	采取了三次大规模降息行动，将联邦基金利率从 2007 年 9 月的 5.25%降至 2008 年 12 月的 0~0.25%区间内	缓和了短期资金市场的信用紧缩压力。降息至 0 后，货币政策工具作用丧失
	提高银行存款保险限额	单个账户存款保险上限从 10 万美元提高至 25 万美元。	防止储户向银行提取存款引发挤兑危机。
	特定时间内禁止卖空交易	9 月 17 日，美国证监会发布了禁止裸卖空（Nakes Short）的通告，不准在没有持有股票或融券的情况下进行卖空	做空交易大幅下降，做空动能减弱，股票抛压被很好地抑制。
流动性不足	向市场注资	美欧等各国政府六次大规模注资救市	导致通货膨胀和资产价格上涨
受困金融机构处置	并购与转型	摩根大通收购贝尔斯登，巴克莱银行收购雷曼兄弟在北美的投资银行和资本市场业务，美国银行收购美林证券，美国联邦存款保险公司协助花旗集团收购美国第四大银行美联银行	既发挥了市场的作用，又避免了政府直接接管。投资银行被接管，一方面使其获得稳定的资金来源，另一方面使其接受更多监管机构的严厉监督
	政府接管	美国联邦住房金融管理局接管房利美和房地美，美联储授权纽约联邦储备银行向 AIG 提供 850 亿美元紧急贷款	接管意味着要花纳税人的钱，是降息、注资、金融机构相互救助失败后最后的救助措施

2. 必须有一个可信的机制来约束金融机构，而不会破坏金融体系的运作，同时也必须加强对系统重要性金融机构的监管。①*The Squam Lake Report* 认为，大型银行、那些更有可能造成系统性问题的银行、持有大量非流动资产的银行和短期债务比例更高的银行必须拥有更高的资本比率。报告指出了从系统角度监控信用违约掉期（CDS）和场外衍生品一级交易商的重要性。②大型金融机构需要一个有序的处置机制（Hoshi，2011）。解决"太大而不能倒"问题的方法，一是限制金融机构的规模，二是让具有系统重要性的机构接受更严格的监管。第一种方法可能会限制美国的全球金融竞争力，所以美国政府选择了第二种方法。2010 年夏天通过的《多德-弗兰克金融改革法案》（*Dodd - Frank Act*）支持成立了金融稳定监督委员会（Financial Stability Oversight Council，FSOC），负责识别和应对威胁金融稳定的风险，四家非银行金融公司指被定为具有系统重要性的公司。《金融监管改革法案》（*Financial Regulatory Reform Act*）将引入额外审慎措施的门槛从 500 亿美元一路提高到 2 500 亿美元。八大系统重要性银行受到更强的监管。

（二）针对 2008 年股灾发生机制的处置效果分析

1. 作用有限论。①第一阶段救助并没有阻止危机的进一步恶化，雷曼兄弟破产、AIG 崩塌，美国政府共贷款 1 700 亿美元给 AIG。美国实际 GDP 在 2008 年第四季度和 2009 年第一季度大幅收缩，分别以 -5.4% 和 -6.4% 的年率下降。失业率飙升，到 2009 年 10 月，失业率超过 10%。世界范围的经济衰退也接踵而至。②救助困境中的金融机构迅速增加本已经沉重的政府债务。在深度和长期的产出收缩后，不可避免的税收流失以及旨在缓解衰退的雄心勃勃的反周期财政政策（Reinhart & Rogoff，2009），都会不断增加政府债务。可是，政府已经面临医疗和养老金支出增长不可持续的长期问题。美联储购买长期政府债券有可能让通胀预期在没有锚的情况下飘忽不定，从而在未来产生通胀后果。2022 年，美国高通货膨胀与高政府债务纠缠在一起，情况变得更加复杂。③对系统重要银行的监管可能受到不断削弱（Tarullo，2019），金融稳定机制可能难以有效执行。与所有监管法规一样，细节是魔鬼。2023年，硅谷银行、第一共和银行出现了危机，这些银行规模不小，但并不是美国系统重要性银行，监管比较宽松。另外，SEC 认为自己专注于投资者保护和市场运作，对金融稳定的作用非常有限（Mishkin，2011）。

2. 救助有效但有失误论。①救助打破了金融加速器的正反馈循环机制，并稳住了通胀预期。经济衰退往往会产生更大的资产价值不确定性，这可能引发一个不利的反馈循环，即金融加速器（Bernanke & Gertler，1989；Bernanke、Gertler & Simon Gilchrist，1996）。宏观经济衰退往往会降低多种形式抵押品的价值，银行坏账减记致使金融机构贷款能力和意愿下降，导致经济活动进一步收缩。②"从源头到分销"存在严重的代理问题；创新还增加了金融产品的复杂性，使其越来越难以估值（Gorton，2008）。当抵押贷款支持证券和结构性信贷产品（如CDO 和 SIV）的价值崩溃时，银行和其他金融机构出现了大规模的减记。随后，金融机构资产负债表的恶化导致去杠杆化过程，在此过程中，贷款下降，消费者支出和企业投资下降。③在次贷危机的第二阶段有两个重大失误。第一个失误是系统重要性金融机构雷曼兄弟的破产，使危机向美国经济系统和全球蔓延。第二个失误就是专注于治理通胀和救助金融机构，尽管金融危机最终得到了控制，但正常经济活动中的借贷利差升高，使得经济严重衰退，金融危机进一步恶化。2008 年 9 月雷曼兄弟破产和 AIG 几近破产后，全球信贷利差大幅增加。2008 年 9 月 29 日，众议院投票否决了 7 000 亿美元的救助计划，雷曼兄弟破产。尽管《紧急经济稳定法案》最终于 10 月 3 日（星期五）获得通过，但股市崩盘加速。10 月 6 日，美国国债对欧洲美元的利差（TED）上升到 450 个基点（即年利率 4.5%）以上，与家庭和企业支出决策相关的利率上升，同时信用标准大幅收紧。④激进放松的货币政策可能使通胀预期不一致，导致未来严重的通货膨胀。在危机期间，美联储新贷款计划的数量催生了一整套全新的缩写词，即 TAF、TSLF、PDCF、AMLF、CPFF、MMIFF 和 TALF。在危机时刻，央行通过使用货币政策购买整个金融系统的尾部风险保险的方式来进行系统风险的管理（Mishkin，

2009)，释放了超量货币。

3. 如果美联储将名义国内生产总值（也称货币GDP，NGDP）作为目标，认真考虑通货紧缩预期，它可能会更快地采取行动拉动增长——避免大衰退及其带来的痛苦。

（1）货币政策要关注名义GDP。经济严重衰退的根本原因在于名义GDP（NGDP）的下降和失业率的增加。由于害怕通货膨胀，长期维持过高的利率，导致名义GDP进一步下降。经典经济理论预测，当一个部门衰退时，资本和劳动力将转移到其他部门。所以，真实的冲击——如房地产泡沫破裂、灾难性自然灾害、股市崩盘或恐怖袭击——不会导致深度衰退。与1929年的股市崩盘相比，1987年的股市崩盘对美国失业率没有任何影响。2011年袭击日本的地震和海啸摧毁了该国的部分地区，并关闭了整个核工业近两年，导致工业产出暂时下降，但失业率几乎不明显。

（2）名义国内生产总值（NGDP）增长率要维持在一定的区间。如果NGDP增长过快，则货币政策过于宽松，结果是通货膨胀；如果NGDP突然下跌，货币政策就太紧了——不再有足够的钱支付所有想要工作的人，也没有足够的钱为所有本来会发生的交易提供资金，经济开始收缩；当NGDP增长相对于预期急剧下降时，经济体往往会遭受金融危机。名义收入的减少意味着偿还贷款的资金减少，因此违约变得更加普遍，银行面临的压力也越来越大，这是一种常见的现象。20世纪30年代初，美国的NGDP下降了一半，全世界都出现了债务危机。日本的NGDP增长在1993年后下降到大约为零，引发了严重的银行问题，而阿根廷的NGDP增长在20世纪90年代末急剧下降，导致了2001年的严重金融危机。

（3）2008年中，即美国房地产市场开始崩盘两年后，美联储没有迅速降息以抵消房地产危机造成的拖累，或许是出于对油价上涨导致的高通胀的担忧。有两个截然不同的问题：次级抵押贷款违约导致的银行业困境和支出不足导致的更严重的宏观经济危机。美联储承认了第一个，但错误地否定了第二个。直到2008年12月，美联储才将利率降至接近零的水平。但到那时，损害已经造成了：轻微的经济下滑已经演变成了大衰退。从 2008 年 12 月、9 月、6 月的 NGDP 环比分别为-8.5%、-2.10%、2.30%，比衰退前低了约 10 个百分点。① 美联储认为通货膨胀的风险与衰退的风险一样大，即使在雷曼兄弟（Lehman Brothers）9 月份破产后也是如此。但当时市场认为通胀率在未来几年将大幅下降。由于美联储选择忽略这些市场预测，2008 年 4 月至 10 月，它将利率保持在 2%，而不是扩大货币供应量以提振 NGDP。即使在 2008 年 9 月 16 日，也就是雷曼兄弟申请破产的第二天，美联储理事会仍然投票决定不降息，当时美联储主席本·伯南克（Ben Bernanke）后来也承认这一决定是错误的。另外一个印证的例子是欧债危机。与美联储相反，欧洲央行量化宽松比美国晚了六年，在刺激支出方面也做得更少。美国经济继续复苏后，欧元区在 2011 年陷入了严重衰退。次贷危机后，美国比欧洲的形势好，这要归功于美国量化宽松的货币政策。

（4）美联储 2008 年后的政策并不是扩张性的，尽管它最终使短期利率接近于零。美联储向银行系统注资的激进举措立即将利率推至零。但由于美联储不想刺激名义支出，因此在 10 月初，它推出了一项新政策：开始对银行持有的美联储准备金支付利息。此举防止了利率降至零，并鼓励银行将资金留在美联储，而不是转移到更广泛的经济中。在货币刺激至关重要的时候，这是一项收缩性举措。如果投资者知道美联储最终会印刷尽可能多的货币，以使价格回到衰退前的趋势线，那么股票、大宗商品和房地产等资产价格的跌幅就会小得多。因此，更少的人会违约，雷曼兄弟等银行也不太可能违约。

总之，2008 年美国次贷危机救助打破了金融加速器的正反馈循环机制，并稳住了通胀预期。但也存在两个失误：一是雷曼兄弟破产使危机失控，二是信贷利差扩大导致 NGDP 变负，失业率增加，经济恶化。抑制通胀政策具有滞后后性，美联储应该从以通胀为目标转向以名义 GDP 水平为目标。当衰退袭来时，NGDP 往往在通胀之前下降。在整个 2008 年，随着 NGDP 开始下降，美国通货膨胀率一直保持正增长。如

① 数据来源：万得 WFT。

果美联储将 NGDP 作为目标，认真考虑通货紧缩预期，它可能会更快地采取行动拉动增长——避免大衰退及其带来的痛苦。

参考文献

［1］赵磊. 对美国次贷危机根源的反思［J］. 经济学动态，2008（11）：41-46.

［2］吴宣恭. 美国次贷危机引发的经济危机的根本原因［J］. 经济学动态，2009（1）：50-55.

［3］殷剑峰，王增武. 分配差距扩大、信用扩张和金融危机：关于美国次贷危机的理论思考［J］. 经济研究，2018（2）：50-64.

［4］徐大建. 对次贷危机深层原因的哲学反思［J］. 上海财经大学学报，2009（5）：3-7，19-20.

［5］陈雨露，马勇. 金融体系结构与金融危机［J］. 金融评论，2009，1（01）：3-14，115，122.

［6］张海峰. 美国"信息高速公路"建设计划的产生背景、进展、社会经济影响及评价［J］. 世界研究与发展，1994（06）：25-32.

［7］胡道元. 信息基础设施与美国信息高速公路计划［J］. 中国计算机用户，1994（08）：73-76.

［8］李良栋，孔祥振，杨广辉. 大洋彼岸的"新经济"奇迹［M］. 北京：经济科学出版社，1998：96

［9］江时学. 论1994年墨西哥金融危机［J］. 世界历史，2002（06）：49-56

［10］张丹. 美国对沙特阿拉伯政策研究：1989-2000［D］. 兰州：兰州大学，2016.

［11］唐嘉. 传媒科技发展与美国广播电视法规的变迁［D］. 长沙：湖南师范大学，2013。

［12］展江.《1996年电信法案》给美国带来了什么？［J］. 国际新闻界，1997（04）：5-8.

［13］邸凌月.1997年：金融风暴席卷亚洲［J］. 股市动态分析，

2017（44）：11-12.

[14] 狄荫清 . 美国道·琼斯股指神话濒临破灭 [J]. 上海经济研究, 1999（02）：51-54, 50.

[15] 储宁伟 . 析美国 20 世纪 90 年代的股市泡沫 [D]. 南京：南京师范大学, 2013.

[16] 杨松 . 美国金融危机引发的法律思考 [J]. 辽宁大学学报（哲学社会科学版）, 2009（01）：141-145.

[17] 萨奇, 王元龙, 王秀玉, 等 . 1996—1997：国际金融市场形势回顾与展望 [J]. 国际金融研究, 1997（01）：16-23.

[18] 开尔 . NASDAQ 市场：稳步攀升 [J]. 数字财富, 2001（07）：49.

[19] 张晓晶, 李成 . 欧债危机的成因、演进路径及对中国经济的影响 [J]. 开放导报, 2010（04）：26-31.

[20] 熊启跃 . 巴塞尔协议Ⅲ对银行业有何影响 [J]. 金融博览, 2021（01）：52-54.

[21] WILSON B, SAUNDERS A, CAPRIO J R G. Financial fragility and mexico's 1994 Peso crisis: an event-window analysis of market-valuation effects [J]. Journal of Money, Credit and Banking, 2000, 32（3）：450-468.

[22] DEMYANYK Y, VAN HEMERT O. Understanding the subprime mortgage crisis [J]. Review of Financial Studies, 2011, 24（6）：1848-1880.

[23] COATES D. The Irish sub-prime residential mortgage sector: international lessons for an emerging market [J]. Journal of Housing and the Built Environment, 2008, 23（2）：131-144.

[24] PIKETTY T, GOLDHAMMER A（Translator）. Capital in the twenty-first century [M]. The Belknap Press of Harvard University Press, 2014.

[25] OBSTFELD M, ROGOFF K. The mirage of fixed exchange rates [J]. Journal of Economic Perspectives, 1995, 9（4）：73-96.

[26] ALEXANDER D, FEINBERG R M. Entry in local telecommunication

markets [J]. Review of Industrial Organization, 2004, 25 (2): 107-127.

[27] CHEN J. The legal process and political economy of telecommunications reform [J]. Columbia Law Review, 1997, 97 (4): 835-873.

[28] BERNANKE B S, KUTTNER K N. What explains the stock market's reaction to Federal Reserve Policy? [J]. Journal of Finance, 2005, 60 (3): 1221-1257.

[29] YUHN K H, KIM S B, NAM J H. Bubbles and the weibull distribution was there an explosive bubble in US stock prices before the global economic crisis [J]. Applied Economics, 2015, 47 (3): 255-271.

[30] ALSALMAN Z, HERRERA A M. Oil price shocks and the US stock market [J]. The Energy Journal, 2015, 36 (3): 171-188.

# 第六章　2021 年美国股市泡沫形成及股灾发生机制分析

第一节　2008—2021 年美国股市泡沫及股灾发生机制解析

一、2008—2021 年美股泡沫发展的三个阶段

2008 年全球金融危机以来，针对经济形势的变化和突发事件的影响，美股大致经历了三个阶段：

1. 第一阶段为 2008 年初至 2009 年 3 月 9 日（S&P 500 出现 676.53 低点，见表 6.1）。对于美国政府与美联储 2007—2009 年的救市策略，我们在其他章节已经详尽论述，这里不再赘述。

2. 第二阶段为 2009 年 3 月 10 日至 2018 年 3 月 9 日。2009 年美股开始猛烈上攻，在 9 个月的时间里上涨 66.7%。2010 年震荡上行，中期下跌 10%，继续上行，年终上涨 11%。2010 年，美国金融监管和量化宽松进一步启动，通胀大幅上行，但美股表现在全球一枝独秀。2011 年，指数年初年末持平，当时的背景是欧洲主权债务危机，美股横盘震荡，上下幅度各约 10%，年终收盘跌 -1%。2012 年，美联储宣布了第四轮量化宽松货币政策，S&P 500 从年初 1 277.06 到 12 月 31 日的 1 426.19，涨幅为 11.7%。2012 年，美股从年初开始上行，中间二次震荡，年涨 12%。2013 年，S&P 500 几乎一路上行，大涨 27%，收盘于全年最高点 1 848.36 点。2014 年，美联储量化宽松结束，伴随着美股新高，S&P 500 从年初 1 831.98 上涨至年终 2 058.9，涨幅为 12.4%。2015 年美联储正式加息，年中股市两次横向震荡，最大振幅 14%，年

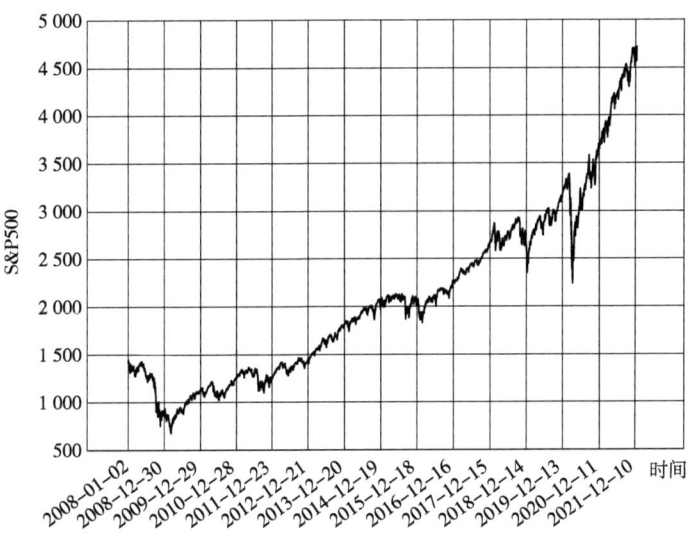

图 6.1　2008—2021 年 S&P 500 走势图

末 S&P 500 以-0.7%的收益率收官。2016 年的市场先是探底，重新在
2015 年的低点价位获得支撑，之后二次震荡上行，年末上涨了 11%。
2015 年和 2016 年，股市因加息而震荡。2017 又是牛市，年初指数即当
年最低指数，S&P 500 全年上涨 18.4%。整体来看，在这一阶段，
S&P500 从 2009 年 3 月 9 日的 676.53，涨到 2018 年 3 月 9 日的
2 786.57，涨幅为 312%（详见表 6.1）。

表 6.1　S&P 500 指数 2008—2021 年变化情况表

年份	年初指数	年末指数	年最大值	年最小值	日收益均值（%）	日波动率（%）	年振幅（%）	年增幅（%）
2008	1 447.16	903.25	1 447.16	752.44	-0.15	2.58	92.33	-37.58
2009	931.8	1 115.1	1 127.78	676.53	0.10	1.72	66.70	19.67
2010	1 132.99	1 257.64	1 259.78	1 022.58	0.05	1.14	23.20	11.00
2011	1 271.87	1 257.6	1 363.61	1 099.23	0.01	1.47	24.05	-1.12
2012	1 277.06	1 426.19	1 465.77	1 277.06	0.05	0.80	14.78	11.68
2013	1 462.42	1 848.36	1 848.36	1 457.15	0.11	0.70	26.85	26.39

续 表

年份	年初指数	年末指数	年最大值	年最小值	日收益均值（%）	日波动率（%）	年振幅（%）	年增幅（%）
2014	1 831.98	2 058.9	2 090.57	1 741.89	0.05	0.72	20.02	12.39
2015	2 058.2	2 043.94	2 130.82	1 867.61	0.00	0.98	14.09	-0.69
2016	2 012.66	2 238.83	2 271.72	1 829.08	0.04	0.82	24.20	11.24
2017	2 257.83	2 673.61	2 690.16	2 257.83	0.07	0.42	19.15	18.42
2018	2 695.81	2 506.85	2 930.75	2 351.1	-0.02	1.07	24.65	-7.01
2019	2 510.03	3 230.78	3 240.02	2 447.89	0.10	0.79	32.36	28.71
2020	3 257.85	3 756.07	3 756.07	2 237.4	0.08	2.17	67.88	15.29
2021	3 700.65	4 725.79	4 725.79	3 700.65	0.10	0.83	27.70	27.70

注：根据万得日收盘价时间序列数据，利用 matlab 进行编程，并予以调试，直接得到 excel 输出，以避免手工对表格数据一个个处理可能带来的人为操作错误。年振幅＝（最大值–最小值）÷最小值；年增幅＝（年末–年初）÷年初。

3. 第三阶段为 2018 年 3 月 10 日至 2021 年底。中美贸易摩擦大约开始于 2018 年 3 月 23 日，股市横盘大幅震荡，振幅 24%，高点较年初上涨 8.7%，低点较年初下降 12.8%。2019 年，美国还未受到新冠疫情的影响，上市公司继续享受减税政策红利，S&P 500 创新高，全年上涨了 29%，这一年是牛市。2020 年初，新冠疫情开始在美国大面积蔓延，史无前例地影响了美国经济发展，美股接连经历了四次熔断，在政策救市利好之下，美股迅速反弹，年末在拜登当选以及疫苗利好消息的刺激下，美股全年上涨 15%，涨幅 68%。2021 年，美股在宽松资金及投机热情的热捧之下，年初指数即年最低指数，一路向上，至 12 月 27 日，年涨幅 27.7%。

二、美股救市及泡沫形成大事汇总表

本部分主要以表格形式汇总了 2008—2020 年美股大波动的影响因素（见表 6.2），包括重大经济事件、美联储采取的货币和财政政策等，并对表格内容作出一定的补充。

表 6.2　2008—2020 影响美股大事件汇总

时间线索	股指	资料来源
2008.1—2008.5：美联储多次降息预期提振股市	震荡	中国新闻网
2008.7：富国银行业绩超预期，缓解投资情绪	↑	忆续财经
2008.9："两房"被接管，雷曼兄弟破产，美林证券被收购，AIG 接受救助	↓	中国经济网-国际经济频道
2008.10：国会通过救助计划，花旗等巨头得到救助	↓	中国经济网
2008.11：第一轮量化宽松政策开始实施	↑	新华网
2009.3：奥巴马签署财政刺激计划；花旗银行与美国银行盈利	↑	新浪财经网
2009.4—2009.6：欧洲财长会议达成总额 7 500 亿欧元的紧急援助计划	↑	同花顺财经网
2010.8：国会未能在最后期限就债务上限达成一致	↓	新浪财经网
2010.8：美联储宣布联邦基金利率 0 至 0.25% 持续到 2013 年中期	↑	新华网
2010.9：释放第二轮量化宽松信号	↑	万得
2010.11：开启第二轮量化宽松	↑	万得
2011.6：第二轮量化宽松结束	↓	刘卫平（2015）
2011.10：美国民众"占领华尔街"行动	↑	苏渝（2018）
2012.9.15：第三轮量化宽松政策	↓	万得
2012.12.13：宣布量化宽松力度加码	↑	万得
2013.5.22：伯南克暗示削减 QE3	↓	晋妍妍（2013）
2013.12.18：宣布量化宽松规模逐月缩减	↑	刘卫平（2015）
2014.1：美联储削减长期债券购买计划	↓	陈凯丰（2014）
2014.2：耶伦上任，继续实施量化宽松的货币政策	↑	李静（2014）
2015.8.11：中国"8.11"汇改启动	↓	吴秀波（2015）
2015.8.24：全球股市遭遇黑色星期一	↓	霍华德·斯韦尔布拉特（2015）
2015.12.17：美联储宣布第一次加息	↑	老笔（2015）
2016.6.23：英国全民公投决定"脱欧"	↓	孙鸥梦（2016）

时间线索	股指	资料来源
2016.11.9：特朗普赢得大选	↑	吴频等（2016）
2016.12：美联储宣布第二次加息	↑	万得资讯
2017.3.16：美联储宣布第三次加息	↓	王静文（2017）
2017.6.14：美联储宣布第四次加息	↑	张瑜（2017）
2017.12.13：美联储宣布第五次加息	↑	万得咨询
2018.1 减税法案开始实施	↑	新华网
2018.5 美中贸易摩擦	↓	中国经济报告
2018.3—2018.12 美联储四次加息	↓	中国经济报告
2019.5 中美贸易摩擦重新激化	↓	新浪财经
2019.7—2019.12 美联储降息	↑	
2019.9 美债收益率出现倒挂	↓	
2019.10 美联储扩表	↑	
2020 新冠疫情冲击美国经济	↓	光明日报
2020.3 原油价格暴跌	↓	韩运泽（2020）
2020.3 美股十天四次熔断	↓	新浪财经
2020.3 美联储叠加使用非常规货币政策工具	↑	
2020.10 特朗普拒绝财政刺激谈判	↓	腾讯网
2020.11 美国大选	↑	

（一）2008 股市危机救市措施（2008—2009 年）

2008 年 1 至 5 月，美联储多次降息预期提振股市。2008 年 7 月，富国银行业绩超预期，缓解投资情绪。总之，2008 年 1 至 7 月，美股震荡。2008 年 9 月，"两房"被接管，雷曼兄弟破产，美林证券被收购，AIG 接受救助，美股逐渐走向崩盘。9 月，美国各种救市政策密集出笼，但由于最初救助法案被否，恐慌情绪蔓延，后续的救助计划已来不及补救，10 月 1~10 日，连续八个交易日的下跌，比崩盘前下跌了 34%。2008 年 10 月 3 日，美国众议院通过 7 000 亿美元金融救市计划；10 月 13 日，周一，S&P 500 指数上涨 11.6%，这是过去 75 年以来最大单日涨幅；11 月，美国的基础货币从 9 364.85 亿美元上升至 20 151.99 亿美元，增长了 151.19%，增量为 10 787.74 亿美元，是国际金融危机之前同一时间长度基础货币增量的 28.4 倍。

（二）三期量化宽松政策的实施（2009—2015 年）

1. 第一期量化宽松（QE1）（2009 年 3 月至 2010 年 4 月）。2009 年 3 月，奥巴马签署财政刺激计划，花旗银行与美国银行盈利。2009 年 4 至 6 月，欧洲财长会议达成总额 7 500 亿欧元的紧急援助计划。2009 年 3 月 10 日开始的单边牛市一直延续到年末，年上涨 20%，振幅 67%。尽管 QE1 向市场投放了庞大的流动性，但由于欧债危机的影响，美国的核心通胀率及就业率不及预期。2010 年 9 月，美联储主席伯南克提出实施第二轮量化宽松。

2. 第二期量化宽松（QE2）（2010 年 11 月至 2011 年 6 月）。2010 年 11 月至 2011 年 6 月 8 个月期间，每月投入 750 亿美元购买长期美国国债，同时向其他国家出售国债，总计规模达 6 000 亿美元（李鹤为，2016）。该信息的发布对股票和商品均有提振作用，美元指数走低，美债收益率下降，但美股如图 6.1 所示，不断上扬。QE2 推出初期，美国经济在 2010 年第四季度有所反弹，但是从 2011 年开始，美国经济又开始下滑，GDP 增速环比跌至 1.3%（黄蕊，2014）。2011 年 3 月 15 日，美联储明确结束第二轮量化宽松信号，2011 年 6 月，QE2 如期结束。由于奥巴马政府未能兑现创造大量就业的承诺，2011 年 10 月，美国民众发起了声势浩荡的"占领华尔街"行动（苏渝，2018）。2012 年，美国经济复苏再度乏力，失业率依旧保持在高位，贫困人口激增；同时，欧债危机前景不明，新兴经济体经济增长放缓，美元持续升值，制约了美国经济的复苏。

3. 第三期量化宽松（QE3）（2012 年 9 月到 2014 年 10 月）。2012 年 9 月 15 日，美联储再度推出量化宽松政策 QE3：①每月购买 400 亿的美元机构抵押贷款支持债券；②继续实行扭转操作（卖出较短期三年或以下期限的国债，买入等量的较长期六到三十年期限国债）至年底；③延长联邦基金利率的低利率水平目标范围于 0～0.25% 的承诺至

2015 年（原来为 2014 年）（国启明，2019）。2012 年 12 月 13 日，美联储宣布：①量化宽松力度加码，即除了之前每个月 400 亿美元的 MBS 购债规模外，另外再增加每个月 450 亿美元的国债购买宽松额度，达到每个月共计 850 亿美元的资产采购规模；②结束扭曲操作，并用量化数据指标来明确超低利率期限；③前瞻性指引：在失业率高于 6.5%、未来 1 年至 2 年通胀水平预计不超过 2.5% 的情况下，将继续把联邦基金利率保持在 0 ~ 0.25% 的超低区间。2012 年，美股温和上涨 11%，而 2013 美国 S&P 500 暴涨 26%（Wann-Jyi HORNG，2019）。

2013 年 5 月 22 日，美联储主席伯南克在国会作证时表示美联储可能在未来数月中降低债券购买规模，缩减量化宽松。此信号释放之后，股市在全球资本市场尤其是新兴市场国家剧烈下跌（晋妍妍，2013）。2013 年 12 月，美联储议息会议决定，从 2014 年 1 月开始逐渐缩减每个月的债券购买规模，直至完全退出第三轮量化宽松计划（刘卫平，2015）。

2014 年 2 月 3 日，珍妮特·耶伦成为美联储第一任女掌门人。2 月 11 日，珍妮特·耶伦表示将继续实施美联储当前的货币政策（李静 2014）。2014 年，美股基本面强劲和全球经济增速放缓使全球资本不断涌入美国，美元不断冲高，国债利率持续下行，利于美国经济和股市，年收盘上涨 12%（燕翔，2020）。

（三）美联储加息周期（2015—2018 年）

2015 年 12 月 17 日凌晨，美联储量化宽松政策后第一次加息；2016 年 12 月 17 日，美联储第二次加息；2017 年 3 月 16 日，美联储第三次加息；2017 年 6 月 14 日，美联储宣布第四次加息；2017 年 12 月 13 日，美联储第五次加息。

下面我们将 2007 年前和 2019 年前的这两次加息做一个简单的比较，如图 6.2 所示。2003 年 6 月 19 日，美国国债一年收益率波谷，为 0.88%，而 2006 年 6 月 28 日，峰值是 5.30%，波谷与波峰的幅度达到 4.5%。美国国债收益率 2018 年 1 月 7 日和 8 日达到局部峰值 2.74%。所以，美国经济创造利润的能力已经下降了，因为科技创新的成果不能支持更高的利润率（自然利率）了。从图 6.2 可以很明显地看出，新的阶段是很温和的加息，利率的峰值相比 2006 年缩小一半。

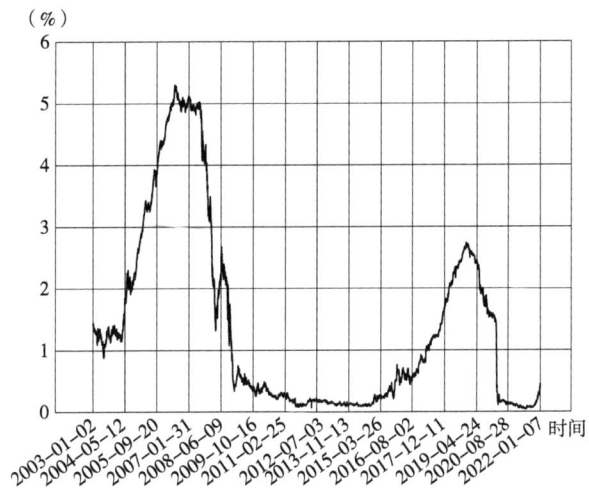

图 6.2 美国国债一年收益率走势图

2015 年，低迷的经济增长和公司盈利、美元升值、美联储加息预期困扰着美股市场（许茹纯 2020）。2015 年 8 月至 9 月，中国财新 PMI 跌至 2009 年 3 月以来最低值。2015 年 8 月 24 日，全球股市遭遇黑色星期一，先是中国股市暴跌，而美股开盘时"闪电崩盘"，收盘下跌 4%（霍华德·斯韦尔布拉特，2015）；2015 年 12 月 17 日凌晨，美联储量化宽松政策后第一次加息，将联邦基金利率目标区间利率提高 25 个基点。2015 年，美股以 -0.7% 的收益率收官。

2016 年 6 月 23 日英国脱欧事件使全球股市暴跌，纽约股市三大股指在 6 月 24 日单日跌幅均超 3%，S&P 500 连续 3 天累计跌幅高达 5%，英镑对美元汇率盘中一度下跌 10%，为 30 多年来的最低水平（孙鸥梦，2016）；11 月 9 日，特朗普当选美国第 45 任总统，使全球金融市场短期内剧烈动荡，美国标普、纳斯达克一度触及熔断点，但随后的减税和财政刺激政策提振了美国经济复苏的信心（吴频；薛冰等 2016）；12 月 17 日，美联储第二次加息，联邦基金目标利率提高了 25 个基点，美联储预计美国经济将继续温和扩张，就业市场将进一步改善，通胀水平也将在中期内回升到 2% 的目标，12 月，美股三大指数齐创新高。2016 年，美股市场一直因"经济复苏质疑"和"美联储加息担忧"而震荡，但当年 S&P 500 整体仍收获了 11% 的涨幅。驱动 2016 年美股行情最重要的力量是从 2016 年开始，美国上市公司进入了新一轮的盈利上行周期，美联储加息温和，股市没有出现"加息、利空、下跌"，使得 2014 年开始做空美股泡沫的力量无法成为主流（朱成成，2020）。

2017 年 3 月 16 日，美联储第三次加息，将联邦基金目标利率区间提高 25 个基点至 0.75% ~ 1%，并宣布将于 2017 年底前开启缩表，强劲的盈利数据支持着指数持续上行；2017 年 6 月 14 日，美联储宣布第四次加息（王静文，2017）；2017 年 12 月 13 日，美联储第五次加息，联邦基金目标利率上调 25 个基点，美股再度刷新高位，当年上涨 18%（霍华德·斯韦尔布拉特，2017）。截至 2017 年末，S&P 500 已经连续 67 周没有出现超过周度 2% 的回调，创下了 1965 年以来的记录。S&P 500 全年上涨 18.4%，纳斯达克指数全年大涨 28.2%。尤其是苹果公司、亚马逊公司、微软公司、脸书、Alphabet 等美国科技巨头的股价，连创历史新高，标普信息科技指数也突破了 2000 年 3 月"互联网泡沫"顶峰时创下的纪录。苹果公司成为人类历史上市值最大的公司（燕翔等，2020）。

2018 年 1 月，特朗普签署的减税法案开始实施。该法案将美国联邦企业所得税率将从 35% 降至 21%，个人所得税率也有所下降。税率下降大大增加了美国跨国公司将国外利润汇回国内的动力，除了用于股东分红外，相当一部分用于股票回购，进而推高股价。美联储分别于 2018 年 3 月、6 月、9 月和 12 月各加息一次，每次 25 个基点，将政策基准利率抬升至 2.25% ~ 2.5% 区间。美联储加息后，多国央行只能紧随其后，纷纷加息。

（四）中美贸易摩擦与美联储减息（2018—2019 年）

进入 21 世纪后，美国国内政治气候对中国的态度发生了根本性变化，特朗普片面地认为中国非法窃取美国技术和知识产权，导致美国对华贸易出现 3 750 亿美元的巨额逆差。尽管两国于 2018 年 5 月商定和平解决冲突，但美方仍决定发动大规模贸易摩擦，对价值 2 500 亿美元（接近中国对美出口总额的一半）的中国输美商品加征关税。作为回应，中国对价值 600 亿美元的美国商品加征关税，随后华盛顿威胁要对中国所有输美商品加征关税。美国政府工于算计，想以自身的暂时实力和优势，迫使中国在突然的损失面前屈服，从而使中国丧失长远利益，以巩固美国的霸权地位。

2019 年 5 月，中美贸易摩擦再次激化，美国对中国商品加征关税。美国商务部将华为公司及其 70 家附属公司列入出口管制"实体名单"。投资者担心此举将进一步加剧国际贸易条件恶化，危及全球经济增长和需求前景，美国资本市场因此承压，科技板块下跌明显。美联储屈服于总统的压力和中美贸易摩擦的战略需要，在 2018 年四次升息之后，2019 年共进行了三次降息。这三次连续降息分别发生在 2019 年 7 月、9 月和 10 月，联邦基金利率目标区间下调至目前的 1.5%~1.75% 的水平。自 9 月出现"钱荒"后，美联储宣布自 2019 年 10 月 15 日起至2020 年二季度重启国债购买计划，购债规模为每月 600 亿美元短期国债，以此来维持准备金供给维持在或高于 2019 年 9 月之前的充裕水平。与此同时，美联储还将继续实施 14 天期和隔夜回购操作，至少到 2020年 1 月。其中，14 天期回购操作最初的规模为至少 350 亿美元，每周两次；隔夜回购操作最初的规模为至少 750 亿美元，每日进行。

（五）新冠疫情冲击，中国优势凸显（2020—2021 年）

在新冠疫情的冲击下，疫情叠加经济周期，美国经济深陷衰退泥潭。2019 年美联储三次减息，说明美国经济处于繁荣的末期，股市泡沫高企，金融和经济疲态显现。疫情叠加使美国经济遭受了严重冲击。

美联储的事前对冲措施未能防止 2020 年 3 月 9 日周五与 3 月 12 日周一的两次熔断。2020 年 3 月 3 日，美国联邦公开市场委员会（FOMC）下调联邦基金利率 50 个基点，将基准利率维持在 1%~1.25%。3 月 15 日，基准利率再次下调 100 个基点，维持在 0%~0.25%。同时，美联储宣布启动 7 000 亿美元 QE，量化宽松的形式是购买 5 000 亿美元的公债和2 000 亿美元的机构支持抵押贷款证券。美联储货币政策一步到位的策略反而使市场受到了恐吓，因为美联储差不多所有的弹药都快打出去了。3月16日，美股第三次熔断。3月17日，美联储使用特别授权，重启商业票据融资机制（CPFF）和一级交易商信贷机制（PDCF）。3月18日，美股第四次熔断。18日，美联储又启动了货币市场共同基金流动性工具（MMLF）。23日，宣布继续购买国债和抵押贷款支持债券（MBS），规模是"无上限"。此外，美联储还宣布向投资级企业债券市场推出一级市场公司信贷工具（PMCCF）和二级市公司信贷工具（SMCCF），由此美联储直接买入投资级企业债以缓解流动性紧张，规模分别达到7 190亿美元和5 470亿美元。

截至2020年3月18日收盘，2017年1月20日特朗普宣誓就任美国总统以来，道指的涨幅几乎全部抹去。2020年第一季度，美国国内生产总值（GDP）按年率计算下滑5%，第二季度更大幅萎缩31.4%，是有记录以来最大季度降幅。美国全国经济研究所认定，美国经济自2月起正式步入衰退，结束逾10年的经济扩张。与此同时，新冠疫情令美国就业市场急剧恶化。2020年4月，失业率一度攀升至14.7%，为20世纪30年代经济大萧条以来的最高值。进入第三季度，在新冠疫情稍有好转、企业复工复产的推动下，美国经济实现历史性增长，GDP按年率计算增长33.4%。但第四季度以来，随着新冠疫情出现反弹，11月美国商品零售额环比下降1.1%，11月失业率仍处在6.7%的高位。

第二节　2021年美股泡沫及股灾发生机制分析

一、2009年至2018年美股泡沫及股灾发生机制分析

（一）美股十年长牛及泡沫形成机制分析

1. 宏观因素分析。孙鸥梦（20150310）、梅冠群（2018）利用宏观经济数据，说明在次贷危机后，美国在全球发达国家中较早进入经济复苏轨道，投资者、消费者信心稳步恢复，制造业、服务业PMI持续高于荣枯平衡线，工业产能利用率不断回升；同时就业状态持续好转，通

货膨胀率总体回升。Carmen（2019）从理论的角度说明经济基本面向好决定美国企业的盈利状态，从而决定美国股市的繁荣这一过程。同时，美国股市和油价有着千丝万缕的关系，而低油价降低了企业和家庭的成本，利于美股长期上涨（孙鸥梦，2015）。由图6.3可见，美国名义GDP一般在4%，而核心CPI指数一般在2%。美国的经济成绩在发达国家是最好的，比日本和欧洲都好得多。在市场经济条件下，美国作为核心国，虹吸了发达国家的人力、财力和发展中国家的物力、人力。在市场机制下，美国将欧洲、日本远远甩在了后边。这也是美国股市长牛的基础。

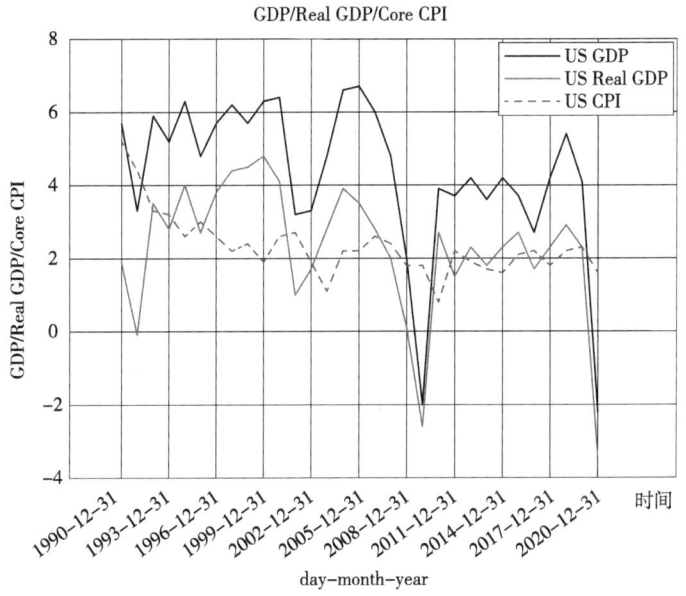

图6.3　美国名义GDP、实际GDP与核心CPI指数

美联储为了刺激经济发展采取了一系列量化宽松政策和"低利率"政策。孙鸥梦（2015）记录了原摩根大楼首席股票策略师托马斯·李的观点，即当时全球范围内的央行货币政策宽松为美股的上涨提供了动力。而梅冠群（2018）分析了量化宽松政策通过两种渠道作用于美国股市：一方面，美联储向市场释放的海量流动性没有完全进入实体经济，而是相当一部分流入股市，从而刺激了美股的繁荣；另一方面，长期低利率使得发债成本变低，美国企业大量发债融资回购股票，各类基金也纷纷融资投向美股市场，享受股息分红，助推美股上涨。这是 2017 年以来美联储加息缩表预期背景下，美股依旧高涨的主要原因。Anthony 和 Patrick（2020）总结认为，量化宽松中大量的联邦支出以及长期的低利率起到了前瞻性的指引作用，有助于市场恢复信心，从而促进了美股的上涨。

2. 美国股市本身健康有效的交易机制。孙鸥梦（2015）率先提出美股估值合理导致内资和外资大量流入，成为支持美股上涨的资金基础。杨德龙（2019）统计美国上市公司的数量时发现，其在 20 世纪 80 年代达到最高点，之后的三十年间一直未创新高，说明在此期间，美国退市的公司已经超过上市公司数量，美国股市的成分股结构一直在发生变化，实现优胜劣汰。这就使得股市能够反映经济变化，从而保持健康。

3. 微观因素分析。从微观的角度分析美国股市长牛的现象主要可以分为两个方面：一方面是美国上市企业和美国股市投资者。首先，美国上市公司回购和分红政策以及优秀业绩给予投资者信心，从而使得源源不断的资金进入股市。Carmen（2019）和 Blanchard（2018）认同美股长牛源自上市企业回购股票的行为，这些企业通过回购提高股票价格和每股收益。Anthony 和 Patrick（2020）认为，长期牛市可以归功于以下两个方面：一是取得超额收益的上市企业，其中包括苹果和微软在内的大型科技公司，因为他们占据了标准普尔涨幅的 15% 以上。另一方面，美国投资者的结构也是拉动美股上涨的重要因素之一。董登新（2019）从市场均衡的角度来分析美股慢牛原因，首先，美国股市成交量的 90% 来源于机构投资者，机构之间的对等博弈较容易形成有效的市场均衡；同时，美股通过逐年增长的利润自动抵消或摊薄市盈率，为慢牛奠定了基础。

4. 其他因素。例如，2008 年次贷危机，1 万亿美元的房产留在了美国，而损失却为世界各国所承担。其次，美国与欧洲的经济与科技实力已经越来越不平等，全球互联网巨头，欧洲和日本没有一家，这种现状支撑了美国上市公司的获利能力，美国股票市值也越来越向美国五大科技巨头公司集中。此外，华尔街资本还从欧债危机中获利，欧洲的资本都流向美国，支撑美国股市。

（二）美股十年长牛形成的股市泡沫终将结束的原因

1. 经济基本面支撑不了股市泡沫所需要的经济增长。2018年，美国国债收益率曲线日益平缓，已经接近倒挂水平。虽然第二季度的经济增速达到了4.0%，但是相关数据表明，其贡献主要来自底层居民的消费，而且这些消费更多的是依靠借贷，而非实质性的收入增长（陈华、张黎娜，2018）。GDP的增长前景萎靡，这就意味着上市企业在持续营收和利润增长方面面临挑战。包括美国在内的全球经济增长放缓是美国结束长期牛市的根本原因。

2. 美联储快节奏加息。美联储从2015年开始了加息进程，为下一次经济危机留下了缓冲空间。而2018年总共进行了四次加息，虽然遭到了美国总统的批评，但是美联储认为，继续加息符合经济发展现状。不少学者认为这也是导致美股长牛梦想破灭的原因之一（陈华、张黎娜，2018）。

3. 美股估值泡沫明显。美股估值见顶是其暴跌的主要原因之一。经历了2008年以来的10年大牛市，美国股市从2018年初开始呈现出上涨动力不足的迹象，多次暴跌。同时，美联储加息进一步加速了美股的价值回调。钟红（2018）强调科技股板块连续多年领涨，整体估值偏高，已经存在泡沫；加之2018年美国政府对科技股加强监管，又逢中美贸易摩擦对半导体、芯片等行业产生影响，科技股成为市场调整中波动最剧烈的板块。边泉水（2019）详细分析了美股市场泡沫，主要表现在三个方面：一是美股的边际保证金占国内生产总值比重过高；二是美股的周期调整市盈率过高、股息率过低；三是美股总市值与GDP比率过高。

4. 贸易保护主义损害了全球经济。美国如果实行贸易保护主义，在获得垄断利润的同时，也会在一定程度上损害本土产业链的利益，从而间接影响股市的发展。陈子凡和陈华（2018）认为，贸易保护主义使美国的本土服务行业就业比重迅速增加，但这些行业的劳工生产效能较低，在拉动就业的同时也阻碍了社会总生产效能的增长。例如，美国的钢铁在全球没有竞争优势，如果美国企业被迫采用高价钢铁，下游产业的竞争力必然受到影响。中美贸易摩擦两败俱伤，这个结论不只已经被历史证实，也终将为现实所证实。事实上，美国贸易历史一直在扩大，这说明美国旺盛的进口需求才是问题的根源，即使不从中国进口，也会从他国进口，而且成本更高。所以说，美国的诉求是"醉翁之意不在酒"，贸易摩擦只是工具，是幌子，美国自身并没有调节自己，以便缩小贸易逆差，而是要求别国付出长远的战略利益，这种诉求是不合理的。

二、中美贸易摩擦对中美股市的影响

美国发动贸易摩擦的时间线如图6.4所示：

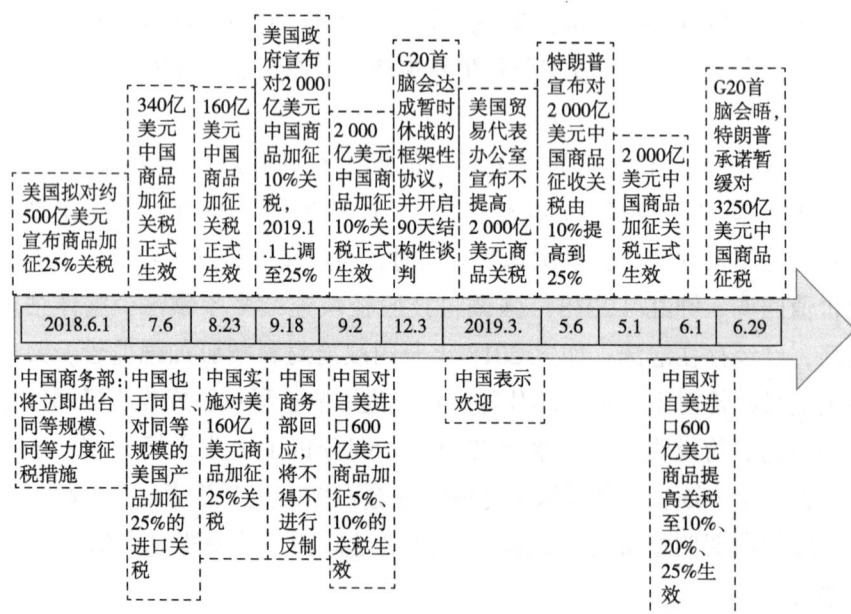

图6.4　中美加征关税过程

资料来源：USTR、中国商务部、恒大研究院。

（一）中美贸易摩擦对中美股市的影响

一定程度上贸易摩擦会影响各国的实际经济活动，对公司、行业、国家/地区都会造成影响，有效市场假说意味着发布信息会立即反映在资产评估中，在这种情况下，资产就是股票总指数，股票就是各国经济的晴雨表（Nicola 等，2020）。然而，Powell（2018）指出，现阶段股市不一定是经济的晴雨表，但的确是贸易摩擦的晴雨表，每当贸易摩擦升级，美国股市就出现跳水。因为假如中美贸易摩擦生效，意味着美国的通胀水平加速上升，美联储的加息步伐被迫加快；同时，以出口为导向的上市公司利润将受到较大影响。

Yao Zhizhong（2019）认为，2018 年美国经济繁荣并接近高峰，首先，失业率处于自 20 世纪 70 年代以来的最低水平，表明劳动力已经充分受雇。其次，美国股票市场已经接近历史高峰，由此带来了更高的股市泡沫破灭风险，如果美国股价暴跌并触发其他国家的同步跳水，世界经济将受到另一场严重的金融危机的打击。最后，中美贸易摩擦加剧了各个经济体在当今世界经济中的弱点，美国、英国和加拿大的名义利率接近零，而日本、欧元区（以及丹麦、瑞典和瑞士）的名义利率为负，中美贸易摩擦会加剧金融市场动荡，加剧投机。

美国和中国庞大的经济规模几乎占据全球 GDP 的五分之二，所以中美贸易摩擦不仅会对美国股票市场产生极大的负面影响，还具有破坏全球经济增长的巨大潜力。国际货币基金组织（2018）指出，随着中美两国连续反制，一轮又一轮磋商无果后，贸易摩擦逐渐升级，全球经济蒙上了阴影，资本市场的脆弱性也凸显出来，威胁着相关国家的金融稳定。

尹中立（2018）指出，美国股市面临的冲击不会比中国股市小，甚至可能更大，这是因为：第一，美国股市处在历史高位，投资者手中的股票本来就面临缩水风险；第二，中国股市上市公司受到贸易摩擦的直接影响较小；第三，当前美国股市的体量是中国股市的 5.14 倍，如果跌幅一样，美股市值减少将大于中国。可以预见，如果贸易摩擦继续向纵深推进，必将搅乱全球经济，引发更多人为风险（董少鹏，2018；

梅新育，2019）

张婉婷等（2019）则是从中美贸易摩擦引起进出口变化对公司股价的影响的角度来分析，美国对中国的征税领域主要涉及高性能医疗机械、生物医药、新材料、农机装备、工业机器人、新能源汽车、航空产品、高铁装备等，而中国对美国的反击领域包括大豆、猪肉、鲜水果、干水果、坚果、葡萄酒、花旗参等。可以看出，美国主要针对中国的先进制造业进行关税打击，中国则主要针对美国的农产品实施反制。这将导致相关商品分别进入中美两市场的难度上升，成本增加，竞争力下降，利润下降，势必会导致相关上市公司股票价格下跌。

（二）贸易摩擦对美股指数泡沫的影响分析

如图6.5所示，每当美股在美国发动贸易摩擦的重要节点下探后，特朗普总统即通过推特等社交媒体予以即时安抚，传达"好消息"。华尔街乃至全世界都期望中美达成新的贸易协定。特朗普试图通过双边谈判，以自身优势裹挟对方，以谋求最大利益。这种战略能否实现呢？2021年《区域全面经济伙伴关系协定》（*Regional Comprehensive Economic Partnership*, RCEP）的达成，是亚太地区对美国追求贸易不对称权力的一次集体否定。总之，特朗普拿着贸易大棒，动辄威胁世界，金融市场为之震颤。但是，由于美国股市泡沫的现状，美联储和美国政府必须出台抵消政策。

初期，美联储还抵抗总统从贸易摩擦角度施加的降息压力，选择继续按原计划加息。但是，加息对股市的影响确实是关键性的，加息意味着流入股市的资金相对减少，美股资金面临的压力会逐步显现。因为减税红利几近消失，减税落地将近一年，能流入股市的资金大都已经流入，股市的减税红利基本上已经消失，获利的回流资金也希望撤离股市，失去因为减税而带动的新增资金进入，股市动力不足（宋国友，2018）。2018年10月3日到12月26日，美股暴跌，道琼斯指数从26 951.8降到21 792.2，降幅为19.2%。

面对总统的压力及经济下行趋势，2018年12月以来，美联储维持联邦基金利率不变，删除了"进一步渐进加息"的相关表述，强调要对未来利率变动保持"耐心"。美联储放慢或暂停加息将推动美元走

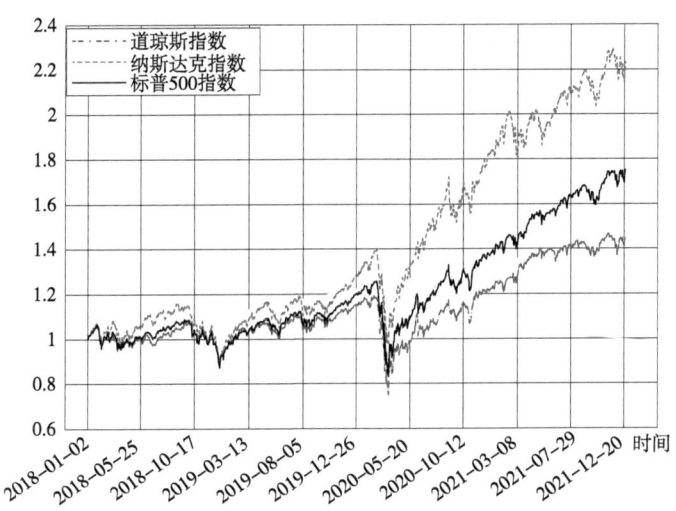

图 6.5　2018—2021 年美股行情趋势

注：本图将三个指数都除以 2018 年 1 月 2 日的指数，也就是起点都为 1，以便于比较。

弱，直接作用于企业和股市，美联储提前结束"缩表"周期，将加大市场流动性，这些新变化对美国企业、股市和经济都是利好消息（谷源洋，2019）。

2019 年，美联储多次减息。但是，即使美联储已发布降息消息，美股依然难改熊市（石运金，2019），股市泡沫破灭风险正在加大：首先是市盈率过高，其次是美国实际利率长期为负，再则，美国期限利差开始倒挂（刘凯，2019）。

2018 年中美贸易摩擦升级以来，美国金融市场波动性明显增加，在特朗普政府多次宣布对华加征关税的时点，美国股票均遭抛售（阎岳，2018；泽平等，2019）。中美贸易摩擦抑制市场的风险偏好，致使金融市场波动性明显增加，且对依赖中国市场的美国企业，如苹果、芯片企业等的股价负面冲击更大。中美贸易摩擦后期升级为科技战，华为的手机业务被迫出售，此举对苹果有利，苹果最终于 2022 年 1 月初市值达到 3 万亿美元。

三、新冠疫情防控期间美股股灾发生机制分析

（一）美股四次熔断的股灾发生机制分析

新冠疫情暴发，导致美股在 2020 年 3 月 9 日、12 日、16 日以及 18 日短短十天内连续 4 次出现熔断现象，而在此之前，美股仅出现过一次熔断。这次股灾是由政府对一种新型冠状病毒（COVID-19）的反应引起的。由于该病毒具有高度传染性和致命性，美国政府不得不对人口实施严格的隔离，并下令关闭大部分商业场所，经济受到巨大冲击。由于大多数企业在实施检疫期间被禁止全面运营，它们选择通过裁员来调整劳动力成本，失业率达到 20% 以上。这导致消费和经济产出急剧下降，降低了预期未来现金流（Mazur 等，2021）。

1. 新冠病毒黑天鹅事件是引发美股市场暴跌的根本原因。2020 年 2 月下旬，新冠疫情在全球范围内扩散，截止到 3 月 18 日 15 点，全球累计确诊病例达 115 910，累积死亡人数为 4 710，死亡率超过 4%。而这个数字每天还在以超过 10 000 的数字不断增加，意大利、伊朗、韩国、西班牙、德国、法国、美国等都成为新冠疫情的重灾区，并且呈现在全球范围内不断蔓延的趋势。该病毒传染性远超 2003 年的非典病毒，死亡率又接近非典病毒。2019 年 9 月 29 日至 2020 年 3 月 10 日，美国流感感染人数为 3 400 万人，死亡人数为 2 万人，死亡率为 0.05%。欧美等国无法实施严格的管控和隔离，短时期内疫苗或者特效药又无法研制出来，这种巨大的不确定性和恐慌导致美股乃至全球股市如惊弓之鸟般暴跌。李湛（2020）、陈宗胜和杨希雷（2020）认为，美股疫情防控期间转熊的原因主要在于美联储应对疫情不当，加剧了投资者的避险情绪。

2. 美股泡沫下的回调压力。在 2020 年美国股市崩盘期间，所有四个指数（综合指数、大型股指数、中型股指数、小型股指数）在五周内都损失了三分之一以上的价值，而中型股和小型股的损失远远大于大型股和整体股。2020 年股市崩盘之前，这四个股市指数的价格轨迹具有明显的 LPPLS 泡沫模式，并且确实处于正泡沫状态。与普遍认为的新冠病毒导致 2020 年股市崩盘相反，2020 美国股市崩盘是内生的，源

于股票市场本身的系统性越来越不稳定。2020 年美国股市崩盘源于早在 2018 年 9 月就开始形成的泡沫，不同总市值水平的股票中的泡沫具有显著不同的开始时间曲线（Shu 等，2021）。

寇佳丽（2020）认为，美国股市存在一定的资产泡沫。2008 年金融危机以来，美国经济在 12 年间只增长了 40%，而道琼斯工业指数较 2007 年的低点上涨了三倍之多。根据巴菲特指标＝股票总市值/GDP，该指标在 120% 以上为严重资产泡沫状态，美股崩盘前巴菲特指标在 150% 以上，泡沫已经非常严重。

3. 美国国债收益率倒挂。任其丽（2020）的研究表明，美股是由资金推动的。根据美国金融史的经验，利率倒挂，即短期利率高于长期利率是危机信号。大家都把资金投向低风险国债，国债需求增加，债券价格上升，债券收益率下降。3 月 9 日，美国 10 年期国债收益率跌至 0.3182% 的历史最低水平，30 年期国债收益率跌至 0.7%。这些指标加重了市场恐慌。

4. 沙特与俄罗斯的石油价格战。陈晓暾等（2020）的研究表明，俄罗斯和沙特的石油价格战进一步刺激了金融市场的恐慌。国际油价从 60 美元跌到 50 美元，于是沙特想联合俄罗斯减产来稳定油价。但是，由于财政和美国这个重要的石油出口对手的双重压力，俄罗斯拒绝了沙特的减产提议。随着俄罗斯和 OPEC 国家"减产协议"的流产，沙特发动了价格战，全面降价并增产，计划从目前的 970 万桶/天增加到 1 000 万桶以上，国际油价应声下跌 30%，国际多头直接爆仓，不得不出售其他资产来补充流动性，股市、黄金、国际金融市场全面下跌，美股迎来了第一个熔断。而俄罗斯声称，原油 25 美元至 30 美元的区间可以坚持 6~10 年，沙特决定把产量增加到 1 300 万桶/天，而美国的页岩油成本是 50 美元/桶，美国页岩油产业不得不面临破产潮，于是油价再次下跌，美股再次熔断。

5. 其他机制分析。①戎文华（2020）认为美股熔断的根本原因是美股头部化现象严重。苹果、FACEBOOK 等五家科技股巨头吸引了大批资金向其聚集，造成投资者投资过度集中。一旦这一类企业盈利恶化，或是市场出现大震荡，引发集体抛售，股指就会下跌，甚至出现动荡；②张慧莲（2020）指出美国金融市场的结构和以被动投资型股票基金为主的交易策略会进一步放大市场的波动性，从而造成了美股疫情防控期间的暴跌。③唐毅南（2020）也认为，本次波动的根本原因是美国核心的长期金融资本自次贷危机后持续十年不间断地从美国股市撤离，使得本轮美国股市下跌毫无托举力量；Sunder（2020）也认为，美股此次熔断是因为支撑牛市回购的资金出了问题。

综上所述，新冠疫情暴发、资产泡沫、俄罗斯和沙特的石油价格战等（杨鑫源等，2020；Shu 等，2021；娄飞鹏，2020；李照，2021；韩运泽，2020）共同导致了美国股市熔断的持续发酵。

（二）2020 年美股连续四次熔断及货币财政政策分析

纽约证券交易所、纳斯达克及其他证券交易所在 1987 年 10 月的股灾发生以后推出了"熔断"机制。规则是：如果标普 500 指数在美国东部时间早上 9 时 30 分到下午 3 时 25 分之间下跌 7% 或以上，则将触发"第一级"停盘，股票暂停交易 15 分钟；若该指数下跌 13%，则将触发"第二级"停盘，持续 15 分钟；如果跌幅达到 20%，当日交易将停止。

美股之前触发熔断仅有一次，即 1997 年 10 月 27 日，道琼斯工业指数暴跌 7.18%，收于 7 161.15 点。2012 年 5 月 31 日，纽交所修改了指数熔断机制：一是以标普 500 指数取代道琼斯工业指数，设置为熔断基准指数；二是将熔断阈值修改为 7%、13% 和 20% 三档。新的熔断机制自 2013 年 2 月 4 日起实施。

1. 2020 年 3 月 9 日，周一，第一次熔断。3 月 3 日，美联储突然宣布降低联邦基金利率 50 个基点至 1% ~ 1.25%，降低超额准备金率（IOER）50 基点至 1.1%。3 月 6 日，美国总统特朗普签署应急法案，拨款 83 亿美元，其中 78 亿美元用于州、地方政府抗疫，5 亿美元用于向联邦医疗保险拨款，管理远程医疗服务，使那些更容易感染病毒的老年患者可以在家中接受护理。支出中，31 亿美元将用于储备医疗用品，3 亿美元用于政府购买测试剂、开发疫苗和治疗，以确保低收入人群获得医疗服务。

法案还规定将为受疫情影响的小企业发放高达70亿美元的低息贷款。据统计，3月6日，美国累计确诊新冠病例突破200例，死亡病例为14例，疫情导致股市暴跌。然而，这些措施远远不够。

3月9日，周一，道指低开近2 000点，标普500指数在开盘不到5分钟跌幅就达到7%，触发第一层熔断机制，暂停交易15分钟。包括美股在内的至少3个国家股市触发熔断机制，巴西股市暴跌12.17%。当天，美国三大股指跌幅均超过7%，创2008年以来最大单日跌幅。全球股市跳水，国际油价暴跌30%。

尽管熔断前美国经济数据看上去还不错，而且美国还出台了应急货币政策和财政政策，这种情况下的"黑色星期一"说明了形势的复杂性。首先，2008年美国次贷危机和2011年欧洲主权债务危机前后，全球供应链没有断，物流链畅通。而以中国为首的新兴市场国家还可以发挥主引擎作用。可是，当疫情在全球蔓延时，全球主要经济体之间的产业、物流和贸易联系出现障碍，经济全球化蒙上阴影，全球市场前景黯淡不明，全球贸易受到冲击，世界经济预期黯淡。其次，疫情肆虐使美国引以为傲的消费动力衰减。最后，原油市场因为"OPEC+"会议未达成减产协议，"沙俄"（沙特和俄罗斯）的争吵也让原油市场发生地震，布伦特原油盘中一度暴跌30%。全球股市以及原油市场的大跌，危机重重。美国股市作为美国经济的晴雨表，表现了资本对美国未来经济的悲观预期（张敬伟，2020）。

2. 2020年3月12日，周四，第二次熔断。2020年3月11日，世界卫生组织宣布全球爆发COVID-19大流行（Akhtaruzzaman，2021）。3月12日，周四，道琼斯指数下降9.99%，是有史以来道琼斯指数第六大单日跌幅（World Economic Forum，2020）。纳指期货跌至7 600点再次触发熔断，跌幅超5%，标普500指数期货跌近5%，道指期货跌幅扩大至5.21%。欧洲斯托克50指数期货、英国富时100指数期货、德国DAX30指数期货均跌近7%。

3. 2020年3月16日，周一，第三次熔断。3月15日，美联储宣布继续降息，将联邦基金利率目标区间一次性下调至0~0.25%的超低水

平，宣告美国正式进入零利率时代。同时，美联储重启 QE，推出 7 000
亿美元的量化宽松计划，并先后启动了商业票据融资便利机制（CPFF）
和一级交易商信贷机制（PDCF）。3 月 16 日，周一，标普 500 指数开
盘跌超 7%，触发本月股市的第三次熔断，美股暂停交易 15 分钟。纳斯
达克指数开盘下跌 6.12%，道琼斯指数开盘重挫 9.71%。当晚，巴西
IBOVESPA 指数开盘下跌 12.5%，触发熔断；多伦多证券交易所触发第
一级市场熔断机制；以色列特拉维夫基准指数下跌 8%，交易暂停 30 分
钟；菲律宾证交所更是直接宣布，自 3 月 17 日起暂停交易。所以，美
联储选择暴力降息释放流动性，这一举动非但没有让市场领情，反而进
一步加剧了市场恐慌。

4. 2020 年 3 月 18 日，周三，第四次熔断。美国当地时间 3 月 17
日，在大选之年，特朗普政府和美联储接连打出更大力度的货币政策和
财政政策"组合拳"。1 040 亿美元的法案用于为受疫情影响的美国工
人提供 14 天带薪休假，支持免费病毒检测，加强事业补助等；还有，
向每个美国成年人一次性发放 1 000 美元支票的提议。当地时间 3 月 18
日，周三，12 时 56 分，标普 500 指数跌幅超过 7%，导致美股在 8 个交
易日内第四次熔断。标普 500 指数期货跌 3.72%，触发熔断。随后，纳
指期货跌 4.5%，触发熔断。道指期货跌 3.98%，亦触及止损跌停限制。
与此同时，欧洲斯托克 50 指数期货跌超 4%，英国富时 100 指数期货跌
4.5%，德国 DAX 指数期货跌 4%。截至 3 月 18 日收盘，纽约 4 月原油
期货价格下跌 24.40%，跌至 20.37 美元，伦敦布伦特 5 月原油期货价
格下跌 13.40%，跌至 24.88 美元，都创下了 18 年以来的新低；纽约
4 月黄金期货价格也下跌 3.14%，报收每盎司 1 477.90 美元，更加剧了
投资者对全球经济陷入衰退的担忧和应对疫情"现金为王"的心态，
促使更多资金逃离资本市场。

3 月 18 日，特朗普政府推出高达 1.2 万亿美元的财政刺激计划，
包括 4 月底前向符合条件的民众发放共计 2 500 亿美元现金支票；4 周
后，如果全国应对新冠疫情紧急状态仍未解除，则再发放 5 000 亿美
元；建立 500 亿美元"航空业担保贷款工具"，以使其能够向美国客运

和货运航空公司提供直接贷款；向小型企业提供 3 000 亿美元贷款，以助其继续向员工支付工资，当时美国各地已出现裁员潮，尤其是餐饮等服务业。此外，特朗普已经批准将纳税截止期推迟 90 天，这 90 天内无须支付税款相关利息罚款。

3 月 19 日上午，成立 MMLF（全称为 Money Market Mutual Fund Liquidity Facility，暂时被称为"货币市场共同基金流动性便利工具"），其作用是扩大对家庭和企业信贷流动的支持计划，目的是增强关键货币市场的流动性和功能。

5. 四次熔断之后的财政政策。

3 月 27 日，颁布"冠状病毒援助、救济和经济安全（CARES）法案"，拨款 2.2 万亿美元。该法案为第二次世界大战以来规模最大的救助方案：主要包含 2 750 亿美元用于扩大失业金救济范围和力度，每周 300 美元；3 500 亿美元用于小企业贷款计划（PPP）；4 540 亿美元用于支持美联储贷款便利；1 500 亿美元用于州、地方政府补助等小企业贷款计划（PPP）；4 540 亿美元用于支持美联储贷款便利；1 500 亿美元用于州、地方政府补助等。

4 月 9 日，美股市场冲高回落，美联储再次重磅出击，宣布与财政部合作，成立 2.3 万亿美元信贷工具，包括 PPPLF（薪资保护计划流动性便利）、MLF（市政流动性便利）、MSLP（主街贷款计划）等应对新冠疫情的新工具，OPEC 及其他产油国也终于达成协议，准备减产。

4 月 23 日，颁布"薪资保护计划和医疗保健增强法"，拨款 4 840 亿美元，其中 3 220 亿美元用于补充小企业贷款计划（PPP）；其余用于灾难贷款、补贴医院等。

正是这些过度宽松的货币政策与财政政策，为日后美国的通货膨胀埋下了隐患。

（三）美股四次熔断之后再次快速泡沫化分析

2020 年 3 月股市崩盘期间，表现最好的行业包括医疗保健和医疗器械，食品，软件和技术，天然气。原油、房地产以及酒店和娱乐等行业的市场资本迅速下降，跌幅超过 70%。食品和杂货分销受益于需求的上升，因为餐馆和餐馆已对公众关闭。软件和科技板块的表现同样出色。例如，远程工作资源提供商（如 Citrix）和跨国网络服务（如 Netgear）的需求出现异常激增。这是因为很大一部分员工转向在线工作，刺激了对相应软件和硬件的需求。总体而言，这些行业的月回报率均超过 +20%。表现最差的行业包括原油和石油服务业（−77%）、房地产业（−72%）以及酒店和娱乐业（−70%）（Mazur 等，2021）。

1. 2020 年 4 至 6 月，纳斯达克综合指数居然从 3 月最低点上涨了 60% 多，苹果、微软、Facebook 等科技股巨头引领股市上涨。疫情防控期间，不少商业活动停止、需求萎缩、供应链断裂，但大科技公司业绩不仅没有受到影响，个别大型科技公司甚至实现了业绩增长（易宪容，2020；Forcode，2020）。其次是美联储的超宽松财政刺激政策、零利率政策和减税政策（Forcode，2020）。再者是美国新冠感染确诊人数开始逐渐下降，使得投资者的风险偏好上升（张明，2020）（见表 6.3）。

表 6.3　2020 美股波动分析

	文献	研究重点
熔断	戎文华（2020）；娄飞鹏（2020）、李照（2021）、韩运泽（2020）；张慧莲（2020）；李湛（2020）；陈宗胜和杨希雷（2020）；唐毅南（2020）；Sunder（2020）；	（1）美股头部化； （2）原油价格暴跌； （3）疫情影响； （4）资金问题； （5）交易策略
后续波动	4~6 月涨：forcode（2020）；易宪容（2020）；张明（2020）；	（1）美联储宽松政策 （2）科技股大涨
	6 月跌：程小勇（2020）；Baek（2020）；Jeff Remsburg（2020）；	（1）悲观经济预期 （2）贸易摩擦
	9 月跌：李海涛（2020）；刘亚南（2020）；易宪容（2020）；蒋华栋（2020）；	（1）大选不确定性 （2）财政方案谈判僵持
	11 月涨：林然（2020）；赵坤（2020）；刘亚南（2020）；	（1）大选不确定性下降 （2）疫苗取得重大进展

2. 2020 年 6 月，股市下跌。6 月下旬，连此前持续强劲的科技股都出

现较大幅度的下跌，原因包括：美国新冠肺炎疫情二次暴发和美欧贸易摩擦升温（程小勇，2020），美联储鸽派带来了悲观的经济预期（Baek，2020），失业人数上升使投资者的不安情绪上升（Remsburg，2020）。

3. 2020年9月，股市大幅下跌。美国大选造成的政治上的不确定性，加上美联储的财政刺激方案由于两党之间一直无法达成共识而迟迟没有确定（李海涛，2020；蒋华栋，2020），加大了市场对美国两党合作的担忧，使权益市场出现波动，大量资金退出股市导致本次美股下跌；同时，由于经济和就业数据显示经济复苏放缓，美国准备发放疫苗，刺激投资者从科技板块转移到周期性板块（刘亚南，2020）；易宪容（2020）则认为，大型科技股高台跳水是受最近大型科技股暴涨后获利资金大量流走所致。

4. 2020年11月，股市大涨。美联储释放的流动性推动了美股的上涨（赵坤，2020；刘亚南，2020）。此外，特朗普政府开始让渡政权，美联储主席耶伦将获得财政部长提名，疫苗利好消息频传，使得市场对未来经济复苏前景更为乐观（林然，2020）。

2020年1月2日，道琼斯指数29 968.8，纳斯达克指数9 092.19，S&P500指数3 257.85。2020年12月31日，对应指数分别为30 606.48、12 888.28和3 756.07，分别上涨2.17%、41.75%、15.29%。

（四）美股四次熔断后疫情泡沫特征分析

1. 美联储货币政策干预和政府财政刺激计划。2020年，美国股市在经济衰退期间逆势形成科技泡沫，是因为投资者的行为、美联储的干预以及外国对美国股票需求的增加（Surz，2020），再加上3万亿的财政刺激计划（Duguid，2020；Lee，2021）。

2. 科技股带动上涨。疫情防控期间人们被迫在家办公、网上购物，有时间炒股（Hardin & Bischof，2021）。疫情催生新业态、新需求，科技企业迎来了新的转机，同时由于行业特殊性，科技公司疫情防控期间的亏损也好于其他行业，吸引了大批资金进入科技股，科技股泡沫催生了整个市场的泡沫（刘泽浩，2020；张炜，2020；刘亚南，2020；连俊，2021），以亚马逊和苹果公司为代表的五大科技龙头股频繁创历史新高为标志。而财政、货币双宽松背景下，科技股拉升带动了整个股市的上涨（Adinarayan & Saldanha，2021），具体见表 6.4。

表 6.4　2020 年美股四次熔断后的疫期泡沫分析

	研究重点	文　献
成因	美联储干预和财政刺激	Surz（2020）；Duguid（2020）、Lee（2021）；
	科技股带动上涨	Adinarayan 和 Saldanha（2021）；Hardin 和 Bischof（2020）；刘泽浩（2020）；张炜（2020）；刘亚南（2020）；连俊（2021）；
后果	美联储政策收紧	Williams（2020）；Lien（2020）；Anonymous（2021）；石悟（2020）；李兴然（2021）
	科技股难以持续上涨	Hoium（2020）；寇佳丽（2020）；刘泽浩（2020）；
	估值处于历史高位	Reuters（2021）；Muhammad（2021）；程小勇（2021）

表 6.5 显示了美国五大科技巨头苹果、微软、谷歌、亚马逊、Facebook 的市值，苹果公司近 3 万亿美元的市值，其 30.34 的动态市盈率是正常的。这些科技公司拥有全球的垄断地位和超强的吸金能力。

表 6.5　2022 年 1 月 9 日美股五大科技巨头的市值和 PE

（单位：万亿美元）

	苹果	微软	谷歌	亚马逊	Facebook
市值	2.824 7	2.357 8	1.818 9	1.648 8	0.923 0
PE	30.34	34.84	26.27	63.87	23.08

（五）疫情泡沫后的股灾预测

纳斯达克指数走势与 M2 呈现正相关关系（石悟，2020），美股疫情泡沫是靠财政与货币双宽松政策支撑的（Williams，2020；Lien，2020）。但是，在政府赤字和美联储货币创造已经到了无以复加的地步时，持续的印钞扩表和巨额的财政赤字一方面会带来严重的通货膨胀，另一方面又会加速美元信用体系的崩塌，从而面临救美元还是救美股的困境：如果救美元，加息，美元指数和美债收益率会上升（李兴然，

2021），国债付息负担加重，股市也必然收缩，除非世界上大量美元从境外流入美国境内且进入股市；如果救美股和美债，持续低息，除非新的科技革命很快发生在美国，全球资金又被吸引流入美国，否则美元必然走弱（Anonymous，2021）。

表 6.6 显示，美国金融实力很强，金融资产的增长速度远远超过GDP 的增长速度。2007 年 12 月，美国 M2/GDP 是 51.83%，2021 年9 月这一数值是 90.47%。2007 年，M2/M1 是 5.93，2021 年 9 月是1.06，这么多的 M1，对通货膨胀必然会产生明显影响。美国国债从GDP 的 62.23% 增加到 2020 年末的 128.7%，上市公司总市值增长到194.5%。这种资产泡沫的财富效应虽然可以促进经济增长，但是副作用也很明显，即对泡沫加速度的依赖最终会导致泡沫的破裂。

表 6.6　美国 GDP、货币供应量、国债余额、上市公司总市值对比

（单位：万亿美元,%）

时间	GDP	M2	M1	M0	未偿国债	未偿国债/GDP	上市公司总市值	上市公司总市值/GDP
2021-09	23.20	20.99	19.87					
2020-12	20.89	19.28	17.95	5.21	26.95	128.70	40.72	194.50
2020-04		17.12	4.85	4.84				
2007-12	14.47	7.50	1.39	0.84	9.00	62.23	19.92	137.86

新冠疫情防控期间，美股泡沫最大的是科技股，但是疫情防控期间特定的互联网需求难以长期维持，科技公司利润也会减少（Hoium，2020；寇佳丽，2020；刘泽浩，2020）。此外，美股各项估值指标都处于历史高位，市场的平均市盈率和市净率估值都处于历史最高位置：标普平均市盈率和市净率分别达到了 34.63 和 3.84，同样，纳斯达克指数平均市盈率也达到了惊人的 69.05 倍的水平（FengSheng & Muhammad，2021），将标准普尔 500 指数调整后的市盈率等更广泛的指标与互联网泡沫时代进行对比，发现大公司的估值已经处于高位（Reuters，

2021)，甚至股市估值水平与 1929 年股市崩盘前极为相似（程小勇，2021）。截至 2020 年底，美股估值水平（按 GDP 比率衡量）是二战以来的最高水平（程小勇，2021）。

第三节　总结与认识

一、总结

在次贷危机、中美贸易摩擦以及疫情泡沫的各个阶段，泡沫形成与破灭的具体原因也有一定的区别。

1. 次贷危机期间美股泡沫的形成与破灭直接或者间接地受到房地产价格泡沫破灭的驱动与传染。美国 2001 年开始的宽松政策催生了房地产泡沫的形成，而美联储后续采取的紧缩性货币政策过猛、过度、持续时间过长，刺破了房地产价格泡沫；次级贷款的债券衍生品对债券市场、货币市场乃至系统重要性金融机构产生了灾难性的影响，特别是美联储对雷曼兄弟破产处置不当，金融市场跳水，危机暴发。

2. 次贷危机之后，美联储为了挽救资本市场先后推出了三轮量化宽松政策，为金融市场注入了大量的流动性，后期特朗普减税政策的加持，使美股牛市十年，积累了股市泡沫。

3. 2018 年中美贸易摩擦，加上美联储的快节奏加息以及美国自身经济周期因素，美股随之大幅度下跌。第一，美联储政策开始收紧，资金流出股市；第二，美债 5 年至 2 年、10 年至 3 个月等的收益率先后倒挂，引起投资者恐慌并大量抛售股票。因为按照既往经验，美债收益率倒挂出现后 1 年左右，美国经济会出现不同程度的衰退。第三，贸易摩擦影响美国企业经营，以及人们对贸易摩擦的悲观预期，使得资金避险情绪上升，大量资金撤出股市。

4. 迫于总统压力与股市的下跌，美联储在 2019 年连续调低基准利率，股市在贸易摩擦下调后继续往回涨，疫情防控期间美股泡沫又进一步膨胀，史无前例。疫情防控期间泡沫的成因可以总结为：第一，美国政府财政刺激计划支撑美股上涨，财政向民众撒钱，不少资金流向股市；第二，疫情防控期间特定互联网需求增加，科技板块带动整体大盘上涨。第三，美国科技股垄断全球市场，疫情推动互联网市场的进一步深化。

二、对美国泡沫—股灾循环的认识

1. 科学技术、科技领军企业与人才是经济增长的源头。美国不同时期经济快速发展靠不同企业和人才推动，微软、谷歌、苹果、Facebook、亚马逊、特斯拉，对应着比尔·盖茨、拉里·佩奇和谢尔盖·布林、乔布斯、马克·扎克伯格、杰夫·贝索斯、埃隆·马斯克等，正是这些美国科技人才和企业家引领着经济潮流。我国宏观层面有了以科创板、北京证券交易所等资本市场形式为高科技企业直接融资（适用新的监管措施），一系列着眼于激励创新动机、提高创新成功概率、打开新兴产业创新局面等的配套措施要不断提上来。没有这些杰出的人才与伟大的企业，很多口号就落不到实处。

2. 中美经济长期竞争，比的是要素质量和综合产出的生产能力，以及多方面的生产关系协调能力。股市作为经济的晴雨表，反映的是一个国家的经济基本面、上市公司的全球竞争力和从全球市场获利的能力。美国科技股的股价是受到美国头部科技公司在全球的垄断地位支撑的，拥有无与伦比的原创能力。美国的科技实力在欧洲、日本等西方发达国家没有对手，并且以虹吸效应从西方发达国家（如欧洲、日本、加拿大等）吸引资金与人才在美国创新科学与技术，并且将产品销往全世界。美国试图整合和控制全球芯片产业链，以便在关键时候扼杀住中国高科技企业的创新冲动。我们的体制要能够推动科学技术、人才、资金与市场高效对接（在生产函数中增加了市场这个要素），产生经济效能。

3. 中国要防范泡沫积累，控制宏观杠杆比率，规避泡沫破灭风险。美股的崩溃大多是因为泡沫过度积累所致，少不了过度宽松、监管不力以及监管空白等因素。由于股灾会在相当程度上影响经济发展和社会稳定，因此，要守住系统性风险的底线。美国是拥有全球垄断优势的国家，科技、美元、军事都有雄厚的垄断性实力，如 2008 年金融市场产生的直接损失大多为其他国家所承担，甚至在欧洲主权债务危机时，美国的经济增长率却达到 4%。对中国来说，我们的实力在增长，积极地进行系统性风险的防范是上策，以避免被落井下石的局面。中美竞争将是长期的，不能以一时的胜负、优劣判断最终的成败。

参考文献

[1] FOCARDI S, CINCOTTI S, MARCHESI M. Self-organization and market crashes [J]. Journal of Economic Behavior & Organization, 2002, 49 (2): 241-267.

[2] ROLL R. The International crash of october 1988 [J]. Financial Analysts Journal, 1988, 44 (5): 19-35.

[3] GREENWALD B C, STEIN J C. Transactional risk, market crashes, and the role of circuit breakers [J]. Journal of Business, 1991, 64 (4): 443-462.

[4] LEE I H. Market crashes and informational avalanches [J]. Review of Economic Studies. 1998, 65 (4): 741-759.

[5] BRADY N, COTTING J KIRBY R, et al. Report of presidential task force on market mechanisms [R]. 1988.

[6] TARULLO D K. Financial regulation: still unsettled a decade after the crisis [J]. The Journal of Economic Perspectives, 2019, 33 (1): 61-80.

[7] MISHKIN F S. Over the cliff: from the subprime to the global financial crisis [J]. The Journal of Economic Perspectives, 2011, 25, 1: 49-70.

[8] MISHKIN F S. Is monetary policy effective during financial crises? [J]. The American Economic Review, 2009, 99, 2: 573-577.

[9] ACHARYA V V, VISWANATHAN S. Leverage, moral hazard, and liquidity [J]. The journal of Finance, 2011, 66, 1: 99-138.

[10] GORTON G. Information, liquidity, and the (ongoing) panic of

2007 [J]. The American Economic Review, 2009, 99, 2: 567-572.

[11] REINHART C M, ROGOFF K S. The aftermath of financial crises [J]. The American Economic Review, 2009, 99, 2: 466-472.

[12] STULZ R M, ZINGALES L. The financial crisis: an inside view comments and discussion [R]. Brookings Papers on Economic Activity, 2009: 64-78.

[13] LUCAS D, SOULELES N S. Making sense of the subprime crisis. comments and discussion [R]. Brookings Papers on Economic Activity, 2008: 146-159.

[14] HOSHI T. Financial regulation: lessons from the recent financial crises [J]. Journal of Economic Literature, 2011, 49, 1: 120-128.

[15] BERNANKE B S, GERTLER K. Agency costs, net worth, and business fluctuations [J]. American Economic Review, 1989, 79 (1): 14-31.

[16] BERNANKE B S, GERTLER M, CHRIST S G. The financial accelerator and the flight to quality [J]. Review of Economics and Statistics, 1996, 78 (1): 1-15.

[17] SUMNER S. The fed and the great recession: how better monetary policy can avert the next crisis [J]. Foreign Affairs, 1995, 3: 116-125.

[18] AKHTARUZZAMAN M, BOUBAKER S, SENSOY A. Financial contagion during COVID – 19 crisis [J]. Finance Research Letters, 2021, 38: 101604.

[19] MAZUR M, DANG M, VEGA M. COVID – 19 and the march 2020 stock market crash. Evidence from S&P1500. 38. 101690 [J]. Finance Research Letters, 2021.

[20] HUI HONG, ZHICUN BIAN, CHIEN–CHIANG LEE. COVID – 19 and instability of stock market performance: evidence from the U. S. Financial Innovation, 2021, 7: 12.

[21] SHU M, SONG R Q, ZHU W. The "COVID" crash of the 2020 US Stock market [J]. North American Journal of Economics and Finance,

2021, 58. 101497.

[22] 切凯蒂, 舍恩霍尔茨. "黑色星期一" 卅年警示 [J]. 中国经济报告, 2017 (12): 89-91.

[23] 郭迎新. "黑色星期一" 来袭 [J]. 生命与灾害, 2011, (12): 24-25.

[24] 余永定. 美国次贷危机背景、原因与发展 [J]. 当代亚太, 2008, (05).

[25] 吴晓灵. 对未来国际金融改革的建议 [J]. 国际金融研究, 2009, (05).

[26] 乔治·索罗斯, 林纯洁, 赵刚. 监管者需要关注市场泡沫化倾向 [J]. 国际金融研究, 2009 (07): 8-11.

[27] 谢国忠. 监管失误引发美国金融危机, 市场机制仍要坚持 [J]. 国际经济评论, 2009 (01): 37.

[28] 张明, 付立春. 次贷危机的扩散传导机制研究 [J]. 世界经济, 2009 (8): 14-28.

[29] 张敬伟. 疫情 "灰犀牛" 熔断美股释放的市场警训 [N]. 中国审计报, 2020-03-16 (003).

[30] 韩运泽. 2020 年美股熔断的原因分析及对中国的启示 [J]. 决策探索, 2020 (10): 22-23.

[31] 任其丽. 美股四次熔断的原因及对我国的影响 [J]. 时代金融, 2020 (21): 123-124.

[32] 杨鑫源, 郑家启, 任泽华. 美国熔断机制连续触发的原因及对策分析 [J]. 中国商论, 2020 (9): 13-14.

[33] 刘卫平, 马永健. 后金融危机时代美国货币政策调整对中国经济的影响 [J]. 武汉大学学报 (哲学社会科学版), 2020, 73 (05): 123-136.

[34] 卫昌强. 后危机时代美国非常规货币政策工具效果的比较研究 [D]. 济南: 山东大学, 2020.

[35] 霍华德·斯韦尔布拉特, 倪伟. 美股历史最长牛市结束 [N].

中国证券报，2020-03-16（A07）．

[36] 杨德龙．美股十年牛市的秘诀是什么 [N].金融投资报，2019-12-27（003）．

[37] 国启明．美国货币政策的实施与启示 [D].北京：商务部国际贸易经济合作研究院，2019.

[38] 董登新．美股十年慢牛的淡定与从容 [J].大众理财顾问，2019（05）：10-11.

[39] 吴家明．解构美股十年牛市基因 治 A 股"蛮牛"助慢牛长牛 [N].证券时报，2019-03-13（A01）．

[40] 钟红．道指创六年来最大单日跌幅，美股或将逆转最长牛市 [J].国际金融研究，2019（01）：10.

[41] 边泉水．十年美股大牛市：泡沫有多大？ [J].清华金融评论，2019（01）：85-90.

[42] 周武英．十年牛市告危 美股初露熊相 [N].经济参考报，2018-12-26（003）．

[43] 陈华，张黎娜．美国股市展望：十年牛市或将逆转 [J].武汉金融，2018（12）：1.

[44] 一帆．八次加息会否终结美股九年牛市？ [N].证券日报，2018-09-28（A01）．

[45] 苏渝．美股刷新最长牛市纪录的启示 [N].金融投资报，2018-09-01（012）．

[46] 周晶．超越质疑，美股长牛或依然"在路上" [J].股市动态分析，2018（24）：50-51.

[47] 梅冠群．近期美国股市剧烈震荡的成因、趋势及影响 [J].中国发展观察，2018（05）：27-30.

[48] 李鹤为．中国在美国退出量化宽松后的政策取向研究 [J].时代金融，2016（05）：9，17.

[49] 黄万阳．中日美宏观经济政策汇率溢出效应分析 [J].现代日本经济，2016（01）：11-21.

［50］刘卫平．后金融危机时代美国货币政策调整及其影响研究［D］．武汉：武汉大学，2015．

［51］孙鸥梦．经济向好力挺美股长牛预期［N］．经济参考报，2015-03-10（006）．

［52］黄蕊．美国扩张性货币与财政政策对中国通货膨胀的影响［D］．长春：吉林大学，2014．

［53］徐肖冰．美国政府债务的演进、风险与可持续性研究［D］．沈阳：辽宁大学，2014．

［54］陈思进．美联储导演"黄金大劫案"［J］．金融博览（财富），2014（04）：87．

［55］晋妍妍．2013年美国财政赤字与政策调整趋势分析［J］．现代商贸工业，2014，26（08）：70-71．

［56］吴玮玮．后危机时代美国货币政策操作及启示［J］．金融经济，2014（06）：96-99．

［57］乔国荣，毛婧宁．美股百年来历次熊市情况回顾［N］．证券市场周刊，2021：3-10．

［58］胡海峰，罗惠良．美国次贷危机成因研究述评［J］．证券市场导报，2008，（12）：24-32．

［59］李静．美联储新主席耶伦走马上任［J］．中国新时代，2014（03）：23．

［60］吴秀波．"8·11汇改"后人民币汇率和外汇储备前景［J］．价格理论与实践，2015（09）：9-12．

［61］霍华德·斯韦尔布拉特．"黑色星期一"触发股市调整［N］．中国证券报，2015-08-31（A03）．

［62］老箄．"靴子"落地［N］．经济参考报，2015-12-18（009）．

［63］孙鸥梦．大选年美股堪忧［N］．经济参考报，2016-07-07（004）．

［64］吴频，薛冰，刘霞，等．对特朗普当选美国新一任总统的分

析研究［J］.开发性金融研究，2016，10（06）：30-34.

　　［65］燕翔，许茹纯，朱成成，等.美股70年：1948~2018年美国股市行情复盘［M］.北京：经济科学出版社，2020.

　　［66］从历史角度看美联储加息对世界经济的影响［J］.中国总会计师，2016（12）：149-151.

　　［67］王静文.一样的加息一样的影响［N］.上海证券报，2017-03-17（012）.

　　［68］霍华德·斯韦尔布拉特.货币政策成美股市场关注热点［N］.中国证券报，2017-12-18（A05）.

　　［69］宋国友.多重因素叠加，美股跌跌难休［N］.环球时报，2018-11-22（015）.

　　［70］阎岳.A股该如何摆脱美股的羁绊？［N］.证券日报，2018-10-12（A01）.

　　［71］石运金.美股危如累卵　特朗普折腾无用［J］.股市动态分析，2019（30）：54.

　　［72］刘凯.美国宏观政策评价［J］.经济研究参考，2019（06）：37-51.

　　［73］任泽平，华炎雪，贺晨，等.客观评估中美贸易摩擦对双方的影响［J］.发展研究，2019（08）：9-28.

　　［74］尹中立.美股是中美贸易摩擦的软肋［N］.21世纪经济报道，2018-04-11（015）.

　　［75］董少鹏.贸易摩擦对中美股市的冲击有什么不同［N］.证券日报，2018-06-25（A01）.

　　［76］梅新育.中美贸易摩擦评析与展望［J］.中国劳动关系学院学报，2019，33（02）：1-8.

　　［77］张婉婷，韩修平，查传朴，张洪波.中美贸易摩擦对证券市场的影响分析［J］.全国流通经济，2019（21）：142-143.

　　［78］谷源洋.美国经济放缓下行抑或失速与衰退［J］.全球化，2019（06）：22-31，134-135.

［79］何一鸣，王新姿．中美贸易摩擦的路径推演［J］．中国海洋大学学报（社会科学版），2019（01）：65-72.

［80］刘英．中美贸易左右世界经济大方向［N］．国际商报，2018-12-11（004）.

［81］陈璋，周晓波．虚实相融的中美贸易摩擦：重重假象背后美国的真实战略意图［J］．上海经济研究，2018（12）：116-124.

［82］娄飞鹏．新冠肺炎疫情、金融市场震荡与金融危机［J］．西南金融，2020（05）：25-35.

［83］韩运泽．2020年美股熔断的原因分析及对中国的启示［J］．决策探索（下），2020（10）：22-23.

［84］forcode．美股大泡沫［J］．证券市场周刊，2020，（30）：70-72.

［85］程小勇．美股泡沫尚未破灭但中期调整风险加大［N］．期货日报，2020-07-02（003）.

［86］李海涛，瞿新荣．美股下跌的逻辑和趋势［N］．第一财经日报，2020-09-08（A11）.

［87］李照．美股四次熔断的对策分析及思考［J］．科技经济导刊，2021，29（02）：1-3.

［88］李湛．新冠疫情下美股转熊及其对A股可能的影响路径［J］．中国发展观察，2020，（5）：27-29.

［89］陈宗胜，杨希雷．美国股市暴跌正带动全球经济进入新一轮衰退［J］．国际融资，2020，（5）：45-49.

［90］张慧莲．为什么美联储撑不起美国股市［J］．银行家，2020，（4）：85-87.

［91］张明．美国股市动荡仍未结束［J］．中国外汇，2020（12）：10.

［92］林然．道指首破3万点美楼市同步狂欢［J］．股市动态分析，2020，（23）：29-30.

［93］赵珝．美股狂飙带来更大经济隐患［N］．环球时报，2020-12-03（015）.

［94］易宪容．美国科技股还会持续暴跌吗［J］.光彩，2020（10）：10.

［95］刘亚南．美国利率接近零水平美股不确定性增高［N］.中华工商时报，2020-09-01（003）.

［96］连俊．美国资本市场何以草木皆兵［N］.经济日报，2021-03-03（004）.

［97］刘亚南．市场机构：美股大幅回调或倒逼刺激政策出台［N］.经济参考报，2020-09-08（003）.

［98］唐毅南．美国长期金融资本向何处去？［J］.文化纵横，2020（04）：51-59.

［99］寇佳丽．美股背后的美国经济［J］.经济，2020，（7）：118-122.

［100］石悟．美股上涨越来越难［J］.理财周刊，2020（19）：29-30.

［101］刘泽浩．全球疫情冲击科技股一枝独秀［J］.股市动态分析，2020，（10）：29-30.

［102］程小勇．美股不稳定性增强，注意对冲科技股回调风险［N］.期货日报，2021-02-04（003）.

［103］蒋华栋．美欧股市上演"过山车"行情［N］.经济日报，2020-11-03（008）.

［104］张炜．不惧疫情冲击，科技股全球表现抢眼［N］.中国经济时报，2020-08-11（002）.

［105］刘泽浩．美股仍是科技独秀A股风格转向平衡［J］.股市动态分析，2020（17）：29-30.

［106］刘亚南．纳斯达克综指何以破万点［N］.经济参考报，2020-06-12（003）.

［107］李兴然．全球性"紧货币"预期在升温［J］.股市动态分析，2021（03）：29-30.

［108］STIGLITZ J. Financial hypocrisy［J］. The Economists' Voice, 2997, 4（6）：1-3.

［109］ROBERT J. The subprime solution：how today's global financial crisis happened, and what to do about it ［M］. N Y: Princeton University Press, 2012: 215-216.

［110］ DEMYANYK Y HEMERT O V. Understanding the subprime mortgage crisis ［J］. Review of Financial Studies, 2011, 24 (6): 1848-1880.

［111］ LONGSTAFFFA. The subprime credit crisis and contagion in financial markets ［J］. Journal of Financial Economics, 2010, 97 (3): 436-450.

［112］ POOLE W. Causes and consequences of the financialcrisis of 2007- 2009 ［J］. Harvard Journal of Law and Public Policy, 2010 (2): 421-441.

［113］ PERES C. The double bubble at the turn of the century: technological roots and structural implications ［J］. Financial Market Research, 2013, (13): 92-116.

［114］ MANSFIELD E D, REINHARDT E. International institutions and the volatility of international trade ［J］. International Organization, 2008, 62 (4): 621-652.

［115］ HORNG. An influence of Japan, U. S. and U. K. stock return volatility in the Asia stock market: an evidence study of Singapore stock market ［J］. Finance, 2019 (6) 15-48:

［116］ YU－SHENGKAO, KAI ZHAO, YU－CHENG KU, et al. The asymmetric contagion effect from the U. S. stock market around the subprime crisis between 2007 and 2010 ［J］. Economic Research-Ekonomska Istraživanja, 2019, 32 (1) .

［117］ RENAULT T. Intraday online investor sentiment and return patterns in the U. S. stock market ［J］. Journal of Banking and Finance, 2017, 84: 25-40.

［118］ ANGELA B I, PATRICIA F, NICOLAAS G. International review of economics & finance ［J］. Greenwich 2003, 12 (3): 345-367.

［119］ BLANCHARD O, COLINS C G, JAHAN-PARVAR M R, et al. A year of rising dangerously? The U. S. stock market performance in the aftermath of the presidential election ［J］. Journal of Policy Modeling, 2018.

［120］DE NICOLA F, KESSLER M, NGUYEN H. The financial costs of the United States-China trade tensions：evidence from East Asian stock markets ［J］. Review of World Economics, 2020（156）：803-833.

［121］POWELL J. Monetary policy in a changing economy, remarks in the symposium changing market structure and implications for monetary policy ［R］. Federal reserve Bank of Kansas City, August 24.

［122］IMF. World Economic Outlook：Challenges to Steady Growth ［R］. Washington, DC：IMF, 2018.

［123］YAO ZHIZHONG. Fading momentum in world economic growth ［M］. Chicago：University of Chicago Press, 2018.

［124］SUMMERS L. Washington may bluster but cannot stifle the Chinese economy, financial times ［R］. Opinion US politics & policy, 2018-12-04.

［125］SEAN WILLIAMS. Is stock market crash 2.0Imminent？ ［M］. The New York Times, 2020-09-19（003）

［126］THYAGARAJU ADINARAYAN, AARON SALDANHA. GRAPHIC-Toppy stock markets spark more "bubble" chatter ［R/OL］.（2021-02-19） https：//www. nasdaq. com/articles/graphic-toppy-stock-markets-spark-more-bubble-chatter.

［127］REUTERS. Breakingviews-Capital-Calls：Bubble alert. ［R/OL］. ［2021-02-16］https：//www. nasdaq. com/articles/breakingviews-capital-calls%3A-bubble-alert

［128］NONYMOUS. How to spot A bubble-reckless speculation is a telltale sign. ［R/OL］. ［2021-02-10］https：//www. nasdaq. com/articles/how-to-spot-a-bubble-reckless-speculation-is-a-telltale-sign.

［129］TOBIAS BURGGRAF, RALF FENDEL, TOAN LUU DUC HUYNH. Political news and stock prices：evidence from Trump's trade war ［J］. Applied Economics Letters, 2020, 27（18）：1485-1488.

［130］BAEK SEUNGHO, LEE KWAN YONG. The risk transmission of

COVID-19 in the US stock market [J]. Applied Economics, 2020 (26): 1466-4283.

[131] LIEN DONALD, LV XIN, YU CHANG. Who affects who? oil price against the stock return of oil-related companies: evidence from the US and China [J]. Iinternational Review of Economics & Finance, 2020 (67): 85-100.

[132] H S LEE, Exploring the initial impact of COVID-19 sentiment on US stock market using big data [J]. Sustainability, 2020 (12): 6648-6648.

[133] SUNDER SHYAM. How did the U.S. stock market recover from the Covid-19contagion? [J]. Mind & Societyq 2020 (16): 1-3.

第七章　泡沫、法律和金融监管[①]

泡沫对金融监管有什么影响？泡沫如何改变法律法规的内容、解释和执行？如果我们看不到泡沫对金融监管的影响，将可能产生严重的后果。监管不稳定假说从五个方面阐述了泡沫导致监管失败的机制。

每次危机发生后，立法者都会以监管反弹作为回应，推出一系列新的法律法规。因此，金融监管会陷入一系列漫长的历史周期，这些周期不是由法律推动的，而是由政治和经济共同推动的。泡沫与法律的相互作用产生了反馈循环，这种反馈既损害了金融市场，又减弱了金融监管的有效性。

本章主要从泡沫的经济历史和法律历史入手，对监管不稳定性，如监管套利、欺诈与合规腐败、放松管制和监管套利的相互作用、顺周期监管和羊群效应方面进行详细的叙述。然后介绍反泡沫法、金融监管的货币层面以及影子银行泡沫，最后得出结论与启示。

第一节　泡沫周期与监管周期

一、泡沫计算的瑕疵与事前有限理性导致的事后泡沫认定

（一）泡沫计算方法（泡沫是价格对价值的偏离）存在的瑕疵

早期文献认为泡沫是特定资产价格长期上涨和上涨之后的价格崩溃，许多经济学家也一致认为泡沫是特定金融资产或资产类别的价格与其基本价值的偏差。而基本价值通过该资产未来现金流的现值总和来计算。

---

① GERDING E F. Law, Bubbles, and Financial Regulation [M]. New York: Routledge, 2014.

但是这种计算存在明显的问题。首先，许多科技公司保留收益，不支付股息，甚至利润长期为负；许多房地产商由于法律或实际的限制而无法租赁其财产。经济学家们通过估计未来股息来计算股票的基本价值，通过租金的支付来计算房地产的基本价值，这导致计算的基本价值会偏差很大。其次，贴现率的计算有一定的不确定性，并且基本价值的计算对贴现率的变化十分敏感。基本价值计算不仅需要计算未来现金流，还需要确定正确的贴现率，并且贴现率微小的变化会带来基本价值巨大的变化。这使得基本价值的计算理论上可行，实际计算时却仁者见仁，智者见智。最后，股息或租金也需要进行预测，这就涉及事后偏见，利用事后数据来判断投资者的行为是不合适的。

（二）不确定性对应的事前有限理性必然会产生事后认定的泡沫

1. 对应着不确定性的是有限理性，对应风险的是完全理性。风险描述了事先已知概率的潜在收益或损失，完全理性可以建立在风险概念的基础上。不确定性描述了未来概率未知的潜在收益或损失，由于资产的历史价格不一定能预测未来价格，因此投资涉及不确定性。建立在不确定性概念基础上的是有限理性。

2. 主流经济学家始终不承认泡沫，认为泡沫是面临不确定性时的事前有限理性的必然结果。由于未来现金流的不确定性，泡沫始于人们对未来的乐观估计。例如，人们对于信息经济过于乐观，所以给予互联网公司很高的估值，这是很难避免的。虽然事后高估值被判断为泡沫，但事前你是不知道泡沫是否存在的。所以，事前的有限理性导致事后的泡沫。

3. 行为金融学对主流经济学家市场有效论的反驳。实验证明，即使在金融上相对成熟的投资者，在市场上也会表现得像非理性交易者。投资者没有收集最佳信息以评估资产的条件，没有仔细计算概率和风险，没有做出使自身利益最大化的决策，投资者存在过分乐观、过分自信、可用性偏差等心理学上的风险感知偏差。投资者是有限理性的，只能进行有限套利。投资者容易受到周围投资者和市场的影响，他不是通过购买他认为可能会产生收益的股票来获得收益，而是表现出羊群效应。套利是有成本和风险的。泡沫的顶点是多少，泡沫什么时候破灭，这些都是未知数，因为判断泡沫而套利进而破产的事例不在少数。即使套利者的预测是正确的，他的套利交易也可能没有实力支撑到泡沫破灭的那一天。即使认识到有泡沫，投资者理性泡沫的预期也会推动资产价格上涨。

二、监管周期

（一）监管弱化与监管反弹

资产价格泡沫的实例有：1690 年的英国股市繁荣，这也是历史上第一次股市泡沫；1720 年的法国密西西比河泡沫；1719 年到 1920 年的英国南海泡沫，受密西西比河泡沫"启发"而在英国"模仿"形成的泡沫；1825 年第一次跨境和新兴市场泡沫，以及每隔十年发生一次的 1837 年危机、1847 年危机、1857 年危机和 1866 年奥文德危机；1869 年和 1873 年的危机，这次美国的铁路泡沫以股市崩溃告终；1873 年德国和奥地利的金融危机；20 世纪 20 年代美国股市和房地产泡沫，其中佛罗里达州的房地产泡沫由于在大萧条中结束而被人们所忽视；20 世纪 80 年代的日本房地产泡沫、股市泡沫和外汇高估；1987 年的美国股灾；20 世纪 90 年代的美国科技股泡沫；2008 年的美国次贷危机；等等。

这些危机中，首先，监管弱化刺激了泡沫膨胀，在泡沫破裂后产生巨大的监管反弹。在监管弱化阶段，政府采取了一系列法律行动刺激特定资产市场的投资；在监管反弹阶段，政府实施新规则以抑制投资或投机。另外，在这个监管周期里，泡沫的兴起与大规模的欺诈、腐败和违法行为的流行之间存在密切的关系。

（二）监管弱化与法律反弹

监管弱化通俗来讲就是金融"去监管化"，通常是指废除法规或条例。金融监管通常对投资或贷款起到"税收"的作用，税收的反面当然是补贴，所以，为特定投资提供监管补贴可以产生与取消税收一样的监管弱化效果。监管者也可以通过给予投资者一定的监管豁免来刺激投资。同样，监管者还可以通过降低执法力度、不对新兴产业征税、放宽金融法律法规、创造特定的金融创新来降低金融监管力度。

法律反弹的重点是法律规则如何对社会、个人和机构行为造成影响。有时候，政府尽管被警告当前存在市场过热、潜在的金融危机、普遍欺诈和违法行为，还是会通过不行使法律权力或使现有法律权力适应新的投资环境来刺激市场。往往在发生经济泡沫之后，政府会从许多损失者身上吸取教训，并将法律责任推给少数人，特别是那些资助投机性企业的人。

第二节　监管不稳定性假说

一、监管弱化

监管弱化的情形：一是市场参与者和监管机构追求自身利益最大化；二是行为偏差，随着市场的繁荣和对过去金融危机记忆的消退，投资者和监管者的认知局限性为新的金融资产泡沫和泡沫破裂后的监管反弹提供了条件；三是政治意识形态和社会规范的深层次转变影响金融泡沫。以上三种情形都是在繁荣的市场崩盘后出现监管反弹。然而，随着时间的推移，即使是用来解决泡沫和金融危机的监管反弹，也会失去政治支持，这为下一轮产生金融资产泡沫期间的监管弱化奠定了基础。

监管周期主要表现为：繁荣的市场为监管制度的自由化创造了需求和理想条件，金融市场的放松管制及监管弱化助长了金融市场的投机行为和资产价格的飙升，泡沫破裂后市场反过来会产生强烈的监管反应需求，这就会抑制投资。为了促进经济发展，就需要进行新一轮的监管弱化来促进投资，从而形成了监管周期。

（一）市场参与者和监管机构自身利益最大化模型

1. 监管弱化的需求。

长期的市场繁荣增加了一些群体对放松管制和其他形式监管弱化的

需求。这些群体有动机和手段去获得更大程度的放松管制、更低的执法力度和更多的政府补贴。当资产价格上升为广大的投资者带来巨大的经济收益时，这些利益集团也为监管弱化创造了政治支持，使得这一模式持续下去。

随着经济逐渐繁荣，即使是监管弱化的最初反对者也可能从中受益。放松监管会使金融机构的利益与分散的公众利益对立。例如，当金融机构试图放松审慎监管，可能会增加金融市场的系统性风险；当政府通过救助其股东或债权人来应对企业失败时，这就将成本外部化到了纳税人身上。

金融市场的繁荣增加了利益集团的可用资源，也可能增强利益集团可用的政治杠杆。支持监管弱化的利益集团可能比监管者在相关经济风险方面享有更好的信息。贿赂是利益集团获得监管弱化的最直接的手段。

2. 监管弱化的供给。

当监管者获得私人利益，且不承担其行动的全部社会成本时，就会产生代理成本。信息的不对称也阻碍了公众对监管者的监控能力。泡沫造成了几层信息不对称：首先是在被监管者和监管者之间，以及监管者和公众之间。其次是监管者获利的时间范围可能与公众获利的时间范围存在显著差异。监管者通过支持监管弱化的行为，使得监管者获得短期利益，但泡沫破裂后的长期成本会影响到广大公众。

自利的监管者可能会尝试放松管制。有时监管者会遵循一种高政治风险、高政治回报的策略，支持全面的监管弱化，例如，废除重要的法规等。同时，监管机构特别是当选官员，可以采取策略以减少未来公众对其决策失误进行指责的风险。比如，监管者可能会责怪立法者起草了有缺陷的法规，或未能向自己提供必要的资源，或者试图将失败的责任推给其他机构。

3. 监管弱化的博弈。

监管弱化的需求方与供给方通过一系列的博弈行为来平衡市场中的监管弱化。监管弱化中受益的利益集团面临着矛盾的战略决策：一方面，利益集团有强烈的动机限制必须与之分享利益的参与者的数量。另一方面，吸引更多的受益者可以使更多的人付出政治资源来获得监管弱化。

泡沫破裂后的监管反弹通常会导致利益集团之间的激烈竞争。一些企业家为了"公共利益"，推动对金融市场的严格监管，另一些金融参与者呼吁采取措施减少监管，以此来恢复投资者信心。

（二）监管者行为偏差

监管者不能免于行为偏差和认知局限，这可能导致监管者愿意在市场繁荣期间解除监管或弱化其他监管。利益集团可以通过改变他们向监管者提供的信息来支持监管弱化。由于泡沫时期利益集团在金融创新方面有很大的信息不对称优势，监管者的行为偏差更容易被利用。如果认知局限导致人们低估金融危机发生的可能性，那么各种利益集团可能会要求放松法律规则，这些利益集团可以说服有认知偏见的公众支持监管弱化。

（三）政治意识形态和社会规范深层次转变会影响金融泡沫

政客和利益集团可能将意识形态作为工具为私利服务。如果法律和监管被视为商品，那么监管者和利益集团就会开始讨价还价。如果足够多的监管者和利益集团屈服于贪污和腐败的诱惑，那么就会产生社会谴责。

随着市场的繁荣，监管者存在巨大的政治压力，需要采取各种形式的监管弱化为繁荣的资产市场提供监管补贴。市场繁荣和市场参与者对过去金融危机记忆的消退助长了"灾难性近视"。

二、欺诈与合规腐败分析

金融泡沫总是伴随着欺诈与合规腐败。从欺诈的需求、欺诈的供给以及行为偏差对欺诈的影响三个方面分析，飞涨的股价是欺诈的关键驱动因素。

（一）欺诈的需求

不断增加的、没有经验的、盲目的投资者更容易成为金融欺诈者的猎物。在市场繁荣时期，行为偏差可能导致投资者过度信任金融市场。

投资者也可能过于信任证券发行人和市场中介机构，因为他们受到行为偏差与羊群效应的影响，或者说他们理性地将自己的投资决策建立在其他投资者决策的基础上，即他们观察到其他人对市场和市场参与者是信任的，所以他们也选择信任市场和市场参与者。

（二）欺诈的供给

市场参与者会进行粗略的成本效益分析，权衡参与欺诈的金钱利益与各种成本。这些成本包括来自各种法律及反欺诈规则的法律责任，以及声誉成本等。欺诈成本包括欺诈被发现的概率、反欺诈法成功实施的概率、反欺诈规则下的法律责任和声誉等损失。

从信息不对称的角度来看，高质量的市场参与者可以通过发出可信的信号来保持市场份额，向投资者提供优质的资产和服务。然而，市场过度繁荣和泡沫使得低质量参与者涌入，干扰信号甚至可以压倒高质量的可信信号，相对而言，资产价格受低质量参与者的影响更大。

此外，对购买证券并指控欺诈的原告来说，如果股票价格在购买后继续上涨，则无法证明利益被损害。资产价格泡沫也降低了反欺诈规则实施的可能性，因为当资产价格上涨时，原告可能没有合法的诉讼理由。

（三）泡沫时期的行为偏差与欺诈

泡沫将不同的资产卖家、买家和市场中介聚集在一起，新投资者的涌入扩大了市场参与者这个社会群体，也为金融界创造了新的就业机会。而新的金融专业人士涌入会加强规范的重大转变。所以，泡沫的兴起可能引发社会规范的转变，推动监管弱化的意识形态和规范性转变也会促进合规性的恶化，从而鼓励金融欺诈。自我归因的行为偏差将成功归因于自己的个人能力，而将失败归因于厄运，这会导致那些实施欺诈的人忽视惩罚的可能性。

三、监管套利分析

（一）监管套利的需求

泡沫会激励监管套利，增加不套利的机会成本。监管套利可以让市场参与者享有更多的利润，而没有进行监管套利的投资者可能处于不利地位。投资者将资本转向一个新的、过热的市场，可能会增加风险，而将资本转移到监管较少的市场带来的巨大好处会大于投资转换的交易成本，律师、会计和咨询公司以及市场中介机构可以提供这些新的金融产品，以协助投资转换。

在市场繁荣时期，创新的步伐加快，监管者可能很难让法律规则适应金融创新，监管机构也很难辨别特定交易的真正经济目的，这些交易的目的可能会随着时间的推移而改变。原本被监管者认可的，能有效配置资源、分散金融风险的资产支持证券和信用衍生品，在后来也可能成为金融机构进行套利的工具。

（二）资本金监管套利

资本金要求是指金融机构根据其拥有的资产数量需要持有一定的资金。资本金监管能够降低银行破产的风险，减轻银行倒闭对金融市场和纳税人的负外部性，降低银行的杠杆。银行通过改变结构成本以减少资本金要求带来的监管负担，这种套利称为资本金监管套利，其目标是降低资本金的资本比率，从而降低银行的资本成本。

监管者通过巴塞尔协议对银行进行各种形式的监管指标要求，银行通过监管套利不断规避巴塞尔协议的要求，然后巴塞尔协议再进行改进，不断提高其监管要求。二者在这种模式下博弈，促进金融市场监管套利的发展。

监管资本套利的五种策略分别是：①集中信贷风险。②间接信用增强和创造性担保。③第三方担保。④将资产转移到交易账簿。次贷危机前，由于交易账户的准备金要求低，瑞银将资金转移到交易账户，从而加大了风险资产与资本的比率，提高了杠杆率。次贷危机给瑞银带来约450亿美元的损失。① ⑤利用巴塞尔协议Ⅱ构建自己的风险模型资本要求。监管机构允许欧美大银行利用自己的 VAR 模型来估算风险资本，这些模型无法保证银行自身的平安。

---

① 全球主要机构在次贷危机中损失情况一览，http：//blog.eastmoney.com/jinlongjl2000/blog_215155405.html。

（三）监管套利的后果

监管套利会产生一定的社会成本，扭曲市场竞争，浪费公共资源，增加法律的复杂性。监管套利无论是采用投资转换还是结构调整的形式，都可能导致那些无法参与监管套利或无法以低成本参与监管套利的利益集团输给竞争对手。监管套利会破坏监管的有效性。监管套利不仅能推动放松监管，还会降低监管机构执行金融法规的力度，限制监管者将金融法规应用于新的技术。最后，泡沫可以促进监管套利，从而进一步膨胀，两者相互促进。

四、一些常见的顺周期监管措施

顺周期监管加剧了繁荣和萧条周期。随着市场的繁荣，这些监管措施促进了更多的投资和贷款，然而随着市场的萎缩，这些措施又限制了投资。贷款损失准备金、资本要求、破产出售和市值计价的会计准则都是顺周期型监管。

（一）贷款损失准备金

当经济处于繁荣阶段，资产价格上升，借款人因其金融资产价值增加而获得更多的收入，它们可以偿还贷款，降低违约率，导致银行贷款损失下降，因此缴纳的准备金减少，这就增加了银行可供贷款的数量。银行增加贷款发放导致信贷繁荣，资产价格进一步上升，借款人提供的抵押品价值上升，可以借入更多，也可以出售资产偿还贷款并获得可观的利润。繁荣降低了贷款违约率，从而进一步减少了贷款损失，形成了一个正反馈回路。同样，萧条时期也存在最终结局糟糕的正反馈回路。

（二）资本金要求

当一家银行遭受损失时，其资本充足率降低，抵御风险的能力脆弱，监管机构将敦促银行采取行动，要么出售新股权，要么减少资产。银行一般会选择出售资产，因为债权人对陷入困境的银行享有优先求偿权，股本对潜在投资者来说失去了吸引力。然而，如果市场中大量机构同时遭受损失，同时出售资产，则资产价格迅速下降，导致更多损失，信贷收缩，经济也会随之萎靡。

（三） 破产出售

以投资者融资买股票为例，当股票价格下降，投资者亏损，投资者需要追加保证金或者扣押，通常时间很紧，只有一天时间。当投资者无法及时追加保证金时，证券公司可以强制平仓，发生股灾的时候，证券公司以跌停价出售客户的股票。当大面积的杠杆资金股票账户被以跌停价平仓时，股票的流动性枯竭，无法卖出，进而第二天继续跌停。

（四） 市值计价的会计规则

市场繁荣时期，按市值计算资产价值增加了公司的利润，相当于提高了杠杆，这与历史成本会计形成了鲜明对比，额外的杠杆将进一步推动股价上涨，促进股市繁荣。然而，熊市的时候，公司亏损也特别快、特别多，导致股价快速下跌，容易形成恐慌。

第三节　美国次贷危机前的影子银行实例分析

美国是成熟的市场经济国家，金融市场尤其发达。美国资产证券化产业链非常发达，如不良资产证券化、房地产贷款证券化、应收账款证券化，等等。这些证券化后的产品（含衍生品）是直接金融形式，区别于间接金融形式的银行借贷，其实就是影子银行。

次贷危机发生之前的几年里，影子银行市场的监管弱化和监管套利力度空前，这两种动力的相互作用极大地推动了地产和证券价格泡沫。

一、影子银行体系

监管弱化和监管套利以两种方式催生了影子银行系统。首先，政府为影子市场提供了法律优惠和补贴，给了影子银行重要的竞争优势。其次，影子银行精心设计了与存款银行核心功能类似但受监管较少的工具，避开了监管税。

随着资本流入影子银行，传统银行的资本流失迫使银行游说政策制定者减少或撤销对自身的监管，以允许它们能够竞争。如货币市场共同基金就是最早的影子银行工具之一。

传统银行最终决定不与影子银行竞争，而是游说进行法律改革，允许它们投资和交易各种影子银行工具。银行进入抵押贷款支持证券，再到其他的场外信用衍生品。大量金融公司进入该市场，随后开始监管套利游戏，将补贴从监管较严格的机构转移到监管较宽松的机构。同时，金融机构使用影子工具来掩盖杠杆率，增加冒险行为，并最终掩盖其不断恶化的金融状况。银行和其他受监管的金融机构试图利用影子银行工具来满足银行的资本要求。

二、影子银行体系极大地扩大了信贷，增加了货币供给

监管弱化和监管套利引发了影子银行工具市场的爆炸性增长，并导致这些市场融合成一个复杂的系统，向经济注入大量的信贷。影子银行体系通过创造一种向经济注入信贷的新手段，产生了巨大的宏观经济效应，改变了货币环境并加速了货币扩张。这导致资产价格快速上涨，引发泡沫。

三、美国影子银行系统提高了金融杠杆

对于美国 2007—2008 年的金融危机，影子银行的影响至关重要。影子银行绕过了传统银行，是在传统银行受到严格监管的背景下产生并发展的，它可以满足借款人和投资者的需求，并且逃避监管，实现监管套利。

影子银行是由不同的金融工具融合而成的，包括资产支持证券、资产支持商业票据、货币市场共同基金、信用衍生品和回购等。这个系统将大量资金注入房地产市场。房地产市场和影子银行系统双重泡沫促进了监管套利和羊群投资，进而寻求监管弱化和违法行为，形成恶性正反馈。

影子银行工具通过三种方式提高了金融市场的杠杆率：提供新的借贷工具、增加经济杠杆率和创造嵌入式杠杆率。①当银行借入资金以获得更多资产时，它们会增加资产负债表上的杠杆率。②当投资者的投资价值变化超过其支付的投资金额时，就会出现经济杠杆，而经济杠杆不

一定会出现在投资者的资产负债表上。例如，贷款担保代表了未来可能实现的或有负债，那么它可能不会出现在公司的资产负债表上。③嵌入式杠杆，即当一家公司投资于一种本身是杠杆化的证券或其他投资时，就会产生嵌入式杠杆。杠杆作用既放大了潜在的股本回报，也放大了贷款投资公司的潜在损失。

四、金融资产过度市场化的恶果——影子银行的崩溃

2006 年，美国房地产泡沫开始破裂，危机沿着影子银行节点蔓延：从最初抵押贷款损失，到资产支持证券的损失，再到信用衍生品的损失，整个影子银行网络上的金融机构引发了相互交织的偿付能力和流动性危机。投资者开始从这些市场撤出资金。在回购的情况下，贷款机构要求借款人提供更多的抵押品或者拒绝为其放贷，这导致市场流动性开始枯竭，影子银行系统开始被冻结。联邦政府投资并有效地接管了那些因影子银行工具而失败的金融机构，为影子银行工具提供了存款保险，并以最后贷款人身份为其提供流动性。

第四节　股市调控分析

一、货币政策能否有效调控资产泡沫

有效控制泡沫的措施，即限制信贷和杠杆。

（一）宏观经济学家之间的辩论

1. 两个阵营的观点。货币政策工具是否可以用来防止或抑制资产价格泡沫，在次贷危机前后，对这一问题的解答可分为两个阵营：

（1）伯南克阵营反对利用货币政策抑制泡沫。他们认为央行应该关注经济中的总体通胀（美国货币政策的目标就是控制通胀），而不是特定资产市场中的泡沫，利用货币政策来解决通胀存在很大的风险：①某一特定资产市场的价格可能不会对经济整体通胀产生影响。②难以确定资产市场是否以及何时产生泡沫，即便价格上涨较快，也可能只是

反映资产的基本价值，而不是市场对泡沫的错误定价。③央行很难校准利率或货币供应的变化，以在资产市场上取得精确的结果，操作不当可能导致资产价格从繁荣走向崩溃。④货币政策可能对繁荣的特定市场之外的经济产生强大的溢出效应。例如，加息会抑制经济的整体通胀和繁荣，但也会使其他市场的资产定价不当。

（2）格林斯潘阵营认为货币政策能够解决泡沫问题。①某一特定资产类别的价格飙升可能预示着整个经济发生通胀的风险。②泡沫破裂会给一个国家的金融稳定带来风险，即使面对溢出成本和价格泡沫的不确定性，也应该采取行动。③央行可以根据经济的基本面判断某一资产市场是否存在泡沫。这一阵营的经济学家强调，央行不应以资产价格本身为目标，而应在制定货币政策和促进宏观经济稳定时考虑某些潜在过热市场的价格。

无数的事实证明，货币政策能够影响泡沫与危机，但是由于货币政策效力的滞后性，容易力度不够或者力度过猛。所以伯克南与格林斯潘的观点都有正确的成分。由于立足点不同，两人的结论截然不同，如果通过货币政策干预，有可能抑制泡沫，但实际操作中会有许多难点。

2. 两种观点的比较分析。

（1）两个阵营的立足点不同，趋利或者避害。伯克南立足于保护繁荣的收益，格林斯潘立足于泡沫破灭型危机带来的巨大损失。对伯克南来说，泡沫严重了当然要调控，但是温和的泡沫不应调控。对格林斯潘来说，经过一定过程，温和泡沫会发展到严重泡沫，对于温和泡沫调控力度小；否则，等到泡沫严重时再调控就来不及了。

（2）货币政策调控的必要性与有效性。伯克南的逻辑是即使调控有必要，也很难见成效，因为货币政策要取得实效，需精准调控，这实际上很难做到。格林斯潘认为，既然有必要调控，就要研究、完善怎么调控才能见成效。

（3）泡沫能否判断？伯克南认为泡沫很难判断，可能会误判，将合理的价格当作泡沫；格林斯潘认为，很多泡沫是可以判断的。

（4）要调控的是价格还是潜在过热市场的价格？格林斯潘认为判

断市场过热了才调控其过热状态，而不是以具体的价格为目标。

（5）特定市场的泡沫是否会影响通胀？例如，调控房地产泡沫或股市泡沫会影响通胀吗？房地产和股市作为财富的"贮藏手段"，吸纳大量货币，如果由于房地产调控或股市调控，货币会进入消费和流通领域，进而引起通胀吗？这个问题不好回答。虽然商品的价格是由商品供求规律决定的，但成本推进型、需求过旺型通胀都与财政货币宽松有一定关系，财政货币宽松最终影响了商品需求或成本，推动通胀的发展。此外，还有一种双过剩的经济状态，即商品过剩和资本过剩同时出现。商品过剩抑制了物价，资本过剩导致资产市场泡沫，此时，调控房地产或股市泡沫不会出现全局性通胀，但会出现局部商品投机行为。投机资本追求投机回报率，正是它推动了资产泡沫。所以，正确地引导资本投资回报率，形成科学的社会投资规划，对于构成健康的经济结构非常重要，否则，过剩资本兴风作浪，追求超经济回报率，必然会反过来危害经济。

（6）溢出效应影响其他市场均衡的分析。溢出效应，调控股市，资金就会进入房市；调控房市，资金就会进入股市；若两个市场都调控，资金就会创造其他投机领域。对资本的引导具有全局性和系统重要性，如果处理不好，就会产生危机。

（二）影响货币供给的主要货币政策工具

1. 美国的主要货币政策工具。

（1）存款准备金要求。它会起到全局性的影响，不能有效地针对不同资产市场进行调节，如监管机构要求银行增加房地产贷款的损失准备金，在房地产市场低迷时就可以为银行创造更大的缓冲，减少房地产贷款规模可能减少房地产价格的下行压力。

（2）回购。在回购交易中，借款人以低于当前的价格出售证券，同意在未来以更高的协议价格回购证券，并提供一定的抵押品做担保，以即时获得资金。当证券以远低于市价的价格出售给贷款人时，意味着贷款人的抵押品更多，借款人的杠杆率更低。

（3）CDS。在信用违约互换中，CDS 购买方向出售方支付保险费，作为交换，CDS 出售方同意：一旦发生违约事件，将向 CDS 购买方支付特定款项。

实际上，利用这些货币政策解决泡沫问题是有缺陷的。当监管机构增加对某一特定工具的抵押品要求时，交易员会转而找到不受监管的替代品。换句话说，这导致了监管套利。

2. 中国的货币政策工具应用。

（1）存款准备金率是在利息调控受到限制时的主要政策工具。2008 年之后，中国频繁使用这个工具。

（2）利率调控工具，如 LPR 等。

（3）汇率和国际储备调控。

（4）结构性工具，如定向降准，对小微企业、普惠金融等进行定向调控。

二、中美调控股市的比较分析

（一）美国现有反泡沫法规及局限性

1. 对证券交易征税，遏制对股票的投机行为。美股股息、红利以及资本利得都是征税的，但是没有印花税。2022 年起，美国长期资本利得征税 20%。我国有印花税，股息也征税，但没有资本利得税。中国目前对资本利得不征税，而是采用印花税作为宏观调控工具。印花税的调整对股市价格短期有明显影响，并影响未来股市预期。在我国，印花税的调控权在国务院。另外，我国应当构建以"持有时间"为基础的累退制证券交易税；同时，与多层次资本市场的差异化监管相对应，在不同的证券市场中应当适用不同税率的证券交易税。美国的资本利得是一年之内所有交易挣到的钱，减去亏掉的钱，再减去交易的手续费，如果结果是正数（净收益）就按照规定的税率上缴资本利。

2. 允许套利，期货现货套利、跨期套利、跨品种套利、期权套利等。套利对泡沫或者价格过低都可以有所抑制，但套利是有风险的，因而，系统性的股市泡沫不时存在着。例如，1996 年美国股市被格林斯潘警告非理性繁荣后仍然大幅涨到了 2001 年初。

3. 价格暴涨暴跌时的熔断机制。熔断和反向熔断是当一项资产的价格在某一天内下跌超过设定范围时（或者在反向熔断的情况下，当价格上涨低于规定范围时），这些机制将暂时停止市场交易。其基本原理是为投资者提供一个冷静期，让投资者重新考虑他们的羊群行为，以减少股价暴涨暴跌。现实中，熔断机制更多地用于股市下跌过程中，而股市上涨过程中的熔断还没有发生过。

4. 加强对冲基金等的信息披露。准确、及时、全面地披露信息是股市健康发展的基石，投资者获得了更高质量的基本面信息或处理这些信息的能力，将会减少羊群效应，降低价格泡沫的概率。噪声交易者会造成资产错误定价的风险，有了充分的信息，市场投资将更加理性，从而减少泡沫生存的概率。股市总是存在发布虚假财务信息或其他影响股价信息的行为，更多的虚假消息目的是推敲股价，也有少量的虚假信息是为了打压股价，为做空服务，或者我为了庄家低价吸筹服务。

5. "裸卖空"。"裸卖空"（naked short selling），是指投资者没有借入股票而直接在市场上卖出根本不存在的股票。雷曼兄弟公司就是"裸卖空"行为的受害者之一。许多学者认为，卖空可以纠正错误定价，提高市场效率。然而，在 2007 至 2008 年的恐慌期间，证券市场经历了巨大的价格下跌和流动性丧失之后，美国证券交易委员会重新对卖空证券施加限制，禁止"裸卖空"行为。在股灾的特殊时期，禁止裸卖空是必要的，利大于弊。2015 年我国股市动荡时也限制了做空股指期货。

（二）中国调节股市和房地产市场泡沫的经验

1. 中国的调控经验。

中国调控房地产市场的经验虽然也有不足，但避免了日本 20 世纪 90 年代的股市、汇市和房市泡沫同时破裂的困境。中国的房地产价格通过行政手段（限购）和金融手段（限贷）等予以成功调控，中国大体能够维持房价稳定，房地产调控兼顾了当前和未来目标，在一定范围内是可持续的。房地产行业要解决一大批劳动力的就业问题，还能带动几十个行业的产出。所以，虽然限制房地产市场发展，防止其过热并

"绑架"银行，但并非不要其发展。

对于股市，中国政府对限制泡沫的经验也非常丰富，但由于经济的周期性，金融市场也有周期性，只是程度不同，后果不同。

整体而言，对于资产价格的调控（如财政货币政策），中美的经验都很丰富。

2. 中国需要学习美国市场经济办法的地方。

信息披露与套利（允许做空）显然具有消解泡沫的功效。信息披露对于抑制盲目投机有着降低"噪声"的作用，注册制的基础就是信息披露的及时性、充分性和公正性等。没有高水平信息披露的股市基础设施，注册制恐难实现原有的目标。在中国股市，正常时期做空也是受到限制的，这是市场不完善的体现。我们必须淘汰不合格的企业，把资源让给新的"生命"。

保护投资者利益，探索集体诉讼制度，给予受害者维权工具，给予施害者足够的惩罚，由监管机构利用行政手段来维护投资者利益，是在法制不完善情况下的、临时的、必要的补充机制，我们要建立能够自治的市场，让行政部门成为市场的"保姆"，让行政权力为股市长远利益和良好机制服务。

培育市场能力是行政监管建设能力发展的方向。对于市场泡沫的治理，行政当然可以调控宏观泡沫，但是微观泡沫（比如大盘震荡时期，炒短、炒小、炒差、炒新）更需要综合的调控与治理。

三、总结与启示

监管周期导致一定范围的经济波动和社会混乱。当市场繁荣时，监管弱化严重，欺诈现象屡见不鲜，监管套利随处可见，措施失败可能是因为它们没有得到很好的执行与遵守，也可能因为它们促进了泡沫的形成。

金融监管的目标是：①必须减少加剧资产价格泡沫或加剧市场错误定价的力度；②监管应该通过提高金融市场和机构以及家庭和公共机构对泡沫和崩溃的抵御能力，降低金融危机的风险。这些目标的实现并不要求投资者精确地识别泡沫，而只需要大致识别泡沫即可。持续的低利率环境，有效货币供应量的增加，消费者、金融机构或整个经济的杠杆率大幅增加，或资产市场首次投资者的涌入都会导致泡沫，初期是温和的。但是，过度信贷和金融杠杆助长泡沫则会诱发市场或机构崩溃。那么，通过促进单个金融机构的安全和稳健，可以及降低其大规模破产的可能性，进而抑制系统性风险。

如果可能，需要重新思考制度设计。首先，金融政策在复杂的社会环境中运作，监管设计必须与强大的利益既得力量相抗衡，这些力量与有效的监管方案往往背道而驰，使得金融运行转向错误的方向，最终导致危机。其次，关于法律规则要加入更多反周期因素。一些经济学家主张各种形式的反周期监管，比如，随着市场的繁荣，要求金融机构建立更多的缓冲区或减少贷款。反周期监管的优点之一是使监管过程更加自动化，从而免受在不合时宜的时候对市场和企业造成的压力。

# 第八章　美国次贷危机政治泡沫分析①

本章通过对美国政治泡沫的成因及其作用机制分析，阐述政治泡沫如何催生以房地产泡沫为起点的金融泡沫，进而导致2008年金融危机的机制和过程。政治因素使监管者对各种经济问题视而不见，从而为经济泡沫创造了条件。

第一节　美国资产泡沫必然性的政策因素分析

政治泡沫源于特定的信念、特殊利益和制度组成的强大共同体，催生了金融泡沫，而金融泡沫的破裂导致金融危机的爆发。首先，政治泡沫依赖于特定的信念，这种信念使得政治家和投资者不愿意支持纠正政策偏差的行为。最有利于政治泡沫产生的信念是自由市场保守主义，其最简单的绝对形式是这样一种信念：坚信政府对经济的干预本身是坏的，无论具体的干预措施是什么。其次，导致政治泡沫膨胀的原因是利益，泡沫中的市场各方都获得了巨大的好处，他们不断向政府施压，要求政府不对市场进行干预。最后，与政治泡沫有关的因素是美国政府的政治制度。

下面我们将围绕政治泡沫的三大组成部分——意识形态、利益与制度展开论述，以分析政治因素是如何导致美国金融危机的爆发。

一、意识形态如何有利于股市泡沫形成

意识形态是由一组最基本的信念构成的：世界应该怎样运行？哪些东西是对的？哪些东西是错的？意识形态的种种信念具有刚性的特征，它们都是被执着地坚守着，而且往往植根于某种基本原则。

①　Nolan McCarty，Keith T. Poole，Howard Rosenthal. Political Bubbles Financial Crises and Failure of American Democracy ［M］. NY：Princeton University Press，2013.

（一）美国的三种意识形态

首先介绍坚持自由市场、担忧道德风险的意识形态，这种意识形态可以解释右派政治家的行为。这种意识形态对 2008 年金融危机具有重要的影响。第一，自由市场保守主义坚信市场是有效率的，能够实现自我调整，政府的作用则应限定在最低限度。第二，政府救助会导致道德风险。在金融市场上，那些认为自己会得到救助的金融机构——要么是因为它们"大而不倒"，要么是因为它们"政治上干系太多，不能倒台"——会主动承担过多的风险。自由市场保守主义者希望系统重要性金融机构也要破产，以便给其他金融机构发出一个明确的信号：在类似情况下，它们也不会得到救助。但是，过于僵化地坚持"不救市"政策，反而将次贷危机推到了引发市场恐慌的暴跌阶段。

下面我们再来介绍"平等主义"与"所有权社会"这两种意识形态的后果。左派政治家秉持的平等主义（egalitarian）意识形态以及小布什总统主张的而"所有权社会"意识形态也为金融危机的发生创造了条件。具体来说，平等主义思想助长了住房抵押贷款市场上大量不合格的抵押贷款。在许多左派人士看来，次级抵押贷款，尤其是穷人和少数族裔获得的次级抵押贷款，是一个重新分配收入和财富的有效工具。而"所有权社会"的核心思想是，只要拥有了自己的住房并积累了客观的财产，个人对政府的依赖就可以减少到最低限度。因此，如果现在抓紧实施更多的促进投资、提高住房自有率的政策，人们在未来就可以减少对政府的需求。

（二）意识形态的刚性

意识形态的刚性是金融危机爆发并导致严重后果的根本原因之一。信念的刚性强化了政治泡沫的顺周期性质。在 2008 年金融危机中，当华尔街崩溃之后，格林斯潘承认，他对于金融市场能够实现自我调节的坚定信念使他未能在泡沫出现早期就及时采取干预措施。

二、金融行业利益的影响

（一）解释危机的"几个坏苹果"理论

美国总统罗斯福、小布什、奥巴马总是引用"几个坏苹果"理论来解释美国频繁的金融危机。

"几个坏苹果"是如何毁掉了一篮苹果的呢？①竞争压力迫使企业和企业家争先恐后地推平各种法律和道德上的壁垒，因为只有这样，才有可能与违法违规者竞争。②在很多情况下，某些市场参与者会利用自身的政治关系和影响，使它们目前从事的非法行为变得合法化和正当化。例如，安然公司几乎完全成功地游说美国政府豁免了对能源行业的监管。③承担过高、过多风险的那些公司最有可能去寻求政治保护，以避免可能的政府干预。在次贷危机发生期间，最积极地游说反对收紧贷款规则的，正是那些风险最高的金融机构；在储蓄与贷款协会危机中，最积极地倡导放松监管的正是那些流动性最差的储蓄与贷款协会。

　　（二）金融行业特殊利益群体影响政治决策的三种方式

　　"几个坏苹果"理论很可能会促使要求放松监管的呼声更加高涨。这是因为，既然欺诈和金融机构的其他问题都是罕见的、零星的，那么，金融精英们又为什么不可以尽情地坚持市场能够实现自我调节的信念并要求政府放松管制呢？金融行业有着强大的政治权力，金融行业的特殊利益群体常常通过三种方式来影响政治决策者，分别是动员选民、竞选捐款等政治领域投资以及游说活动。

　　1. 动员选民。一旦立法者或监管者做出了损害金融行业特殊利益的决定，金融行业的特殊利益群体都会第一时间得到消息，同时他们一般会积极地参与到政治活动中，如积极地参加选举活动，因为他们知道，在竞选这种场合，金钱可以发挥很大的作用。而在政治家（或政客）们的决策过程中，自己的信念和思想扮演着重要角色，但在一些特别重大的问题上，政治家们通常会关注选民中的积极分子或活动家们所表现出来的强烈偏好。

　　2. 在政治领域"直接投资"，即为竞选议员、总统候选人以及各个政党提供捐款。在每个选举周期内，金融行业的巨额竞选捐款有助于提高该行业在华盛顿的影响力。对国会的控制权是影响捐款流向的重要因素，金融行业的投资总会流向众议院和参议院的多数党。金融行业在为作为个体的国会议员提供支持时，对众议院金融服务委员会的成员更为关注，因为这个委员会的职责就是监督金融行业、创制新的金融法规。金融服务委员会成员获得的捐款几乎相当于全部众议员平均捐款的两倍。例如，在 2007 年至 2008 年这个选举周期中，金融行业的捐款似乎已经见到了成效：泡沫破裂后，支持保尔森提出的《问题资产救助计划》的众议员收到的捐款显著高于反对这个计划的那些众议员。

3. 游说活动的信息提供。因为立法者往往缺乏足够的时间和专业知识，同时也不可能精通与立法有关的政策领域的所有问题，所以他们必须从其他来源获得必要的信息，并向其他人征询建议。金融行业的业务非常复杂，无论是证券业务、银行业务还是保险业务，都是如此，因此，金融部门的游说者与立法者之间存在严重的"信息不对称"，当金融行业的成员能够参与政治进程、顺利进行游说时，他们所拥有的信息优势就发挥了巨大的作用。

从以上分析我们可以看到，立法者和监管者都很容易受制于金融行业的特殊利益诉求。此外，金融行业还因本行业与政府之间的信息不对称状态而受益匪浅。这样，金融市场的充分监管和有效监管就受到了妨碍。

三、国家制度结构的影响

（一）美国经济政策的制度结构

如图 8.1 所示，美国经济政策的相关机构有：①行政机构。美国总统主导的行政机构在经济政策的制定和执行中起到了非常核心的作用。②立法机构。分权制衡的体系又赋予立法机构以监督或限制行政机构的权力，这主要表现在行政机构制定的重大经济政策需要立法机构的确认，而且政策在执行过程中受立法机构的监督。③监管机构。监管机构在美国国家制度结构中的地位相对独立，尤其是作为中央银行的美联储，基本上可以独立自主地制定和执行货币政策。④市场中的不同行为主体。他们出于各自的利益会渗透或影响政府，以促使某项政策出台，抑或在政策出台之后极力阻碍某项政策的实施。在这些行为者当中，金融机构、实体经济企业和消费者以及它们之间的互动造就了特定的市场制度结构，而这种结构又在很大程度上影响着政府的经济政策。

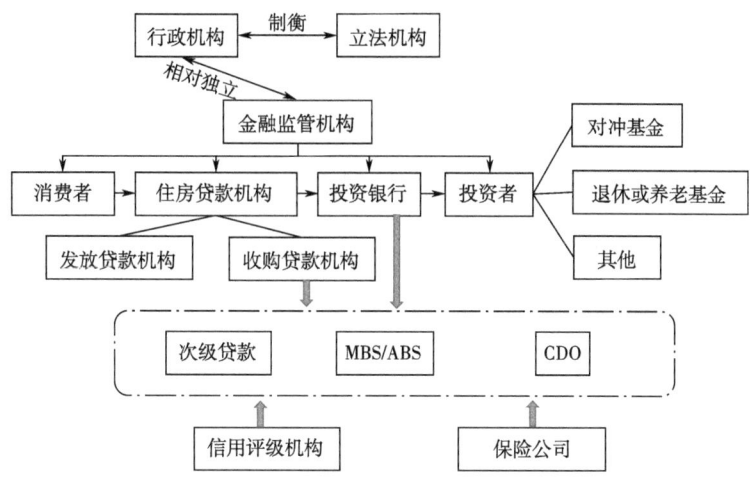

图 8.1　美国经济政策的相关制度结构

美国政治制度中，监管机构和国会很难建立和维持一个足以预防金融危机再次发生的金融监管体系，同时，随着政治生活越来越惰性，政治制度也会越来越抗拒政策变革。

（二）美国分权结构决定了政策变革需要强大的共识和全面的动员

美国政治制度的一大特征是：权力被分割为行政权、立法权和司法权；国会和法院要对总统和行政机构权力的行使进行监督和制衡；国家权力划分为联邦和州两个层次，分别由联邦和各州享有。由于政治权力是分散的、分立的、相互制衡的，因而政策变革需要强大的共识和全面的动员，这就使得政策变革不易实现。而在金融监管这个瞬息万变的政策领域内，政治决策很难迅速做出反应。

（三）强化金融监管的制度性障碍

频密的选举周期诱发了一系列激励扭曲，使政治决策过程变得更加复杂，金融监管方面的决策当然不能例外。众议院的全部众议员每两年重选，参议院 1/3 的参议员每两年重选。此外，每四年还要举行一次总统大选。

选举频繁的后果是：①在每两年举行一次选举的制度框架下，使政策制定者只关注短期就能见效的解决方案而忽视长期政策目标。②选举制度严重依赖地理分区的重要特点，使众议员们有强烈的动力为当地的重要选民和企业利益服务，使立法者热衷于代表当地的经济精英，干预监管机构的活动。③国会参众两院各自的地理基础存在的巨大差异也是一个阻碍政治变革的重要因素。由于参议员所代表的选民的人口严重失衡，参议两院议员的人气存在差异，这使得两院在同一问题上表现出不同的偏好，而两院的这种政治缺陷往往会造成政策变革的延迟甚至瘫痪。④自由市场保守主义思想和三权分立的政治结构使得强化金融监管和推进金融改革面临种种障碍。主要包括：轴心政治、策略性地坚持不同意见、程序性阻挠议事、总统否决权、立法僵局等。而它们主要根源于"轴心政治"和"策略性地坚持不同意见"，在美国的法院中，自由市场保守主义是主导性的意识形态，在这种情况下，监管机构既没有能力，也不可能形成强大的制衡力量（见图 8.2）。

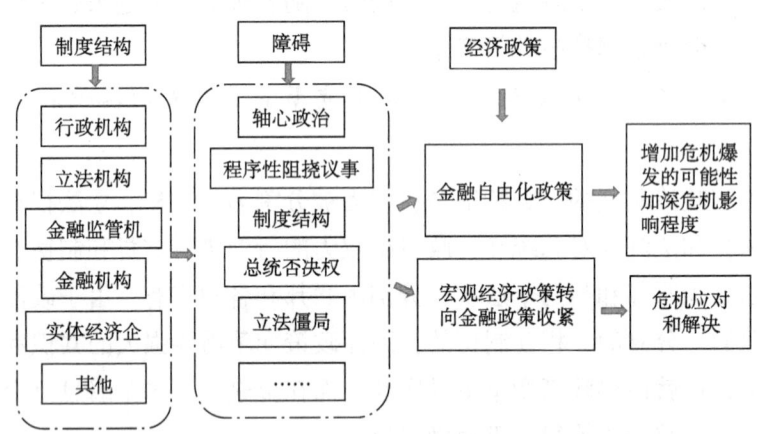

图 8.2　制度分析框架

第二节　美国次贷危机中的政治因素及危机应对反思

一、美国次贷危机中的政治因素

（一）不断放松的管制和糟糕的监管体制助长了泡沫

不断放松的管制和糟糕的监管体制未能监管新的金融产品，助长了泡沫的不断膨胀。①放任金融工具创新，放松管制而不进行任何有实质意义的监管，例如，各种花样翻新的抵押贷款产品、抵押债务分级证券化、信用违约掉期等。②削弱监管机构的监管能力，或者通过故意的忽视，或者不让监管机构的人员和预算随着被监管的市场规模的扩大而增加。③允许金融公司从事风险更大的经营活动。④允许金融机构变得越来越大。

（二）政治因素如何刺激金融企业大肆扩张

各种住房政策、解除管制以及金融创新是金融危机爆发的主要原因。

1. 政府住房政策是受房地产行业利益机制驱使的结果，各种特殊利益群体也积极捍卫这些优惠政策。民主党将金融危机和经济危机的根源归咎于私营部门市场的失败，共和党对金融危机根源的认识则淡化了放松管制的影响，转而强调一切都是全球金融失衡降低了信贷成本所致。但是，政府各种住房政策扭曲了住房市场，为房地产行业提供补贴，刺激了住房需求，从而使泡沫增大。在解决公民住房问题上，政府大多采取住房市场的预算外补贴，通过宽松的抵押贷款支持市场，支持公民拥有自己的住房，而这种政策首先是对房地产行业利益的回应。

2. 政府的住房政策也是特定意识形态的反应。意识形态的第一条脉络源于各种各样的平等主义观念。平等主义者认为住房是公民应得的权利。第二条脉络源于传统的政治右翼，他们认为拥有自己住房的人是比租房者更为优秀的公民，他们主张"所有权社会"，因此同样支持政府提高住房自有率，并积极推动公共住房私有化。无论是左翼还是右

167

翼,都支持提高公民的住房自有率,颁布了以预算外途径提高住房自有率的政策。

3. 在泡沫产生的过程中,解除管制成了市场的普遍需求。解除管制的思想源于自由市场保守主义者,加上其背后强大的利益推动,金融市场解除管制就不可避免地一步步导致了危机的发生。

二、美国次贷危机中资产泡沫破裂及政府的应对策略反思

美国政府处理金融危机时所采取应对措施的四个特征分别是:第一,用立法来应对金融危机和经济衰退,但通常都是作用有限、时间滞后的。第二,通常要在政治权力更迭之后才会做出应对措施,这种因政党政治而导致的政策滞后折射出了这样一种观念:引发危机的原因通常根植于现任政党的意识形态当中。第三,未来政治权力的更迭通常会改变最初用来应对金融危机的立法,而这种改变又会引发下一场危机。这一点是至关重要的,它决定了金融危机的"不可避免性"。第四,美国总统、国会议员任期的短期性削弱了寻找长期解决方案的积极性。所有上述这些特点都是制度、意识形态和利益的直接副产品。

总之,美国国家制度、自由市场保守主义意识形态刚性、特殊利益集团反对派决定了政策应对的滞后性与有限性。意识形态刚性再加上政党政治,意味着要想推动改革,就必须实现权力更迭,而未来的权力更迭与政治人物的短期激励结合在一起,决定了应对泡沫的政策的范围、强度和时机。

第一,监管规则要尽量简单。虽然一些简单的规则标准的实施可能会带来一些经济成本,但是从政治上看,收益肯定大于成本,因为简明规则的实施和监督显然比复杂的规则容易得多。法律和监管越复杂,对被监管的金融行业就越有利,因为它们拥有大量资源将"漏洞"变为"隧道"。简明的规则可以留给金融行业游说者的空间更少,因此改革的力度更加不容易减弱。

第二,限制由纳税人提供担保的金融公司的经营范围。有了联邦存

款保险制度之后，商业银行就敢与投资住房的热钱对赌了。所以必须促使商业银行专注于自己的核心功能。

第三，改革金融业薪酬制度。金融行业的高管和交易员拥有较高的薪酬，而这与他们承担的风险是不对称的，这种不对称性导致了更多风险事件的发生。

第四，防止"大而不倒"现象的发生。通过限制金融企业的规模，对大型金融机构更严格监管、有效监管来解决"大而不倒"的问题。当然，美国在让雷曼兄弟破产时犯了错，其他如对贝尔斯登等的处置都是成功的。

第五，加强监管与检控能力。在过去的危机中，监管工具和资源的萎缩也是难以抑制泡沫膨胀的重要原因。除了资源外，提高金融监管部门的检控能力也十分重要，金融行业存在严重的信息不对称，监管机构往往处于不利地位。因此，监管机构应该努力培养更加独立和熟知金融市场的专家，提高自身的检控能力。

# 第九章　2003 年至 2009 年我国股市波动的发生机制分析

我国股市也有着自己的周期，即股市波动——股市改革——股市繁荣——股市波动这样的周期。而股市改革推动股票市场渐趋完善，从而凝聚市场信心，开始新一轮的股市繁荣。相对于美国，我国股市波动没有像美国那样出现严重的股灾甚至引发经济衰退乃至经济危机。

第一节　2003—2006 年我国股市波动的发生机制分析

2006 年我国股市的牛市离不开 2003—2005 年的股市改革。我国"牛短熊长"的股市周期中，熊市时政府不断推出改革和利多举措，牛市则是收获改革成果的年份。我国的这种股市波动发生机制是与美国股市明显不同的。

一、2003 年股市波动与制度改革分析

如图 9.1 所示，2003 年，沪市没有深市成长性好。2003 年沪市行情在箱体中震荡，主要拐点有 4 月 15 日、9 月 29 日（深市）、11 月 12 日（沪市）。

（一）股市爬升阶段

截至 4 月 15 日，增加机构投资者、打击违法等背景下的股市爬升。

1. 增加机构投资者等利好政策。1 月 10 日，上海证券交易所大宗交易业务正式开展，上证国债指数正式发布。1 月 14 日（周二），改革利好刺激中国股市放量大涨 5.81%。2 月 18 日，湘财合丰基金公司 3 只行业类别基金获准发行。2 月 28 日，工商银行、中国银行、农业银行、交通银行、建设银行的 QFII 托管人资格获得了中国证监会批准，

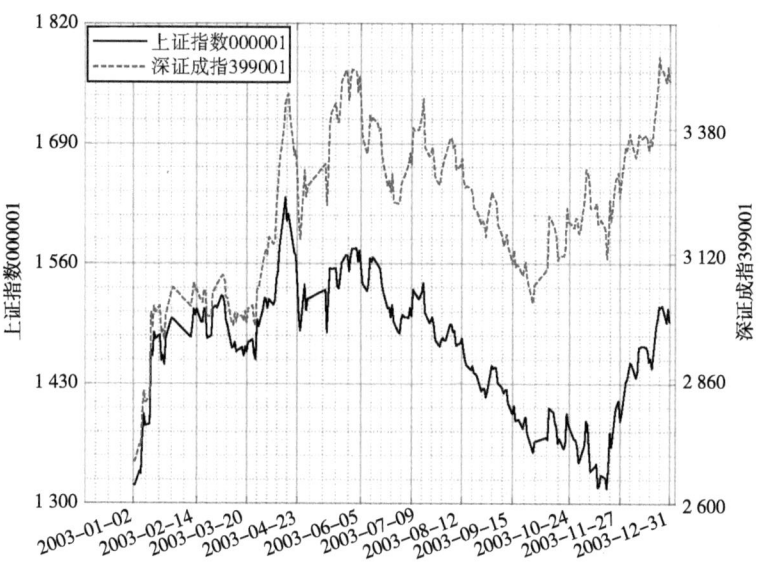

图 9.1 2003 年上证指数、深证成指走势图

QFII 得到进一步发展。3 月 1 日，中关村技术产权交易所正式挂牌。2003 年 4 月 9 日，沪深股市爆出首例要约收购，即南钢联合有限公司要约收购南钢股份。

2. 对股市违法犯罪行为的监管。4 月 1 日，北京市第二中级人民法院对深圳市中科创业投资股份有限公司操纵证券交易价格案一审公开宣判，以操纵证券交易价格罪判处上海华亚实业发展公司罚金人民币 2 300 万元。4 月 5 日，大连证券因为资不抵债被责令关闭。

（二）股市震荡下行阶段

4 月 16 日至 11 月 12 日，股市违法行为处置、改善投资者结构、鼓励并购等背景下的震荡下行。

1. 股市违法行为处置。5 月 12 日，上海和深圳证券交易所实行退市风险警示制度，"＊ST"字样股票涨跌幅为 5%。5 月 23 日，上海证券交易所终止湖北江湖生态农业股份有限公司的上市资格，备受瞩目的蓝田事件终于有了一个交代。当基于噪声而不是信息的交易占据市场的优势地位导致价格达到涨跌停，过多的噪声交易反而会减少股票价格中的信息含量。市场操纵导致市场总体理性水平的下降，交易者的狂热或沮丧往往会因涨停或跌停加剧。在中国股市，投资者无法搜集所有甚至是基本的信息，或许也不知晓如何解读所有已知的信息，所以顺着走势操作，加大市场的波动性，并导致散户不断被韭菜。

2. 改善投资者结构的举措。5月26日，中国证监会批准瑞士银行和野村证券株式会社的QFII资格。6月7日，周正毅的农凯集团在内地证券市场收购的海鸟发展和间接参股的徐工科技等暴跌。6月9日，全国社保基金理事会以战略投资者身份持有的中石化A股股票，委托给博时和华夏两家基金公司运作，社保基金在股票二级市场试水。2003年7月10日，QFII第一单，即瑞银集团买入宝钢股份、上港集箱、外运发展和中兴通讯（王国刚、郑联盛，2019）。2003年10月28日，《证券投资基金法》通过。

3. 鼓励并购。9月30日，TCL集团发布拟吸收合并TCL通讯并整体上市的公告，成为中国证券市场上首例吸收合并整体上市的案例。11月13日，上证指数最低触及1 307.40点，成为四年以来的股指新低。A股市场有3次在1 300点见底反弹，1 300点被市场人士认为是政策底，或者说支撑线。

（三）股市反弹阶段

11月16日至年末，股市反弹，上市保荐制度改革推出。

12月19日，上海证券交易所预计于2004年初发布上证50指数，作为大盘股投资的引导。12月28日，中国证监会主席尚福林签署中国证监会第十八号令，发布《证券发行上市保荐制度暂行办法》。

2003年，中国上证指数在11月13日跌到1 307点之后暴力反弹，年底收于1 487点，涨幅为10.27%。2003年，一些股市违法犯罪受到追究，所谓的妖股被投资者摈弃（王国刚、郑联盛，2019）。牛股基本都是业绩极为出色或者扭亏为盈的个股，这与之前的恶意炒作截然不同，不再是盲目炒作题材股。牛市看势，熊市看质。从牛股的行业归属来看，石化占了3只，汽车占了2只，有色占了2只。①

---

① "中国股市：2003—2005年"，https://xueqiu.com/1514305795/132428793。

二、2004 年股市震荡下行分析

如图 9.2 所示，2004 年，上证以 1 492 点开盘、以 1 266 点收盘，跌破了 1 300 点的心理点位，跌幅为 15.4%。年收盘沪市最高点为 4 月 6 日 1 777.52 点，深市为 4 月 7 日 4 170.27 点，最低收盘价在 9 月 13 日，上证指数为 1 260.32 点，深证成指为 2 997.88 点。封闭式基金与开放式基金大部分跌破净值。四小券商——鞍山证券、富友证券、大连证券、新华证券覆灭。这一年股市下跌超出了大多数人的预期。

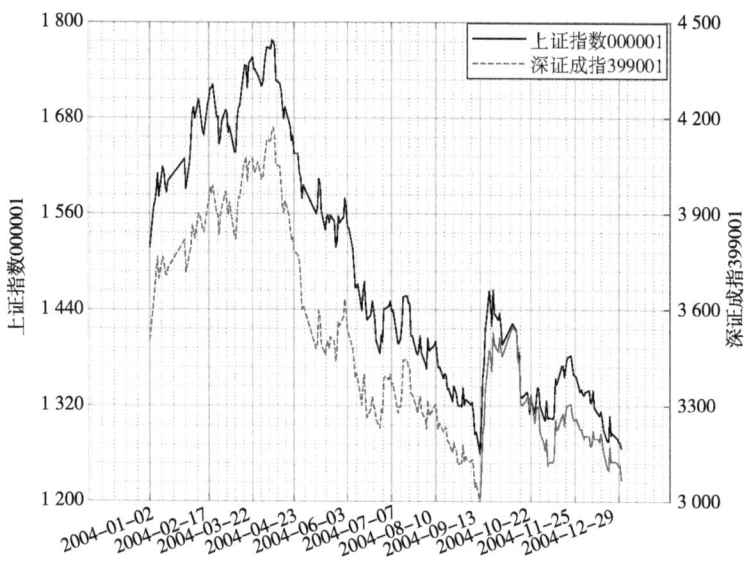

图 9.2　2004 年上证指数、深证成指走势图

（一）春季上升行情

2004 年初至 4 月 7 日，政策加持下的春季上升行情。

1. "国九条"等利好政策不断出台。1 月 2 日，上证 50 指数亮相，以 2003 年 12 月 13 日为基日，基期指数定为 1 000 点。1 月 5 日，上证所发布的五档行情，当日上证大涨 3.37%。1 月 31 日，《国务院关于推进资本市场改革开放和稳定发展的若干意见》（即"国九条"）颁布，拉开了资本市场制度改革的序幕。"国九条"把资本市场提高至国民经济发展战略的高度加以重新定位和审视，明确了资本市场的发展方向，澄清了思想上的一些模糊认识，具有划时代的意义。2月1日，证券发行保荐人制度正式推行。

2. 大盘龙头股带动，上证突破了1 700点大关。中国联通、中国石化和宝钢股份等大盘指标股在2004年的头两个月都创出历史新高。

（二）股市震荡下行

4月8日到9月13日，德隆系倒塌、中小板设立等利空和推出 ETF 与 LOF、暂停 IPO 等利多交织下，股市下挫40%左右。

1. 4月14日，德隆系庄股神话破灭。德隆系三驾马车——新疆屯河、湘火炬、合金投资全线跌停，当时中国最大的民营资本帝国倒塌。德隆倒下了，意味着一个时代的终结，随之而来的券商大洗牌、保险基金的加盟预示着一个新的合规大机构博弈时代的大门已悄悄开启。

2. 中小板设立，股市利空。5月18日，深交所获准设立中小企业板块，恢复停止3年多的新股发行。5月27日，新和成成为中小板第一股。6月25日，争论较大的中小企业板在深圳证券市场开市。中小板"新八股"首日上市，包括：江苏琼花、伟星股份、华兰生物、新和成、华邦制药、德豪润达、科达股份、精工科技，成为落实"国九条"的首项具体措施。中小企业板扩容后，大盘在短暂热闹后出现了明显的破位。6月29日，济南钢铁上市首日跌破发行价，该股成为本轮股市暴跌的见证者。

3. 推出 ETF 和 LOF、暂停 IPO 等政策救市下的股市颓势。7月8日，上证所获准推出 ETF，即交易型开放式指数基金，丰富市场投资品种。8月18日，深交所获准推出 LOF，即上市开放式基金。8月31日，证监会发布通知，暂停发行新股，IPO 定价制度或面临重大变革。9月9日，上证指数首次跌破1 300点，当日见全年最低1 259点。

（三）股市低位震荡

9月14日至年末，利多政策密集出台，难抵加息和非流通股转让，股指低点震荡。

9 月 13 日至 11 月 3 日，各个部门出台的与股市相关的"利好"多达 23 条。但在加息和流通股转让背景下，股市难有起色。

1. 9 月 14 日至 9 月 23 日，股市短线反弹，出现一波短暂的行情。9 月 23 日，广传媒公告，经中国证监会核准，公司控股股东"以股抵债"方案正式实施。

2. 诸多利于改革的举措出台，熊市不改。10 月 25 日，中国保监会和中国证监会联合颁布了《保险机构投资者股票投资管理暂行办法》。11 月 10 日，企业年金入市即将启动，将为证券市场带来长期的增量资金，大盘当日涨 3.59%。11 月 29 日，证监会公布了新修订的《上市规则》，挤压和剔除灰色空间。12 月 8 日，作为保护社会公众股股东最重要措施的"上市公司分类表决制度"浮出水面，然而重大利好仍不能维稳托市。12 月 9 日，中兴通讯登陆香港主板，成为内地首家由国内 A 股上市公司成功实现在香港主板上市的企业。12 月 10 日，中国证监会发布《公开发行股票试行询价制度通知》，标志着广受证券界人士关注的新股 IPO 询价制正式出台。这是我国证券市场较大的市场变革。

3. 加息和非流通股转让利空。10 月 29 日，央行 9 年来首次加息，中国人民银行宣布上调金融机构存贷款基准利率，放宽人民币贷款利率浮动区间，允许人民币存款利率下浮。2004 年 12 月 16 日，《上市公司非流通股股份转让业务办理规则》出台，使得市场再次担心非流通股问题，上海综合指数也紧跟再次跌破 1 300 点。

2004 年对于投资者和机构来说，虽然政策不断扶持，但德隆系崩溃、中小板设立和加息等重磅利空还是让股市下跌超出了市场预期。

三、2005 年典型的熊市背景下股市制度创新年

如图 9.3 所示，2005 年股市处于熊市，熊市行情年中确认底部并开始反弹。市场持续低迷，救市过程中政府引入了一系列股市改革，其大破大立为 2006 年牛市奠定了制度基础。股权分置改革、权证产品上市交易、新修订的《证券法》和《公司法》通过立法程序、中小板完

成全流通等改革逐渐增强了市场信心。

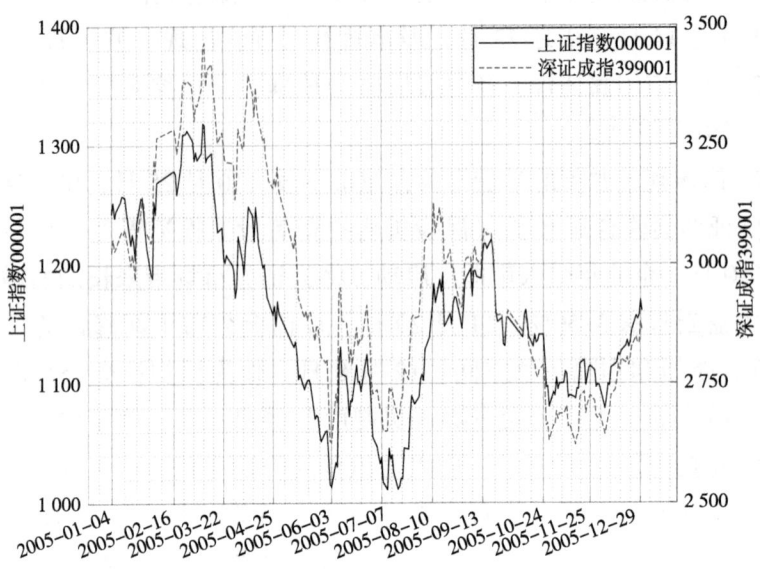

图 9.3　2005 年上证指数、深证成指走势图

（一）股市下跌探底

2005 年 1 月 1 日至 6 月 6 日，关闭 13 家证券公司、险资入市和股权分置改革启动，熊市下跌探底。

1. 市场主体的净化。2005 年 1 月 14 日，中国证监会取消大鹏证券的证券业务许可，并责令其关闭。纵观全年，还有亚洲证券等 13 家证券公司被先后取消证券业务许可并责令关闭。

2. 人寿保险资金入市。3 月 8 日，泰康人寿保险公司举行了"直接入市第一单"的操作仪式，已有 8 家保险公司入市。

3. 4 月 29 日夜，经过国务院批准，中国证监会发布《关于上市公司股权分置改革试点有关问题的通知》，股权分置改革试点宣告启动。但市场延续了 2004 年下半年的跌势，继续下探寻底，股指一路下滑直指千点关口。多项重大利好仅换来短暂的超跌反弹行情（奉立城和许伟河，2007；何诚颖和李翔，2007）。

176

（二）底部确认阶段

2005 年 6 月 6 日至 7 月 12 日，千点筑 W 型底，底部确认。

大盘在跌破千点时激起众多护盘资金、抢超跌反弹资金涌入，在 7 月再度回试千点关口时，并未再度击穿，由此确认了千点关口的支撑力，998. 23 点也成为 5 年漫漫熊市的一个重要节点，类似于 2004 年的 1 300 点（奉立城和许伟河，2007）。

（三）股市超跌回升

7 月 13 日至 12 月 31 日，权证产品上市、新《证券法》通过和中小板全流通改革等制度性改革扭转了市场信心，股市超跌回升。

1. 权证产品上市。8 月 22 日，权证交易在被叫停 9 年之后重新启动。12 月 6 日，包括深市 3 只权证在内的 6 只权证总成交额竟达到 101. 8 亿元，将沪深两市 1 300 多只 A 股当天 85. 3 亿元的总成交额抛在后面。

2. 2005 年 10 月 27 日下午，《证券法》修订工作大功告成，在十届全国人大常委会第十八次会议上三审通过。[1]

3. 全流通改革进展迅速。2005 年 11 月 21 日下午，50 家中小板公司的股改圆满落幕，中小板率先进入全流通时代。至 2005 年 12 月 22 日，合计有 14 批股改公司名单亮相，323 家公司进入股改程序。

由于底部被确认及一些资金在底部大肆承接筹码，为市场信心的恢复及超跌反弹做了一个较好的铺垫，自救和超跌反弹的结合使大盘步入了探底回升走势（谢世清和邵宇平，2011；傅传锐，2012）。

四、2006 年股市改革收获年，年涨幅 150%

投资行业有一句名言，熊有多长，牛有多高。我国股市波动是与熊市背景下政府持续不断地推动利于股市和经济发展的改革措施分不开的。如图 9. 4 所示，2006 年，上证指数从年初的小 1 200 多点一路上涨到年底的 2 700 多点，并创历史新高，A 股融资总额全球第三，总市值从年初不到 3 万亿元涨到 8 万多亿元（刘晓娜，2008）。2006 年起，沪

---

① "2005 中国股市十大新闻"，《招商周刊》，2006 年第 3 期，第 37 页。

深股市走出了一轮爆发式的波澜壮阔的大牛市行情, 创下了多个中国股市历史之最 (傅传锐, 2012)。

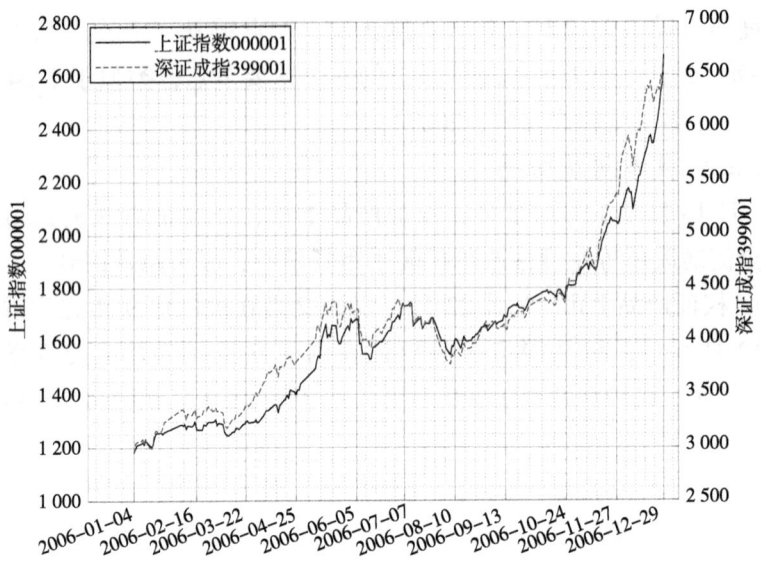

图 9.4 2006 年上证指数、深证成指走势图

(一) 2006 年行情分析

1. 2006 年初到 5 月 15 日, 上证指数涨到 1 664.09 点。1 月 14 日, 证监会表示年内基本完成股改。1 月 25 日, 大鹏证券成为首个破产的券商。2 月 14 日, 深证 100ETF 正式推出。4 月 17 日, 证监会新闻发言人表示, 新老划断拟分三步走。新老划断是指股权分置改革后首次公开发行股票的公司不再区分流通股和非流通股。4 月 30 日, 两市取消市值配售新股 (王国刚和何旭强, 2007)。在这个阶段, 一大批已完成股权分置改革的上市公司股票价格快速回升。国际市场上能源与原材料价格暴涨, A 股市场上有色金属和新能源板块的股价也随之急速上行。注入优质资产的预期使得军工板块异常强劲。

2. 5 月 16 日至 8 月 7 日, 调整阶段。在人民银行没有加息而是提高存款准备金率的背景下, 银行、整体上市、借款上市开始成为市场热点，孕育着下一个阶段的强势上涨。5 月 18 日，IPO 新规正式实行。5 月 25 日，全流通 IPO 第一股中工国际发行 6 000 万 A 股。6 月 5 日，上市公司延边公路发布公告，披露广发证券拟借壳上市。券商借壳上市成为股市的一个热点题材。6 月 6 日，上港集团整体上市的详细方案亮相。注入资产、整体上市成为市场期待。6 月 16 日，央行宣布 7 月 5 日起上调存款准备金率 0.5 个百分点，执行 8% 存款准备金率。7 月 3 日，证监会宣布融资融券试点 8 月启动。7 月 5 日，中国银行上市。7 月 21 日，央行宣布 8 月 15 日起上调存款准备金率 0.5 个百分点，执行 8.5% 存款准备金率。

3. 8 月 8 日至 12 月 29 日。上证指数从 1 547.44 上涨到 2 675.47，深圳成分指数从 3 780.38 点上涨到 6 647.14。股指期货的推出和人民币升值的预期也推动着蓝筹股上涨。9 月底，国资委与财政部联合颁布《国有控股上市公司（境内）实施股权激励试行办法》。10 月，中石化完成股改。10 月 27 日，工商银行 A、H 股两地同时上市。11 月 3 日，央行宣布 11 月 15 日起上调存款准备金率 0.5 个百分点，执行 9% 存款准备金率。8 月，新加坡交易所宣布将在 9 月 5 日推出新华富时 A50 指数期货。9 月 8 日，中国金融期货交易所（CFFEX）在上海挂牌成立。10 月 23 日，中国金融期货交易所发布了《沪深 300 指数期货合约》、《交易细则》、《结算细则》和《风险控制管理办法（征求意见稿）》。

（二）2006 牛市机制分析

牛市行情是许多因素促成的，首先是经济增长率的上升超过预期，其次是宽松的财政货币政策。对于发展中国家中国来说，由于股票市场制度的不完善，一些利于股市长远发展的改革措施，以及上市公司治理的更加规范化，都有利于牛市的发展。2006 年牛市是资金牛、改革牛的统一。

1. 经济利好。①经济高速发展（杨建平和李晓莉，2006）。经济超预期的发展对股票价格的影响非常明显，如果经济数据不理想，股市往往以暴跌来回应。②人民币升值等利好（杨建平和李晓莉，2006）。人

179

民币升值会刺激外资流入给股市带来资金，利于股市上涨；相反，人民币贬值，股市总是下跌。若人民币贬值速度过快，股市则会暴跌。2016年1月的股市熔断直接原因就是人民币贬值过快，跌破1美元兑换7元人民币。③国际市场上能源与原材料价格暴涨。由于我国上市公司有大量的矿产、冶炼、能源类，每每海外大宗商品价格上涨，国内相应公司的股价最终都会反映出来。

2. 资金推动。①牛市最重要的力量是QFII的资金推动，QFII对提高我国股市的流动性、转变投资理念、促进上市公司完善治理结构等方面具有重要作用（张晓斌和王哲鹏，2007）。②城乡居民存款迅速增加但投资渠道甚少，银行存款是进入股市资金的主要来源，低存款利率是促使资金从银行流入股市的重要因素，开放式基金是资金流入股市的主要渠道（仝晗和朱世武，2007；谢百三和王黎明，2007）。居民高储蓄率与中国传统文化有关，更与城乡居民看病、教育、就业、购房、养老等五大需求问题没有得到解决有关。③人民币汇率机制改革、加入WTO后的巨额贸易顺差、外资流入等导致流动性泛滥。2002年以来，外汇储备每年以1 500亿~2 000亿美元（外汇）的速度增加，中国人民银行为此投放基础货币，并发行了大量国债、央行票据，还多次加息、提高准备金率来回收基础货币。在乘数效应下，不断增加的基础货币使流动性过剩问题日益严重。

3. 利市改革与举措。①"国九条"全力支持股市发展，股权分置改革的全面展开（杨建平和李晓莉，2006；谢百三和王黎明，2007），通过支付对价、发放权证、承诺回购、定向增发等多种方式解决了股权分置问题。②新一届中国证监会扎实的基础工作，如严打庄家、严令大股东对上市公司于2006年底前清欠退还大量占用资源。③中国金融期货交易所（CFFEX）在上海挂牌成立，股指期货推出。

4. 改革与上市公司赢利能力提升。①大股东通过向上市公司注入营利性资产或进行债务重组，或优质企业以并购整合或借壳方式进入股市，股市出现了一批利润高增长的上市公司。整体上市如宝钢等三大钢铁巨头、东方电气集团、四大航运公司，还有造船业、汽车业等优质资产整体上市。贵州茅台、万科、中信证券、招商银行、宝钢股份、烟台万华等，它们中有的利润年增长 30%~50%（谢百三和王黎明，2007）。②"两税合一"的税收改革和新会计制度实行，因为土地等重新估值，将显著增加公司资产。

（三）2006 年股市波动的分析

关于股市波动的分析，有三种观点（熊元俊，2007）：一种是有泡沫论，代表人物为吴敬链，理由是中国境内有 30 万亿元的热钱在市场上兴风作浪，导致 2005 年的房地产热和 2006 年的股市狂潮；二是改革牛"是最健康的牛市"，代表人物是吴晓求，他预测 2010 年股市过万点，2015 年过 12 000 点；三是折中的正在形成泡沫观点，代表人物是成思危。高盛集团经济分析报告则认为，"流动性过剩"本身并不是问题，市场面临的真正问题是这些流动性对资本回报率的较高要求。券商与部分学者承认局部性泡沫，因为 2006 年 12 月 29 日，上证指数的市盈率为 35.56，深圳指数的市盈率为 23.68，而日本 1989 年的市盈率超过了 60 倍。

我们在后面的章节会用数量分析，也就是模型分析的方法来判断是否存在泡沫。

第二节　2007—2009 年我国股市波动的发生机制分析

一、2007 年是市场繁荣年

2007 年，沪深两市分别上涨 93.74%和 164%，是市繁荣年，如图 9.5 所示。2007 年的牛市使居民财富获得感增强，经济表现更加强劲。

2007 年，商品和资源的价格不断抬升，国家 GDP 在快速增长，股市也在飞涨。正如成思危所言，2006 年股市泡沫正在形成，2007 年股市出现了一定的泡沫。

（一）收紧政策举措下的牛市

上证指数从 1 月 4 日到 3 月 5 日的收盘价为 2 785.31，是股市调整

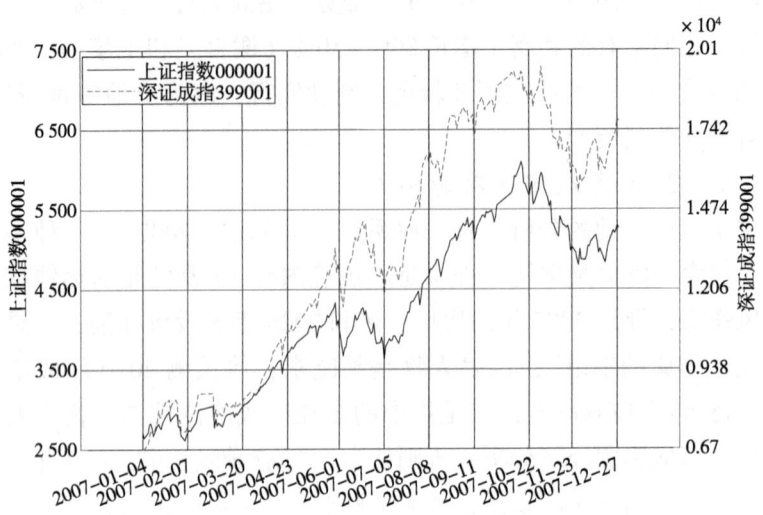

图 9.5　2007 年上证指数和深证成指走势图

的第一个阶段；3 月 6 日到 7 月 5 日的年底 3 615.87，是股市调整的第二个阶段；第三阶段为 7 月 6 日至年底。10 月 16 日是全年最高点 6 092.06。

1. 第一阶段 1 月 4 日到 3 月 5 日，股市上升中途罗杰斯的中国股市泡沫论。

2007 年 1 月 24 日，中央电视台播出国际著名投资家罗杰斯的访谈，罗杰斯指出中国股市存在泡沫，股指马上从 2 994.2 点下跌至 2 720.8 点，跌幅达 9.13%。2 月 27 日，全球股市暴跌，上证综指和深证成指跌幅分别达到 8.84% 和 9.29%，双双创下 10 年来最大单日跌幅。

2. 第二阶段，3 月 6 日到 7 月 5 日，警示教育、加息、加印花税等去泡沫举措下的主升阶段。

鉴于 2006 年 150% 的涨幅，政府政策开始关注对泡沫的抑制。5 月 11 日，证监会发布《关于进一步加强投资者教育、强化市场监管有关工作的通知》，警示股民"理解并始终牢记'买者自负'的原则"，不要"抵押房产炒股、拿养老钱炒股"。5 月 18 日，央行同时宣布上调人民币基准利率，提高人民币存款准备金率，扩大人民币兑美元汇率浮动区间。央行三大政策齐发，其目的之一即在于打压股市过热趋势。受此三大利空消息影响，5 月 21 日（前述政策出台后的第一个交易日），大盘大幅低开一百多点，但收盘时指数却增长 1% 左右。于是，5 月 29 日深夜，财政部将股票交易印花税从 0.1% 提高至 0.3%。证监会也宣布拟对"广发证券"借壳"延边公路"一事中负有信息披露义务的部分当事人进行行政处罚。5 月 30 日，股市开盘暴跌，当天一直到 3 400 支撑位止跌。"5·30"之前，蓝筹股轮番冲刺，有色、煤炭、金融、地产、航空等轮流登顶。

3. 第三阶段，7 月 6 日至年底，QDII、打击内幕交易、中石油上市。

8 月 9 日，A 股总市值达到了创纪录的 21.15 万亿元，超过去年我国 21.09 万亿元的国内生产总值（GDP）。2007 年 8 月 23 日，上证综指一举突破 5 000 点大关。

8 月 20 日，国家外汇管理局公布《开展境内个人直接投资境外证券市场试点方案》，当日恒指暴涨 5.95%。至 10 月 30 日，恒指累计涨幅高达约 57%。11 月 3 日，温家宝总理阐述了对港股直通车的四点担忧后，恒指单日跌幅达 5%。

9 月 17 日，证监会《关于规范上市公司信息披露及相关各方行为的通知》规定，打击内幕交易。剔除大盘和同行业板块因素，前 20 个交易日上市公司股价累计涨跌幅超过 20% 的，上市公司应充分举证相关内幕信息知情人及直系亲属等不存在内幕交易行为，才可以向证监会提起行政许可申请。

10 月 16 日，上证收盘价 6 124.04 点。2007 年 10 月 17 日开始，股市已在蓝筹股带动下滑落，但中石油上市却是真正调整的开始。11 月 5 日，中石油当日高调"海归"，每股定价为 16.7 元，盘中一度攀至 48.6 元，收盘报于 43.96 元。至 12 月 20 日，中石油股价累计下跌 37.24%，共计 1 767 亿元资金深套其中。

（二）上市融资、打新基金与股市泡沫化

1. 借助牛市，股市募集资金量全球第一。2007 年，沪深股市 A 股

IPO（首次发行新股）筹资额超过 3 700 亿元，增发再融资超过 2 700 亿元，融资额世界第一。IPO 家共计 120 只，市场资源仍然向金融和央企倾斜，其中最大的 12 家 IPO 募集 3 829 亿元，占全年股票市场募资总额的 85%。证券交易印花税完成 2 005 亿元。

2. 打新股暴利及 3 万亿打新资金。已发行上市的新股平均首日涨幅为 191%。如果全年均参与打新股，理论收益率可达 29% 左右。2007 年，股市约有 3 万亿元的打新资金。银行发行的"与人民币股票挂钩的理财产品"中，绝大多数都与"新股申购挂钩"。打新暴利资金提高了债市和贷款的利率，巨额资金脱离实体经济运行。

3. 上证指数和深证成指的市盈率均接近 47，入市资金量猛增，使得大盘股的换手率甚至超过了小盘股（金鸣，2007）。10 月 16 日，全球市值最高的十大上市公司中，中国公司已和美国公司平分秋色，各占四席。

4. 政府对股市泡沫的预警和控制存在困难。一是泡沫调控的力度不好把握，二是泡沫处于何种程度难以判断，三是在严重泡沫期进行调控的副作用非常大，只能进行逆周期性的走势调节。

5. 七次加息难扼股市上涨，股市、物价、房价都在上涨。如表 9.1 所示，2006 年 8 月到 2007 年 12 月，我国连续 7 次加息，股市指数也不断被刷新。这主要是由于物价上涨，每次加息幅度都被市场所预期，或低于市场预期，但是当加息累计达到一定阈值时，上证指数一路下滑，到 2007 年底跌至 5 261 点，跌幅达 14%。

表 9.1　金融机构一年期存款基准利率调整表

时间	一年定期	上证指数当天波动率
2006/08/19	2.52	涨 0.20%
2007/03/18	2.79	涨 2.87%
2007/05/19	3.06	涨 1.04%
2007/07/21	3.33	涨 3.81%
2007/08/22	3.60	涨 1.49%
2007/09/15	3.87	涨 2.06%
2007/12/21	4.14	涨 1.15%

数据来源：新浪财经

二、2008年股市波动的发生机制分析

2008年，上证指数和深证成指收盘价分别下跌69%和70.4%，如图9.6所示，最高收盘价上证指数和深证成指分别是1月14日的5 497.90和19 141.13，最低收盘价分别是11月4日的1 706和5 668.81，后者分别是前者的31%和29.6%。下跌分为三个阶段，一是年初至4月22日，上证指数和深证成指的收盘价分别从1月2日的5 272.81和17 856.14下跌到3 147.79和11 174.77，下跌40.3%和37.4%，下跌得太深和太快。第二个阶段从4月23日至8月7日，政府4月23日开始救市，收盘于2 727.57和9 035.29点，继续下跌13.3%和20.2%。第三个阶段是8月8日至年末，11月4日跌出当年最低价，然后反弹至1 880.81和6 485.51，相对于8月7日，分别下跌31%和28.2%。

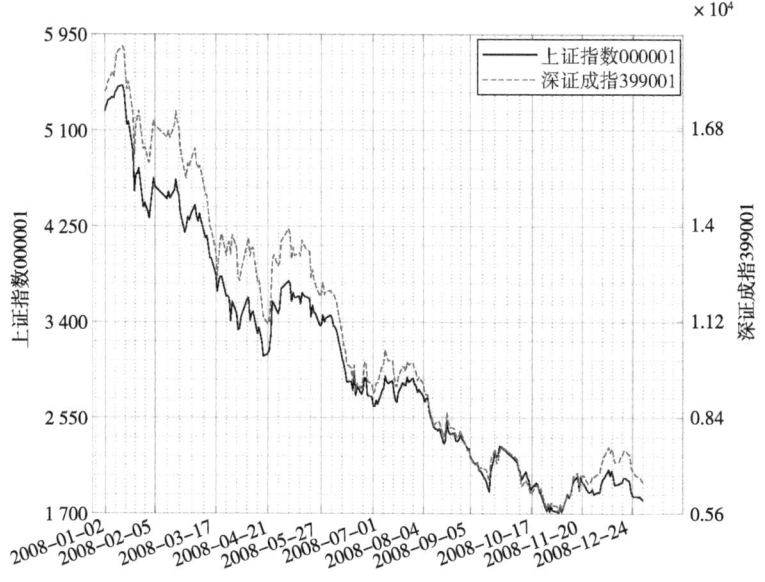

图9.6　2008年上证指数和深证成指走势图

（一）年初的快速下跌

至4月22日，过度从紧的货币政策、巨额再融资计划和设立创业

板等因素使股市下跌，沪深两市指数分别下跌 40.3% 和 37.4%。

1. 过度从紧的货币政策抽离了市场资金。2007 年 11 月以来，严格的额度制管理对企业经营造成消极影响，企业或者在股市中抛售股票套现，或选择民间贷款。2008 年初，有的地方民间借贷的月利率甚至达到了 30% 以上。2007 年 12 月 21 日，央行调高一年期贷款利率至 7.47%，并一直维持到 2008 年 9 月 16 日才开始逐步下调。

2. 巨额再融资计划引发市场恐慌。2008 年第一个月内就有包括中国平安、东北证券、江西铜业、海油工程在内的 26 家上市公司提出再融资计划，再融资计划金额高达 2 233 亿元。1 月 21 日，平安出台融资近 1 200 亿元的再融资计划引发市场恐慌，沪深股市双双暴跌。2 月 20 日，浦发银行计划再融资 400 亿元的传言使浦发银行股价跌停，当日银行板块拖累股指下跌 2.09%。2008 年上半年共有 87 家上市公司增发融资，上市公司增发实际募集现金资产 739.95 亿元，同比增长了 24%。

3. 3 月 5 日，国务院总理在政府工作报告中提出建立创业板市场，市场指数仍纷纷下跌。

4. 4 月 16 日，国务院提出"两防"，即把防止经济增长由偏快转为过热、防止价格由结构性上涨演变为明显通货膨胀，继续坚持 2007 年 11 月以来"从紧"的货币政策（谢百三和刘美欧，2009）。

（二）股市震荡不已

4 月 23 日至 8 月 7 日，下调印花税、汶川地震、降息降准护市，上证指数和深证成指继续下跌 13.3% 和 20.2%。

1. 4 月 23 日，财政部宣布将印花税从 3‰ 下调至 1‰，次日大盘以接近涨停报收。至 5 月 6 日，沪市阶段性涨幅约 20%。

2. "5.12" 汶川地震消极影响股市。类似的例子如美国 1906 年旧金山地震引发了美国的股灾。

3. 6 月 10 日，央行第 5 次上调准备金率，达到了 17.5%。6 月 12 日，上证综指跌破 3 000 点。即使从紧的货币政策在影响着股市，市场仍然普遍期盼奥运行情。

4. 7 月，我国货币政策进行了较大调整，连续降准降息，全年新增贷款预期目标提高至 4 万亿元左右，指导金融机构扩大信贷总量，并明确提出以高于 GDP 增长和物价上涨之和约 3 至 4 个百分点的增长幅度作为全年货币供应总量目标。

（三）次贷危机影响下股市继续下行

8 月 8 日至年末，次贷危机利空袭击下，单边印花税、央企回购和财政货币政策转向难阻上证指数和深证成指比 8 月 7 日分别下跌 31% 和 28.2%。2008 年下半年，在国内外形势的影响下，中国经济从"偏热"急速转向"偏冷"，企业面临困境，股市继续下跌。

1. "奥运行情"落空后，A 股市场有加速下跌动能。同时，2008 年 9 月，三鹿奶粉"三聚氰氨"事件集中暴发。9 月 5 日，中国股市一举向下突破 2 245 点，从本轮行情最高点下跌超过 63%，创下当时全球股市最深跌幅。10 月 15 日，上证收盘价跌破 2 000 点。

2. 9 月，次贷危机急剧恶化，雷曼兄弟宣布破产，美林被收购，"两房"和美国国际集团被接管，华盛顿互惠银行倒闭，美联银行出现危机，而且欧洲部分金融机构也相继出现问题，甚至部分国家如冰岛等更出现了国家性危机。

3. 9 月 19 日，三大利好齐发，证券交易印花税只向出让方征收，国资委支持央企增持或回购上市公司股份，汇金公司将在二级市场自主购入工、中、建三行股票等。股市涨了三天，上涨幅度约 21%。但是，由次级信贷危机引发的美国金融危机全面暴发，国内股市受外围股市拖累。11 月 4 日，不少上市公司每股价格跌破净资产。

4. 中国再次全面启动积极的财政货币政策。11 月 5 日，国务院常务会议确定财政政策从"稳健"转为"积极"，货币政策从"从紧"转为"适度宽松"。11 月 9 日，国务院公布保增长十条措施，到 2010 年底，投资规模达 4 万亿元，而减税、价格补贴等其他财政支出还不属于这 4 万亿元的范围。财政部与国家税务总局联合发布《关于提高部分商品出口退税率的通知》，明确从 2008 年 11 月 1 日起，上调涉及 3 770 项产品的出口退税税率，这些产品约占全部出口产品的 27.9%。11 月 10 日至 11 月 14 日，A 股周涨 13.66%，游资冲锋在前，小盘股、超跌股开始大涨。

（四）全年股市波动回顾

2008 年的经济环境对股市产生了明显影响，如大小非、IPO 与再融资、外商投资下降等的消极影响。

1. 股市圈钱，恶化了投资环境。2008 年解禁的"大小非"以 12 月 17 日的收盘价（上证收盘指数 1 976.82）计算，总金额达到约 2.11 万亿元（谢百三和刘美欧，2009）。"大小非"成本极其低廉，具有天然的减持动力。2008 年，沪深两市共有 77 家公司 IPO，融资总额依然有 1 035 亿元，而再融资额达到 2 092 亿元。

2. 市场信心下降。2008 年，外商对中国的投资数量和投资金额都出现了明显的下滑，中国原来的经济增长模式也受到严重挑战。美国、欧洲股市下跌，香港 H 股同步下跌，有 H 股的 A 股也同比例下跌，使 A 股价值中心下移，带动 A 股下跌。对未来经济预期的下调严重影响了投资者的信心。

3. 企业成本迅速上升，盈利预期下降。面对能源和原材料涨价、出口退税政策调整、土地制约、人民币对美元升值的影响，以及民营企业产品同质化带来的恶性竞争，在全球经济不景气的背景下，很多劳动密集型的制造型企业破产，投资者对企业盈利预期下降，在股票市场上则反映为股价的下跌。

三、2009 年股市波动发生机制分析

2009 年，沪深两市分别比上年末上涨约 80% 和 111%。1 月 5 日，上证指数和深证成指收盘价分别为 1 880.72 和 6 634.88，1 月 13 日创年最低收盘价，上证指数 1 863.67，深证成指 6 530.81。8 月 4 日创年最高收盘价，上证指数 3 471.44，深证成指 13 904.55。12 月 7 日，上证指数 3 331.90，深证成指 14 051.52。12 月 30 日，上证收盘指数报收 3 277.14 点，年末比上年末涨幅 79.98%，深证成指收盘指数 13 699.97，上涨 111.24%。上交所与深交所所有股票的市值为 28.64

万亿元，民营企业涨幅领先（见图9.7）。6 个行业的上市公司总市值超万亿，14 个行业达千亿级。

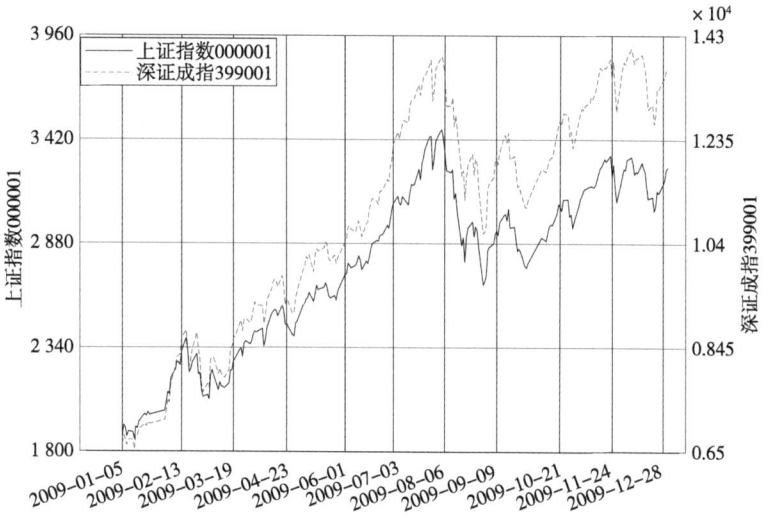

图 9.7　2009 年上证指数和深证成指走势图

（一）政策呵护下股市反弹

至 3 月 3 日，财政赤字预算规模 9 500 亿，2 月 16 日，股指创局部最高价，然后回落。

2009 年 2 月下旬，财政部向全国人大提交 2009 年预算报告，其中将 2009 年预算赤字规模初步定为 9 500 亿元，这是新中国成立以来最高额度的财政赤字，这种决心和力度甚至使一些刺激政策在发布之日前实施，以强化力度。4 月 13 日，财政部发文《积极稳妥推进并购重组》。

（二）股市继续上行

3 月 4 日至 8 月 31 日，全球股市上扬，人民币贷款增加和充实社保基金举措利多股市，IPO 适时重启。

1. 全球股市从 3 月份的低点大幅上扬，纷纷创下最大季度涨幅。1~5 月，人民币新增贷款达 5.83 万亿元。

2.6 月 10 日，证监会正式公布和实施《关于进一步改革和完善新股发行体制的指导意见》，完善询价和申购的报价约束机制，形成进一步市场化的价格形成机制，并对网上单个申购账户设立上限。

3. 6月18日，A股重启暂停9个月的IPO。全年共有111家公司IPO，募集资金达2 022亿元。

4. 6月19日，财政部、国资委、证监会和社保基金会联合印发了《境内证券市场转持部分国有股充实全国社会保障基金实施办法》，将首次公开发行时实际发行股份数量10%的股份转由全国社会保障基金理事会持有，禁售期再延长三年。

（三）受经济形势影响股市震荡上行

8月5日至年末，房价上涨、创业板开板、积极的财政政策和适度宽松的货币政策，股市继续向上。

1. 下半年经济迅速发展，尤其是房地产市场火热，带动相关上市公司的业绩。

2. 创业板开板。10月30日，首批28家创业板公司在深圳挂牌交易，由于这些股票多符合产业政策扶持方向，股市继续向上发力。截至12月30日收盘，创业板个股共计36只，总市值达到1 609亿元，流通市值达到299亿元，平均市盈率达到105.3倍。这对我国经济结构转型发挥了重要作用。

3. 积极的财政政策和适度宽松的货币政策。12月5~7日的中央经济工作会议确定货币财政政策，更加注重围绕保障和改善民生来谋划发展，把增加居民消费作为扩大内需的重点，通过保障和改善民生，促进经济结构优化，增强经济发展拉动力。

（四）重组、货币政策、财政政策的影响分析

1. 重组带动市值大幅增长。2009年全年，582家上市公司发生了1 012次重组行为，成功实施重组的143家上市公司平均市值增幅达148.68%。资产出售及转让为主要形式，约82%的重组主体为上市公司自身，17%为上市公司下属子公司及参股公司，但对上市公司会构成重大影。重组交易对象多数为非关联公司。地方国有控股上市公司的重组行为占45.02%，央企占13.40%。7月3日，证监会发文《推动上市公司并购重组》；12月21日，证监会再度发文《支持和促进资本市场并购重组》；12 月 24 日国务院国资委提出《推动优势资源向上市公司集中》（施光耀等，2010）。

2. 货币政策的影响。货币政策的松紧使股票投资的未来收益和未来分红的折现率发生改变，影响股票当前价格，货币供应量或者基础利率的变动必然会促使股票价值重估。Sousa（2010）的研究表明，紧缩货币政策与股票市场存在负相关关系。陈德伟、金戈（2005）的研究发现，利率变动在长期内是股票价格变动的一个重要原因。周立群、伍志文（2005）的研究发现，加息对股票市场会产生一定的影响。

3. 财政政策的影响。Foresti 和 Napolitano（2017）采用面板分析法，研究欧元区 11 个成员国的财政政策对股市的影响，结果表明，财政政策会影响股票市场。吴军、薛小玉和刘钊（2014）认为，政府调控需要关注资产价格的波动，但不宜将其作为政策调控的直接目标。

参考文献

［1］中国证券业协会．证券市场基础知识［M］.北京：中国金融出版社，2012.

［2］王国刚，郑联盛．中国证券业 70 年：历程、成就和经验［J］.学术研究，2019（09）.

［3］王国刚，何旭强．中国股市：迈上高位平台后的新征程：2006 年回顾与 2007 年展望［J］.财贸经济，2007（03）：63-70.

［4］张晓斌，王哲鹏，从 2006 年的牛市看 QFII 对中国股市的影响［J］.时代金融，2007（5）：18-19.

［5］王丽．证券市场发展历程［J］.合作经济与科技，2020（24）：66-67.

［6］仝晗，朱世武，中国股市 2006 年牛市形成的经济因素分析［J］.经济与管理研究，2007（04）：56-59.

［7］李清爱．中国证券市场规范与发展历程［J］.科学之友（B版），2009（12）：76-77.

［8］高敬忠，IPO 制度改革：盈余管理与 IPO 定价效率［J］.贵州

财经大学学报，2020（01）.

[9] 田利辉，张伟，王冠英.新股发行：渐进式市场化改革是否可行 [J].南开管理评论，2013（02）.

[10] 陈国进，张贻军，王景.再售期权、通胀幻觉与中国股市泡沫的影响因素分析 [J].经济研究，2009，44（05）：106-117.

[11] 宋养琰.我国股市为何持续低迷？[J].理论视野，2003（05）：18-21.

[12] 李桃，马书琴.经济非正义之过：中国股票市场投资文化之于投机文化弱势探源 [J].宏观经济研究，2013（07）：3-10，61.

[13] 黄军甫，翁梁浩.抑制中国股市过度投机的对策分析 [J].纳税，2018（03）：171-172.

[14] 毕子男.机构投资者对证券市场效率影响的研究 [D].长春：吉林大学，2007.

[15] 周孝华，赵炜科，刘星.我国股票发行审批制与核准制下IPO定价效率的比较研究 [J].管理世界，2006（11）：13-18.

[16] 俞颖，咚德庆.我国新股发行定价效率的实证分析 [J].生产力研究，2005（4）：59-63.

[17] 毛宗平，川文.我国新股发行定价效率实证研究 [J].现代经济探讨，2004（2）：52-53.

[18] 邓召明.我国股票发行定价效率实证研究 [J].南开经济研究，2001（6）：63-64.

[19] 杜兴强."发审委"联系、潜规则与IPO市场的资源配置效率 [J].金融研究，2013（3）：143-156.

[20] 魏建，马富强.新股发行制度改革前后定价效率的实证分析 [J].山东经济，2011（3）：94-100.

[21] 方军雄，方芳.新股发行制度市场化改革与融资超募现象 [J].证券市场导报，2012（12）：39-45.

[22] 董秀良，高飞.股票发行定价制度及其对市场效率的影响 [J].当代财经，2002（5）.

[23] 吴世农.我国证券市场效率的分析 [J].经济研究, 1996 (4).

[24] 顾连书, 王宏利, 王海霞.我国新股发行审核由核准制向注册制转型的路径选择 [J].中央财经大学学报, 2012 (11): 45-49.

[25] 周佰成, 王辰, 吕海升.中日股票市场发行制度比较研究 [J].现代日本经济, 2011 (5): 17-23.

[26] 林涌.股票发行制度内在机理的产权解释 [J].中央财经大学学报, 2004 (10).

[27] 童艳, 刘煜辉, 等.中国IPO定价效率与发行定价机制研究 [M].北京: 中国金融出版社, 2010.

[28] 周孝华, 代彬.基于流动性视角的中国股票市场IPOs长期表现实证研究 [J].管理现代化, 2007 (1).

[29] 杨丹, 林茂.我国IPO长期市场表现的实证研究: 基于超常收益率不同测度方法的比较分析 [J].会计研究, 2006 (11): 61-68.

[30] 张峥, 欧阳珊.发行定价制度与IPO折价 [J].经济科学, 2012 (1): 73-85.

[31] 孙自愿.基于抑价和溢价的IPO初始收益与长期走势问题研究 [D].北京: 中国矿业大学, 2009.

[32] 韩立岩, 伍燕然.投资者情绪与IPOs之谜: 抑价或者溢价 [J].管理世界, 2007 (3): 51-61.

[33] 刘煜辉, 熊鹏.股权分置、政府管制和中国IPO抑价 [J].经济研究, 2005 (5).

[34] 孙国茂.从根本上改革股票发行制度 [J].理论学刊, 2014 (3): 50-60.

[35] 沈朝晖.流行的误解: "注册制"与"核准制"辨析 [J].资本市场导刊, 2011 (9).

[36] 黄秀海.一种新的股市泡沫计量方法 [J].经济学家, 2008.

[37] 李捷瑜.中国股市投机泡沫的膨胀与破灭: 机制转换模型的应用 [J].南方经济, 2008.

［38］朱伟骅，张宗新．投资者情绪、市场波动与股市泡沫［J］．经济理论与经济管理，2008.

［39］雷建，宋烜．浅析流动性过剩背景下的股市泡沫［J］．华东经济管理，2008.

［40］张兵．论A股市场"泡沫"［J］．广东金融学院学报，2008.

［41］葛新权．基于非正态分布的泡沫经济模型的研究［J］．数量经济技术经济研究，2008.

［42］赵鹏，曾剑云．我国股市周期性破灭型投机泡沫实证研究：基于马尔可夫区制转换方法［J］．金融研究，2008.

［43］张金清，吴有红，赵伟，等．对非良性经济泡沫基础承受力的探析［J］．社会科学，2008.

［44］廖旗平．基于预期的股市泡沫度量模型研究［J］．云南财经大学学报，2008.

［45］孟庆斌，周爱民，靳晓婷．基于TAR模型的中国股市价格泡沫检验［J］．南开经济研究，2008.

［46］孟庆斌，周爱民，汪孟海．基于齐次马氏域变方法的中国股市价格泡沫检验［J］．金融研究，2008.

［47］魏建，马富强．新股发行制度改革前后定价效率的实证分析［J］．山东经济，2011（3）．

［48］韩炜亮．中国股票发展制度改革研究［J］．经济与管理科学，2015.

［49］孙国茂．从根本上改变股票发行制度［J］．理论学刊，2014（3）.

［50］廖旗平．基于预期的股市泡沫的度量模型［J］．统计与决策，2008.

［51］黄佐铆，孙绍荣．股市泡沫研究文献综述及展望［J］．财经科学，2008.

［52］何敏超．股市泡沫浅析［J］．经济管理，2008.

［53］李长林，陈敏．中国股市泡沫现象研究：基于上证综指和红

利指数的分析［J］.中国科学院研究生院学报，2008.

［54］骆惠南，李作为，梁健昌.投资主体结构改变对股市的影响：兼论多空均衡与股市泡沫的预防［J］.财经研究，2008.

［55］姚树洁，罗丹.中国股市泡沫是偶然还是必然［J］.西安交通大学学报，2008.

［56］罗文，孙友群.中国股市制度套利分析［J］.商业研究.2003，（07）：86-88.

［57］蔡庆丰，李超.泡沫破灭后的证券研究：华尔街实践及启示［N］.证券市场导报，2005.

［58］刘煜松.股票内在投资价值理论与中国股市泡沫问题［J］.经济研究，2005.

［59］王连华，杨春鹏.非理性泡沫的确定与生成机理［J］.管理评论，2005.

［60］葛新权.泡沫经济计量模型研究与应用［J］.数量经济技术经济研究，2005.

［61］王劲松，韩克勇.泡沫经济与经济危机［J］.理论学刊，2005.

［62］钟佳.金融泡沫的形成机制、经济效率与有效预警［J］.浙江金融，2005.

［63］林琼.行政过度是导致中国股市泡沫的重要原因［J］.中央财经大学学报，2005.

［64］张艳.政策因素对我国证券市场噪声和泡沫影响作用的信息博弈［J］.软科学，2005

［65］冯祈善，孙晓飞.中国股市泡沫合理范围研究［J］.上海金融，2005.

［66］杨万东.中国股市泡沫问题讨论综述［J］.经济理论与经济管理，2007.

［67］刘昌黎.关于全民炒股和股市泡沫的经济分析［J］.财经问题研究，2007.

［68］汪伟全．股票价格：投资机会与泡沫风险 ［J］.价格理论与实践，2007.

［69］黄海燕．化解泡沫膨胀风险 促进股市稳定发展 ［J］.宏观经济管理，2007.

［70］刘玉平．现代金融经济中的经济泡沫分析 ［J］.上海大学学报，2007.

［71］何诚颖．我国股市泡沫状态分析 ［J］.开放导报，2007.

［72］孙永权，余力．股市泡沫循环的公共政策反应 ［J］.财经科学，2007.

［73］李世银，杨倩．我国学术界关于股票市场泡沫的研究：文献综述及展望 ［J］.教学与研究，2007.

［74］毛有碧．股市泡沫测量及性质区分 ［J］.金融研究，2007.

［75］徐爱农．中国股票市场泡沫测度及其合理性研究 ［J］.财经理论与实践，2007.

［76］马庆泉．中国证券史 ［M］.北京：中信出版社，2003.

［77］谢世清，邵宇平．股权分置改革对中国股市波动性与有效性影响的实证研究 ［J］.金融研究，2011（2）.

［78］傅传锐．股权分置改革与股市波动结构：基于 EEMD 方法的实证研究 ［J］.经济经纬，2012（1）.

［79］蔡国栋．股权分置改革对我国股市影响的实证分析 ［J］.财政金融，2011（4）.

［80］王思遥，李朋林．股权分置改革中股市恐慌行为初探：基于 VEC 模型的实证分析 ［J］.改革与战略，2010（2）.

［81］赵惠芳，邵婷婷．股权分置改革后股市惯性和反转效应的实证研究 ［J］.财会月刊，2009（5）.

［82］卧龙．中国股市：交易制度改革迫在眉睫 ［J］.股市动态分析，2005（50）.

［83］易宪容.2005 年中国股市政策改革的重心与难点 ［J］.中国金融半月刊，2005（2）.

[84] 冉兰，段海容．股市不能承受之重：与伯涛先生商榷股权分置改革 [J]．股市动态分析，2004 (34)．

[85] 谢百三，王巍．中国股市股权分置问题的冷思考：兼谈改革的整体思路 [J]．价格理论与实践，2005 (4)．

[86] 李凤洲．平衡平稳，改革发展：中国证监会主席尚福林谈股市监管 [J]．今日中国论坛，2005 (8)．

[87] 唐茜．股市改革破冰 [J]．商业文化，2005 (6)．

[88] 廖旗平．关于股权分置改革对我国股市影响地分析 [J]．河南金融管理干部学院学报，2007 (1)．

[89] 冯科，胡晓阳．股市综合征下地股权分置改革 [J]．资本，2008.

[90] 庄新田，陈师阳，闵志锋．股权分置改革前后中国股市混沌分型特征比较 [J]．东北大学学报（自然科学版），2007 (9)．

[91] 易宪容．中国股市改革面临三大问题 [J]．经济述评，2012 (2)．

[92] 汀人．股权分置改革，中国股市破冰之旅启动 [J]．中国总会计师，2005 (5)．

[93] 唐国正，熊德华，巫和懋．股权分置改革中的投资者保护和投资者理性 [J]．金融研究，2005 (9)．

[94] 陈蛇，陈朝龙．股权分置改革的表决机制为何引发市场异常波动 [J]．财经科学，2005 (4)．

[95] 张伟强，王珺，廖理．股权分置改革中的"实惠效应"与"未来效应" [J]．中国工业经济，2008 (11)．

[96] 晏艳阳，赵大玮．我国股权分置改革中内幕交易的实证研究 [J]．金融研究，2006 (4)．

[97] 何诚颖，李翔．股权分置改革、扩容预期及其市场反应的实证研究 [J]．金融研究，2007 (4)．

[98] 奉立城，许伟河．股权分置改革试点 G 股的超常收益实证研究 [J]．数理统计与管理，2007 (4)．

[99] 陈宋生，王立彦．股权分置改革的市场反应与影响因素：基于中国上市公司的经验证据 [J].经济科学，2008（1）.

[100] 王浩名．股权分置改革制度分析 [J].中国商界，2008（9）.

[101] 杨高宇．中国股市制度缺陷宇股市功能异化 [J].中国经济问题，2013（2）.

[102] 王思遥，李朋林．股权分置改革中股市异常波动的原因分析 [J].财会通讯，2009（12）.

[103] 徐龚林，赵荷．我国新股发行制度浅析 [J].商业时代，2009（9）.

[104] 邱明德，保荐制与投行业务转型 [J].池州师专学报，2004（10）.

[105] 闵亮，孙玲．保荐制：深化发行制度改革的重要举措 [J].内蒙古科技与经济，2004（20）.

[106] 李清爱．中国证券市场规范与发展历程 [J].科学之友（B版），2009（12）：76-77.

[107] 张璇，汪源．我国股票发行保荐制的制度缺陷及其完善 [J].中国证券期货，2010.

[108] 吴崎右，李思平．中国证券市场十二年发展历程与前瞻 [J].南方金融，2002（10）：32-34.

[109] 辛亚权．股权分置改革对我国股市波动性影响的实证研究 [J].东北财经大学，2008.

[110] 张涛．股权分置改革对我国股票市场有效性影响的实证研究 [J].江海学刊，2008（3）.

[111] 李光耀．股权分置改革市场效率的实证检验 [J].武汉科技大学，2007.

[112] 孙立．论股权分置改革对我国股票市场效率的影响 [J].银行与投资，2006.

[113] 杨建平，李晓莉．关于股权分置改革的几个焦点问题 [J].

济南大学学报，2006（3）.

［114］林乐芬.股权分置改革市场效应分析［J］.南京社会科学，2008（9）.

［115］刘晓娜.股权分置改革对我国股票市场风险的影响研究［D］.广州：暨南大学，2008.

［116］井百祥，孙伶俐.股权分置改革下 QFII 对我国证券市场风险影响的实证分析［J］.广西财经学院学报，2006（10）.

［117］刘明，王仁曾.股权分置改革中上证指数的波动：基于 ARCH 类模型的比较分析［J］.统计与信息论坛，2006（11）.

［118］熊元俊.股市泡沫之争折射估值之惑［N］.深圳特区报，2007-02-08（B08）.

［119］2005 中国股市十大新闻［J］.招商周刊，2006（3）：37.

［120］张波.2005 年中国股市值得记住的六个新词汇［J］.新疆金融.2006（02）：55.

［121］谢百三，王黎明.中国股市 2005 年以来新一轮热潮形成的原因、作用和影响［J］.湖北经济学院学报，2007（3）：5-10.

［122］FERNALD J，ROGERS J H. Puzzles in the Chinese stock market［J］. Review of Economics and Statistics，2002，84（3）.

［123］RITTER，JAY AGGARWAL R，LVO WELCH. A review of IPO activity，pricing and allocations［J］. Journal of Finance. 2002（57）：1795-1828.

［124］BARON D P. A model of the demand for investment banking advising and distribution services for new issues［J］. Journal of Finance，1982（37）：955-976.

［125］ROCK K. Why new issues are underpriced［J］. Journal of Financial Economics，1986（15）：187-212.

［126］RITTER J R. The long-run performance of initial public offerings［J］. Journal of Finance，1991，（46）：3-27.

［127］COPELAND L，ZHANG BIQIONG. Volatility and volume in

Chinese stock markets ［J］. Journal of Chinese Economic and Business Studies, 2003, 1 (3).

［128］ XU J. Modeling Shanghai stock market volatility ［J］. Annals of Operations Research, 1999, 87.

［129］ SEDDIGHI H R, NIAN W. The Chinese stock exchange market: operations and efficiency ［J］. Applied Financial Economics, 2004, 14 (11).

［130］ GIRARDIN E, LIU Z. What does history tell us? The roots of China's modern stock market ［M］//Demystifying China's Stock Market. N Y: Palgrave Pivot, 2019.

［131］ BALKE N S, WOHAR M E. Market fundamentals versus rational bubbles in stock prices: a bayesian perspective ［J］. Journal of Applied Econometrics, 2009, 24 (1).

［132］ CHAN R, MCQUEEN G, THORLEY S. Are there rational speculative bubbles in Asian stock markets? ［J］. Pacific-Basin Finance Journal, 1998, 6 (1).

［133］ LUOMA M, MARTIKAINEN T, PERTTUNEN J. A pseudo criterion for security betas in the Finnish stock market ［J］. Applied Economics, 1996, 28 (1).

# 第十章　2010 年至 2021 年我国股市波动的发生机制分析

本章从多角度分析 2010 年至 2021 年中国股市波动的发生机制，以揭示中国股市的发展逻辑，有助于我们更深刻地理解股票市场运行的机理。

第一节　2010—2013 年股市波动发生机制分析

一、2010 年股市波动的发生机制分析

融资融券、区域和产业振兴规划、炒房资金入市利多股市，股指期货、欧债危机、农行上市利空股市，沪深两市分别下跌 14% 和 9%，行情多变分化。①股市行情 2008 年单边下挫，2009 年单边上扬，2010 年呢？大多数机构的预测错得离谱。2010 年中，最低收盘价在 7 月 5 日，上证指数 2 363.95，深证成指 9 171.03，最高点上证指数是 1 月 5 日 3 282.15 点，深证成指是 11 月 8 日的 13 807.30。2010 年上半年，中国经济发展速度世界第一，但 A 股跌幅却全球第三，上证指数下跌 14.31%，收于 2 808.08；深证成指下跌 9.06%，收于 12 458.55。②不同产业涨跌明显不同。如图 10.1 所示，深圳成分股指数波动幅度更大。电子元器件年涨幅 36%，钢铁、地产等权重股跌幅 20%。广发证券年涨幅 500%，创业板、中小板指数等创新高。③2010 年股市总募资金额达到 10 016.32 亿元，超越 2007 年的 7 985.82 亿元。349 家公司 IPO 融资 4 921.31 亿元。增发和配股融资规模均创出历史新高，分别为 3 656.80 亿元和 1 438.22 亿元（朱宝琛，2011）。

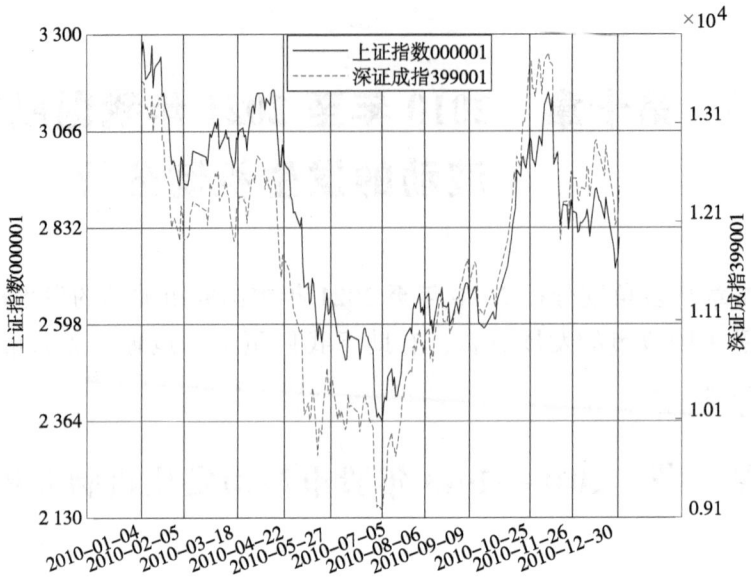

图10.1　2010年上证与深证成指走势图

（一）年初到7月5日，融资融券、区域和产业振兴规划股市利多幅度不大，但股指期货、欧债危机、农行上市等利空压力较大，股市跌幅超30%

1月8日，证监会宣布国务院已原则同意开展证券公司融资融券业务试点和推出股指期货品种，股指高开3%。3月19日，首批六家融资融券试点券商名单公布。2010年3月31日，融资融券试点正式启动。

1月15日，区域振兴规划有望出台，海西、海南、新疆、西藏等板块轮涨。

2010年两会将"调结构，抑产能、扩内需，促消费，保增长"作为2010年的经济工作重点。

2010年4月16日推出股指期货，这意味着做空也能获利。从保证金角度来看，做空期指比做多成本更低；股指期货由于实行"T+0"，灵活方便，快进快出。从投机的角度来看，股指期货也分流了股市资金；从保值的角度看，出于对股价下跌的担忧，机构大举做空股指期货。

4月17日，国务院《关于坚决遏制部分城市房价过快上涨的通知》

要求遏制房价过快上涨,实行更为严格的差别化住房信贷政策。"新国十条"地产调控政策出台直接引发了地产股和银行股大幅杀跌,并一直持续到 7 月 1 日。由于房地产是支柱产业,股市累计跌幅高达 25%(曹中铭,2010)。

5 月初,欧债危机蔓延,希腊、爱尔兰、葡萄牙、西班牙等国均面临财政危机。2010 年 5 月 2 日,中国人民银行宣布上调人民币存款准备金率 0.5 个百分点至 17%,农村信用社、村镇银行暂不上调,这是央行年内第三次宣布上调存款准备金率。5 月 21 日,首个股指期货合约 IF1005 平稳交割。

其他消息,例如,6 月 1 日,创业板指数挂牌;6 月 9 日,融资融券试点扩大范围;7 月 15 日农行要上市的消息也压制股市热情,农行上市是全球历史上最大规模的 IPO。由于人民币连续升值,央行重启汇改,于 6 月 19 日决定进一步推进人民币汇率机制改革,增强币种的汇率弹性。

(二)7 月 6 日,炒房资金入市,股市大幅反弹,10 月下旬因抑制通货膨胀的政策重新下跌

9 月 29 日,新一轮房产调控政策如限购措施等出台,迫使房地产市场资金迅速向股市转移,引发国庆长假后股市上涨。

10 月,沪深两市分别上涨 12.17% 和 16.56%,位居全球股市涨幅之首。国庆节后,有色和煤炭板块引导股市向上。首先,美元贬值推动有色金属、黄金等国际大宗商品价格强势上涨。其次,国内通胀持续升温,市场热点普遍转向以有色为代表的抗通胀板块。再次,宽松的货币政策加上房地产限购,使得巨量资金从楼市转向股市,国内期货市场如籼稻、糖、有色金属等强势涨停,各个品种频创新高。

10 月,CPI 涨幅 4.4%,迫使央行加息。"豆你玩"、"蒜你狠"、"姜你军",棉花、白糖价格频创新高,以及"煤飞色舞"等,都是通货膨胀的局部表现。10 月 20 日,中国人民银行决定上调金融机构人民币存贷款基准利率。这是 2010 年来央行首次加息,新一轮加息周期开始。

11 月 1 日,首批上市的 28 家创业板公司迎来第一波解禁潮,限售股的解禁市值超 300 亿元。2010 年 11 月 1 日实行新的 IPO 询价制度，加大对保荐券商的责任监管，上市公司融资及再融资门槛有所提高。11 月 12 日，市场传言证券交易印花税将于近日甚至就是周末上调或改双边征收，当日上证综指失守 3 000 点心理关口。11 月 12 日，高盛以邮件形式提示境外投资者：近期中国央行连续性的货币政策很可能引发加息预期，建议客户卖出手上获利的全部中国股票。11 月 16 日，市场传言华夏基金总经理范勇宏被双规，当日上证指数暴跌 3.98%。11 月 18 日，国务院表态抑制通货膨胀，股市、期市受挫，市场就此展开大幅调整。

12 月 27 日，央行加息，股市向下突破。

（三）非常时期政府政策的综合效应

1. 利空因素。2010 年内六次上调存款准备金率，大型金融机构存款准备金率已高达 18.5% 的历史高位，并在 12 月 27 日加息。

2. 房市受打压，炒房资金进入股市是下半年股市反弹的基本动力。1 月 10 日、4 月 17 日、9 月 29 日，国家分别出台了"国 11 条""新国 10 条""新国 3 条"，力度空前，房地产股票受到空前打压（李可和高洪艳，2011）。

3. 政府规划不断出台，提振市场信心。①国务院确定节能环保、新一代信息技术、生物、高端装备制造、新能源、新材料和新能源汽车七大战略性新兴产业。②区域振兴规划出台。2010 年 1 月 4 日，海南国际旅游岛建设正式上升为国家战略；5 月 17 日至 5 月 19 日，中央决定"要举全国之力，把新疆这块伟大祖国的宝地建设得更加美好"；6 月 18 日，重庆两江新区挂牌（李可和高洪艳，2011）。

多年的经验表明，流动性充沛始终是 A 股上涨最主要的因素，改革等举措则有利于提高股市上涨的幅度。

二、2011 年股市波动发生机制分析

加息、巨额解禁、国外油价持续上涨、新股定价泡沫化、违法投机事件层出不穷和上市公司主业不振利空股市，汇金入市、现金分红等利

多乏力，2011 年全年股指下跌 20% 左右。行情大致分为两个阶段：一是从年初到 4 月 18 日，大盘达到高点 3 067。二是 4 月 19 日至年底，大盘连续下挫，当年下跌 20% 左右。首先，大规模刺激计划逐步退出，上市公司盈利将下降，刺激计划也会带来不少坏账。其次，大家对通胀等过高估计，过度反应，货币政策过紧。最后，欧债危机影响中国股市，股指雪上加霜。

2011 年最低收盘价在 12 月 27 日，上证指数为 2 166.21，深证成指为 8 711.55。2011 年最高收盘指数，上证指数为在 4 月 18 日，为 3 057.33，深证成指，在 3 月 9 日，为 13 158.22。图 10.2 用相同的比例尺，以便直观地比较波动幅度大小。图 10.2 中，3 255 是 2 100 的 1.55 倍，13 485 是 8 700 的 1.55 倍。2011 年内，上证指数下跌 21.68%；深证成指下跌 20.41%。

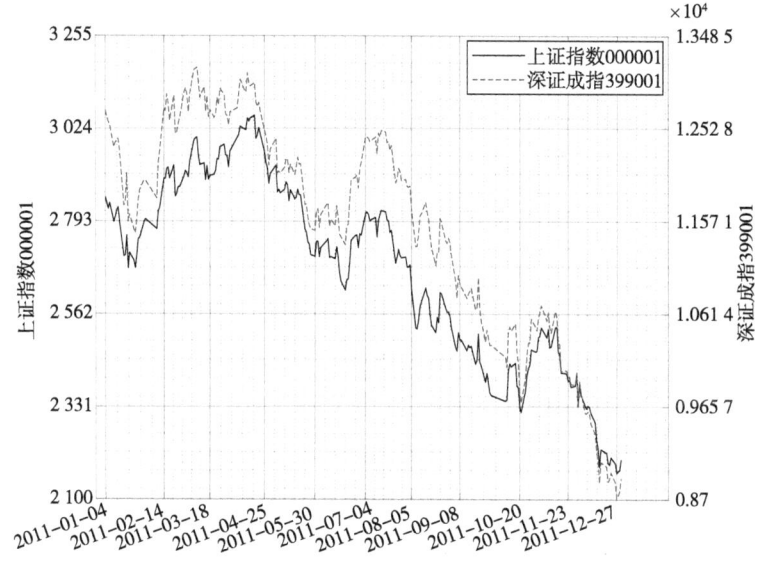

图 10.2　2011 年上证指数与深证成指走势图

（一）抽空资金型利空：加息、巨额解禁

2011 年，央行分别于 2 月 8 日、4 月 5 日、7 月 6 日各加息 0.25 个

百分点。这么高密度的操作，累积效应明显：减少股市资金，增加上市公司财务成本，减少营业收入（孔丽频，2011；霍雨佳，2012）。

9月5日，央行还将保证金存款纳入缴存范围，总额44 415.16亿元，共需缴存9 500亿元左右（霍雨佳，2012），使银行股全部下跌，拖累大盘下跌。

2011年共有773家公司限售股解禁，解禁市值约2.44万亿元。

每次要出国际板的重大利空袭来，股市均下跌。

（二）国外油价持续上涨，多方面利空股市

油价上涨使非系统性风险扩散至整个股市。4月7日，发改委年内二次上调油价汽油，每吨提高500元；8月1日，发改委上调8月航油价格至7 768元/吨，涨至史上最高水平。虽然短期来说油价上调利好板块包括石油、化工、传统能源及新能源行业，但是油价全面上调将直接导致交通、建材、汽车、农业以及机械制造等行业企业的成本大幅上升。而且国内石油价格与国外倒挂将使得中石油、中石化产生亏损，股价必然下跌（霍雨佳，2012）。油价上涨还加剧了成本上升型通货膨胀，无论是增加成本还是可能加息，都利空股市。

（三）股市投资环境不友好：新股定价泡沫化、违法投机事件层出不穷、上市公司主业不振

1. 2011年，IPO融资达2 700亿元，再融资3 500亿元，而且新股市盈率过高。在大环境不好的情况下，新股泡沫的消化必然会牵引股价指数下跌。新股破发甚至可能引起恐慌，使得资金远离市场。

2. 违法犯罪案件层出不穷，动摇投资者信心。中国宝安的石墨、双汇发展的瘦肉精、长江证券的包销、ST大地的欺诈、三一重工的行贿、哈药股份的污染、八菱科技的询价、涪陵榨菜的天价、重庆啤酒的疫苗、紫鑫药业关联交易、中恒集团天价合同蹊跷解约、康芝药业"尼美舒利"事件、绿大地造假上市，等等。

3. 对资产重组大肆炒作，大多属于投机泡沫，迟早要破裂。

4. 放贷、炒股、投资"买矿"等，上市公司陷入了主业不振、副业红火的怪圈。

（四）汇金入市、现金分红等利多乏力

1. 10 月 10 日，中央汇金公司宣布，在二级市场自主购入四大银行股票。政策底明确促使股市反弹，但大小非和机构趁机出逃。最终，股市只能破位下行，继续探市场底。

2. 增加股东回报。11 月 9 日，证保监会有关负责人在解答四大市场热点问题时强调，证保监会将要求所有上市公司完善分红政策及其决策机制。鼓励现金分红能有效提振市场和投资者的信心（胡小强，2012），但也不宜一刀切（张跃文，2012）。

3. 市场新政。11 月 18 日，证保监会有关负责人公开表示，多管齐下逐步改变高市盈率发行股票的局面；完善退市制度，坚决遏制恶炒绩差公司的投机行为；坚定不移地打击内幕交易行为；协调有关方面清理整顿各类交易场所。证监会对内幕交易和证券期货犯罪始终坚持零容忍的态度，发现一起坚决查处一起。深交所在 11 月 28 日推出《关于完善创业板退市制度的方案（征求意见稿）》："直接退市、快速退市和杜绝借壳炒作现象"，不再实行长时间的"退市风险警示"制度。

4. 12 月 5 日，融资融券的标的证券扩容到 285 只，并且首次把中小盘股纳入其中。

总之，2011 年，由于加息、油价上涨、解禁等紧缩性因素，还有股市环境不佳、上市公司违法犯罪层出不穷、上市公司主业不振、新股定价泡沫化，即使有汇金入市等利好也难挽颓势。12 月 13 日，上证指数盘中触到 2 245 点，这个点位正好是 10 年前（即 2001 年）牛市见顶回落的位置。

此外，当时股市还有两个明显的问题：①投资者与流通市值不匹配，"小马拉大车"拉不动；②中国股市需要更多的长期资金，散户的热钱属性必然增加股市的波动性。

三、2012 年股市波动发生机制分析

大环境不利，虽利市改革频频，最后也只能暂停 IPO 救市。2012年，4 万亿大规模刺激计划逐步退出，上市公司主业不振，却金融化明

207

显，备受争议。加上欧债危机、房地产调控等的影响，2012 年大环境和资金层面不乐观，通货膨胀压力加大，虽利市改革频频，最后也只能暂停 IPO 救市。

2012 年最低收盘价是 12 月 3 日，上证指数 1 959.77，深证成指 7 710.88。最高收盘价，上证指数是 3 月 2 日的 2 460.69，深证成指是 5 月 7 日的 10 612.89 点。12 月 31 日，上证指数 2 269.13，深证成指 9116.48，分别比去年同期上涨 3.17% 和 2.22%（见图 10.3）。

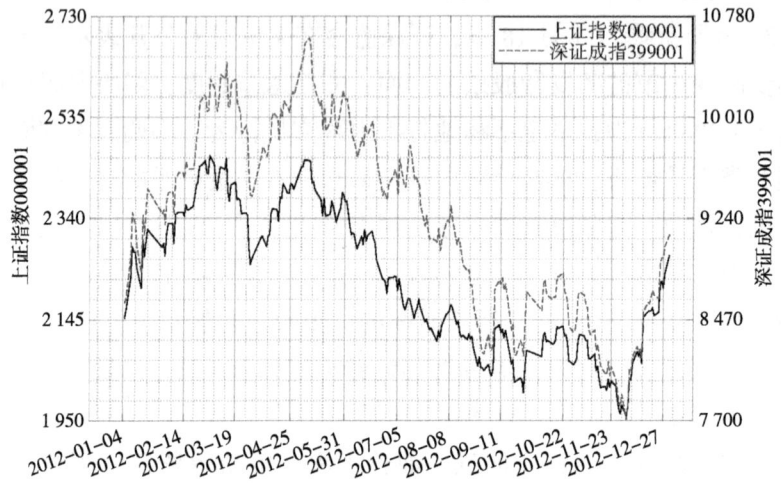

图 10.3　2012 年上证与深证成指走势图

（一）年初到 5 月 7 日，GDP 目标下调，房地产调控不放松，但利市新规频频，市场情绪不悲观，股市有所上涨

1.1 月 4 日至 3 月 13 日是上升阶段。1 月 8 日，IPO 在时隔一年多后正式重启，优先股试点办法出台。1 月 9 日，温家宝总理强调要深化新股发行制度市场化改革，抓紧完善发行、退市和分红制度，加强股市监管，促进一级市场和二级市场协调健康发展，提振股市信心。同时，部分地方筹划养老金入市。这些消息刺激 A 股启动了第一轮上涨行情。2 月 18 日，央行宣布将于 2 月 24 日起，下调存款类金融机构人民币存款准备金率 0.5 个百分点。2 月 15 日和 2 月 22 日，郭树清指出炒"小、新、差"现象，强调蓝筹价值，蓝筹股价格有所上涨。

2.3月13日至3月29日为下跌阶段。3月初召开的全国两会上，2012年GDP预增目标被下调至7.5%，八年来首次低于8%，同时也没有出现推出"4万亿2.0版"的迹象，相反，政府高层传达了房地产调控不松动的信号，股市下跌。3月29日，上证指数局部低点2 252.16点。

3.3月30日至5月7日为追升阶段。3月28日，国务院总理温家宝主持召开国务院常务会议，决定设立温州市金融综合改革试验区。4月4日，中国证监会等相关监管机构决定增加500亿美元的QFII（合格境外机构投资者）和500亿元人民币的RQFII（人民币合格境外机构投资者，又称"小QFII"）额度（合计3 650亿元人民币）。

4月20日，深交所正式发布《深圳证券交易所创业板股票上市规则》，规定包括：被公开谴责三次将终止上市，造假引发两年负净资产直接终止上市，财报违规将快速退市，拟退市公司暂留退市整理板，退市后纳入三板等内容。但是创业板退市的执行力度不够，对投资者没有相应的补偿机制，对企业违规行为的惩罚较轻（瞿笔玄和李华，2013）。

4月23日，国债期货仿真交易开始向全市场推广。

4月27日，证监会降低期货交易手续费，并研究减少股票交易费用；4月28日，证监会正式公布新股发行改革指导意见，取消网下机构3个月的锁定期，并推出5条新规，遏制新股炒作；4月29日，沪深两大交易所发布主板以及中小板退市方案征求意见稿；4月30日，证监会降低A股交易的经手费，按照成交金额的0.087‰双向收取。

（二）5月8日到12月3日，抑制炒新、退市、打击内幕交易、降低期货交易费用和新三板试点等利市改革，汇金公司入市、IPO暂停等股票供求调控，西部企业优先IPO、上市公司丑闻等打击投资者信心，股市下跌

5月30日，证监会表示将在IPO审核中优先审核西部地区企业，均衡安排沪深交易所拟上市企业审核进度。对于优先审核西部地区企业，市场持否定态度。

5月23日，深交所发布完善抑制新股炒作监管的三项措施，促进新股合理定价、正常交易。

6月28日，沪深交易所推出主板、中小板退市制度。

7月，严打内幕交易的证监风暴全面展开。

1~8月，证监会新立案90起，其中内幕交易案件57起，占63%。

8月2日，沪深交易所、中登公司和四大期货交易所宣布，自9月1日起再次大幅度降低A股交易经手费、过户费和期货交易手续费。

8月13日，证监会宣布决定扩大非上市股份公司股份转让（新三板）试点。但是，9月26日下午2点54分，沪指盘中破掉了2 000点，引发了"927行情"的短多逆袭行情。

10月10日，A股IPO暂停，而且中央汇金称准备在二级市场自主购入工、农、中、建行股票，并继续进行相关市场操作。

11月21日，首批18家期货公司资产管理业务资格获监管部门批复，国泰君安期货、广发期货、永安期货等入围。

股市扩容是根本利空，暂停IPO是重大利多。截至2012年12月21日，两市股权融资额达4 184.53亿元，其中IPO公司150家，融资额995.047亿元，占23.78%；增发公司140家，增发融资额3 068.48亿元，增发融资额占73.33%；配股公司7家，配股融资额121.004亿元。10月10日，A股IPO暂停。

众多上市公司丑闻是股市利空，数量上的量变积累发展到质变，容易触发信心危机。重庆啤酒的"乙肝疫苗"研发失败（1月10日）、通化金马的"毒胶囊"（4月20日暴跌）、酒鬼酒"塑化剂"事件（11月19日）、爱尔眼科回扣。11月以来，酿酒、食品板块整体跌幅达到18%，而同期上证综指基本持平。一向抗跌能力极强的贵州茅台下挫19%。

（三）12月4日到12月31日，促进光伏产业发展、*ST恢复上市与禁酒令

12月19日，国务院确定促进光伏产业健康发展的政策措施。12月24日，*ST丹化、*ST方向股票恢复上市申请获通过；*ST炎黄、

＊ST 创智股票恢复上市申请事项未获通过，终止上市。12 月 4 日，中央八项规定出台；年底，中央军委出台"禁酒令"，要求在接待工作中不安排豪华宴请、不喝酒。

（四）加强监管：完善退市制度，明确注册制的要旨，打击大盘操纵行为

1. 完善退市制度，治市以严，股市需要新陈代谢。美国股市每年都会有 500 多家上市公司因为经营不善、巨额亏损、违法违规、股票价格连续一个月低于面值 1 美元、成交量长期低迷等原因而被退市，同时又有 500 多家新股上市。在创业板长达 3 年之久的 IPO 盛宴中，竟然没有企业退市，各种违法、炒小新差、炒重组、炒概念，使得资金配置低效，削弱了长期经济增长潜力。完善退市制度是注册制成功施行的前提。

2. 注册制的要旨——"宽进严出"。注册制属于"宽进严出"模式，核准制则是"严进宽出"模式。中国的公司上市政策不仅要求公司要有一定规模，还要求近三年不得亏损。这种要求不太符合高科技企业的现实。一方面，企业为了上市做假，行贿，尽管上市后公司业绩变脸，创业者却可以圈钱身退。另一方面，即使经过挑选的"优质"企业，上市后也难保不"变质"，而被拒之门外的往往是有潜力的优质企业。

3. 操纵超大盘，通过期指获利的新模式。该模式将在 2013 年"光大乌龙指"中得到证明。资本要赚快钱，谋求暴利，不断变换操作模式，无论是机构还是散户。在股指期货推出之前是坐庄，之后通过操纵超大盘来取得期指利润，这已经是诸多热线的核心操作模式了。

四、2013 年股市波动发生机制分析

流动性紧张，虽改革政策发力，也难改股市颓势。最大收盘价大约是 2 月 8 日，上证指数为 2 432.40 点（2 月 6 日为 2 434.48 点），深证成指是 9 989.09 点。最低价，上证指数是 6 月 27 日的 1 950.01 点，深证成指是 6 月 25 日的 7 495.10 点。2013 年的最高点小于 2012 年，最低点高于 2012 年，波动范围变小。2013 年的走势与 2012 年基本相同，都是先扬

后抑。

（一）1月4日至2月8日，顺着2012年末强势反弹，春节前上涨

2013年春节前，航天航空军工概念、北斗导航概念、3D打印概念等飙涨，中航重机月涨幅达118%（见图10.4）。

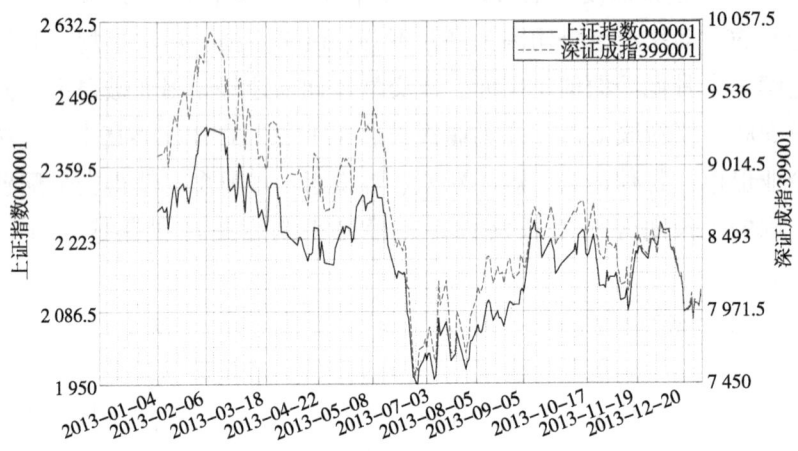

图10.4　2013年上证指数与深证成指走势图

（二）破位下跌：2月18日至6月27日，白酒利空、上市公司盈利惨淡、流动性紧张，上证指数和深证成指分别跌20%、25%

3月2日至3月17日，全国两会召开。3月5日，"三公经费"只减不增，对白酒形成利空，贵州茅台、五粮液、泸州老窖等龙头股受到重挫。新的领导班子上任，股市孕育着新的希望。由于2008—2012年股市难有起色，投资者普遍亏损，市场对股市既不满，又对股市改革充满期望。

3月，A股2 469家上市公司2012年净利润总额同比出现零增长。其中，大型央企亏损严重，如中国远洋亏损95亿，中国铝业亏损82亿，导致大盘下挫，3月28日，沪指更是创下单日2.82%的跌幅。

5月，创业板、中小板表现强劲。

6 月中下旬，银行间资金市场短期资金利率一路飙升。6 月 20 日，上海银行间同业拆放利率（SHIBOR）的隔夜利率曾一度在盘中升至 30%。6 月 24 日，中国"黑色星期一"出现，流动性短缺的金融机构纷纷抛售资产，沪指跌幅超过 5%。6 月 25 日，两市继续惯性下挫，沪指一度跌至 1 845 点（这是市场大底）；25 日午后，央行向符合宏观审慎要求的金融机构提供了流动性支持，沪指报收红色"探底神针"。6 月份断崖式下跌，上证指数从 5 月 27 日的 2 293 点跌到 6 月 27 日的 1 950 点，跌幅 15%；深证成指从 5 月 28 日 9 441 点跌到 6 月 25 日的 7 495，跌幅为 21%。

（三）6 月 28 日至 12 月 31 日，光大乌龙指、上海自贸区、压缩钢铁产能、新股发行体制改革、新三板扩容，指数超跌反弹

7 月，军工、自贸区、国债期货、手游等题材不断涌现，股市回暖。

8 月 16 日，A 股工商银行、中国石油、中国石化等蓝筹股瞬间涨停，使大盘直接飙涨百点以上，因为光大证券利用内幕消息套利，史称"光大乌龙指"。

8 月 22 日，上海自贸区正式获批，外高桥实现连续 12 个涨停板，上海物贸涨了两倍有余，其余城市纷纷提出自贸区申请。

10 月 15 日，国务院出台了《关于化解产能严重过剩矛盾的指导意见》，计划在未来五年压缩 8 000 万吨的钢铁总产能，环保题材受到关注。

11 月，《中共中央关于全面深化改革若干重大问题的决定》全文公布，明晰了全面深化改革的总目标、总方向、时间表等，内容远超市场预期，上证综指两天大涨 4.6%。

11 月 30 日，证监会发布了《关于进一步推进新股发行体制改革的意见》，重启 IPO，下一交易日创业板跳空下跌 8.26%。由于对 IPO 的担忧和年末钱荒，股市 12 月 1 日后开始下跌（见图 10.4）。

12 月 14 日，国务院发布《关于全国中小企业股份转让系统有关问题的决定》，对新三板全国扩容做出部署，为更多中小企业提供上市机会。

（四）2013 年结构性行情炒作特征

1. 涨幅最大的行业是信息服务业，累计上涨 51.66%，全年跌幅最大的行业是采掘业，累计下跌 31.18%，行业表现分化明显。

2. 网络股崛起，"手游"如中青宝和掌趣科技，"影视"如光线传媒等。

3. 马云参股的华谊兄弟涨 345%、浙报传媒涨 134%，马云参股菜鸟物流（5 月 28 日）和高德地图（5 月），沪深同行业公司即暴涨。

2013 年 11 月 12 日十八届三中全会后，中国深化体制改革全面启动，涉及的财政、金融产权结构和治理结构改革在提升市场系统性估值方面发挥了极大动力，一系列政策举措在刺激股市上行方面发挥了重大作用。经济结构调整、国企改革、金融改革等政策层面利好在 2014 年终于得以释放。

第二节　2014—2017 年股市波动的发生机制分析

一、2014 年股市波动发生机制分析

技术牛、改革牛，新一届领导班子上任，股市涨幅约 70%。2014 年 12 月 31 日的收盘价即为当年最高收盘价，上证指数收盘 3 234.67 点，深证成指为 11 014.62 点；最低收盘价上证指数为 1 月 20 日的 1991.25 点，3 月 20 日深证成指为 6 998.20 点。

（一）背景：国际经济增速渐稳、国内经济下行压力大

2014 年，美联储正式退出量化宽松；欧洲央行存款降低，欧元疲软；日本强化刺激经济政策，日元持续贬值；俄罗斯卢布贬值危机。联合国《世界经济黄皮书》显示，2014 年，世界经济总体上延续了上一年的缓慢复苏态势，经济增速低于预期且分化加剧。国际货币基金组织预测数据显示，2014 年世界经济增速为 3.3%，与 2013 年持平。发达经济体经济增速为 1.8%。其中，美国经济复苏巩固，增长 2.2%；欧元区经济扭转了上年度的

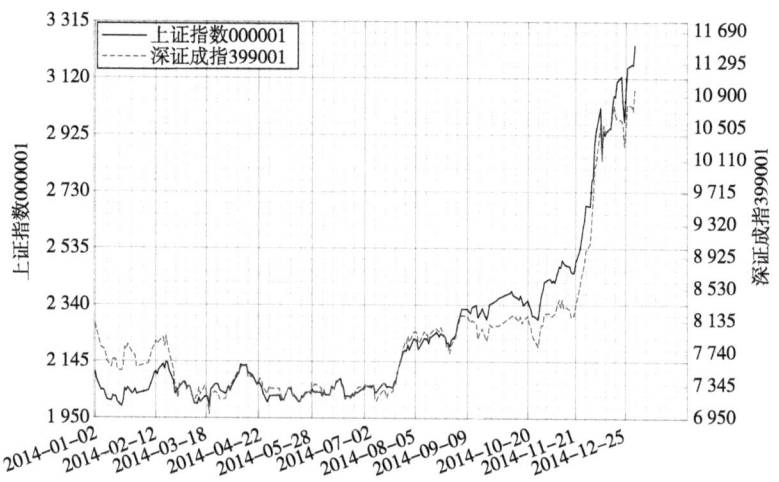

图 10.5　2014 年上证指数与深证成指数走势图

负增长，增长 0.8%；日本经济出现下滑，增长 0.9%。新兴市场与发展中经济体经济增速为 4.4%，自 2010 年以来持续下滑，其中巴西、俄罗斯、印度和中国经济增长率预计分别为 0.3%、0.2%、5.6% 和 7.4%。

根据每年国家统计局发布的《国民经济和社会发展统计公报》的统计数据，2014 年以来，经济增速进一步下滑，第二季度 GDP 增速跌至 7.4%，跌破国家调控给出的 7.5% 的下限，第三季度继续下滑至 7.3%，基本打破了近年来经济运行的区间。2014 年 12 月召开的中央经济工作会议在谈及当时经济运行时指出："我国经济运行仍面临不少困难和挑战，经济下行压力较大，结构调整阵痛显现，企业生产经营困难增多，部分经济风险显现。"

（二）行情持续窄幅筑底，直到 7 月 20 日后技术性开始起飞

股市牛市行情比较健康的是宽幅震荡上行，有资金面、政策面、经济投资环境、上市公司盈利等支撑。下半年股市涨速很快，基本上是单边行情，即使回调，幅度也没有超过 10%。这种情况下的风险是大量散户的筹码抗风险意识和能力并不强，没有被宽幅震荡所影响，都想长期持有赚取最大收益，最后都会集中在泡沫的顶端释放，必然会出现大的调整。2014 年初至 7 月上旬，股价一直平稳，2014 年 1 月 1 日至 7 月

21 日，上证综指由 2 109.39 点震荡到 2 054.48 点，期间最高 2 142.55 点 (2.19)，最低 1 991.25 点 (1.20)，无明显波动。

(三) 各项改革措施助力资本市场

1. 上半年各项改革为牛市蓄力。

2014 年上半年主要经济政策及发布时点如表 10.1 和图 10.6 所示。

表 10.1 2014 年上半年主要经济政策及发布时点

时间	主要政策内容
2014 年 1 月 1 日起	企业年金和职业年金中个人税实行递延缴纳的税收优惠
2014.1.8	IPO 正式重启
2014.3.21	优先股试点管理办法
2014.3.25	国务院常务会议，"国六条"
2014.4.10	中国证监会联合香港证监会就开展沪港通试点发布公告
2014.4.18 及 4.21	证监会分别发布 28 家和 18 家排队上市的企业预披露名单
2014.5.1	险资入市
2014.5.9	新国九条

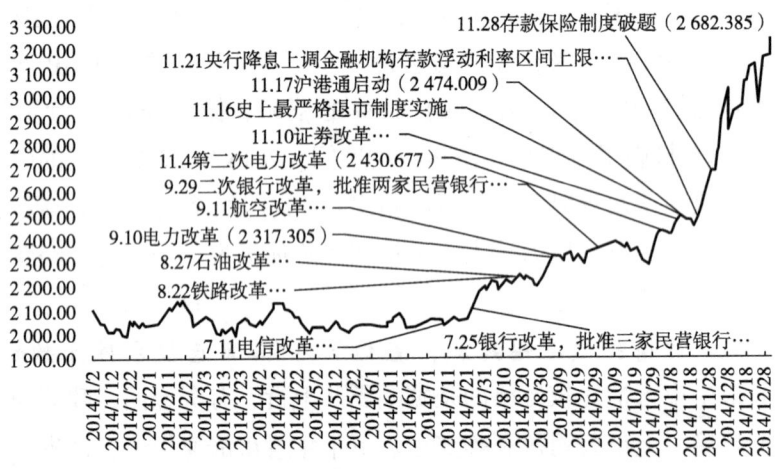

图 10.6 改革举措与股市走势结构 (2014.1–2014.12)

2. 下半年一系列结构调整和民营化改革措施出台，股价开始飞涨。

全面高强度的经济改革点燃了资本做多的热情。根据股市经验

"横有多长，竖有多高"，牛市是市场强烈的期待，当市场底、政策底、技术底同时出现的时候，经过反复确认，大资本发动了行情。

3. 下半年多种做多信息共振，行情技术性起飞。

技术层面做多信息共振，强烈支持股市做多判断：①均线的黏合，多条均线黏在一起。②成交量长期萎缩。③日线、周线、月线等技术指标均转向做多。

政策面做多信息明确：①中央期待通过牛市的财富效应促进消费。②积累的市场化改革给了经济发展以信心和方向。③股市的政治周期效应，新一届领导集体必然会推动股市发展。

二、2015 年股市波动发生机制分析

上市公司盈利乏力，改革牛、杠杆牛、舆论牛，年末股指回到年初，"牛市"失败。2015 年 1 月 5 日，上证指数收盘 3 350.52 点，深证成指收盘 11 520.59 点。12 月 31 日，上证指数 3 539.18 点，深证成指 12 664.89 点。全年最高收盘价在 6 月 12 日，上证指数 5 166.35 点，深证成指 18 098.27 点，最低收盘价上证指数是 8 月 26 日的 2 927.29 点，深证成指是 9 月 15 日的 9 290.81 点（见图 10.7）。

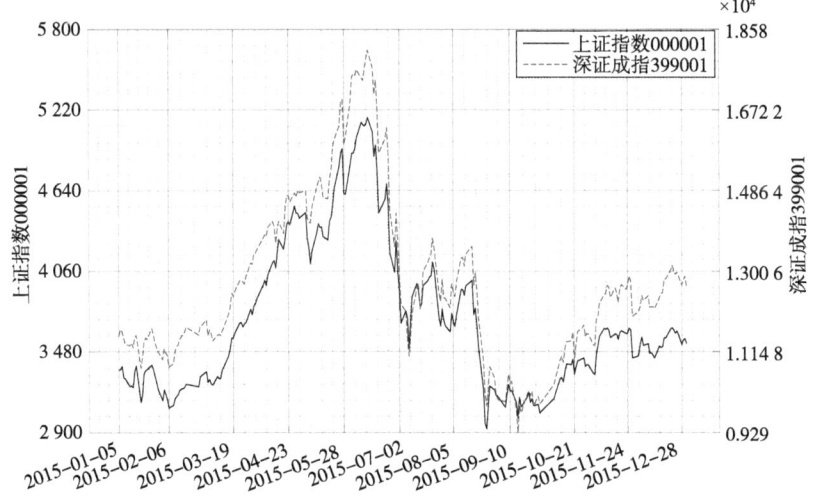

图 10.7　2015 年上证指数与深证成指数走势图

（一）2015 年上半年股市虚弱的经济背景

2015 年全球经济复苏疲软，不同国家和地区分化较为明显：美国经济持续复苏，开始引导加息；欧洲经济筑底改善，继续实施量化宽松货币政策；日本和新兴经济体的增长面临较大挑战。受美元升值和全球需求趋弱等因素影响，国际大宗商品价格持续下滑，低位运行。国际货币基金组织在 2015 年 10 月发布的《世界经济展望》中，预计全球经济 2015 年将增长 3.1%，比 2014 年低 0.3 个百分点。

（二）至 6 月 12 日，资金牛、杠杆牛、舆论牛，此时推出上证 50 和中证 500 股指期货，为股灾埋下隐患

1. 1 月 5 日至 3 月 5 日，横盘窄幅震荡，技术整理。

在经历 2004 年下半年 70% 的涨幅后，大盘需要技术上的整理。1 月、2 月横盘震荡整理后，市场再决定下一步的走向。如图 10.8 所示，由于做多情绪较浓，大盘震荡幅度小于 10%。这又强化了市场看涨预期，同时也为后期股市调整埋下了隐患。2 月，中国政府进行了两次降准，股市进一步积累上涨动能。

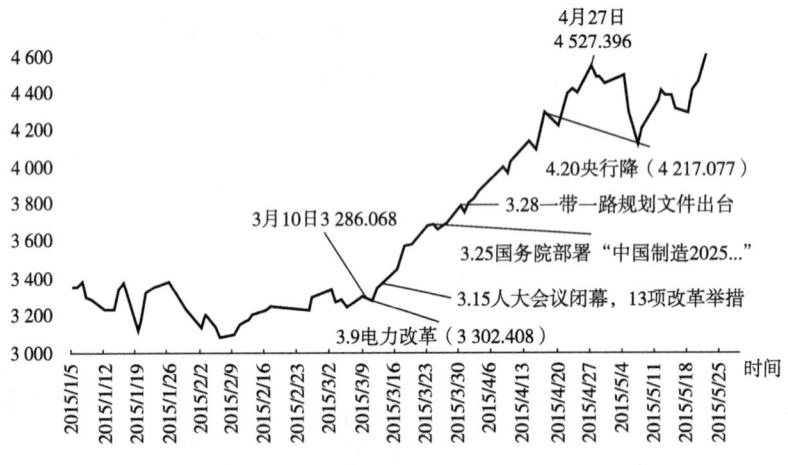

图 10.8　2015 年上半年市场改革举措与上证 000001 走势

2. 3 月 6 日至 6 月 12 日，两次降准，资金牛、舆论牛、杠杆牛，股指三个月涨幅约 50%。

2015 年 3 月 5 日两会召开之后，伴随着两会政策利好，股指屡创

新高。在"改革牛"和"资金牛"的两重刺激下，A股大盘在3月穿破2009年牛市顶部3 478点。4月10日，沪指站上4 000点时，主流媒体欢呼："4 000点是新的历史起点"。4月16日，上证50、中证500股指期货正式面市。其中，中证500的标的是中小盘股，是极佳的套利或投机工具，因为中小盘股的泡沫难以持续。央行在4月和5月分别进行了一次降准，6月和8月分别进行了一次降准降息。不断持续的降准降息增加了资金供给量，很多资金"脱实就虚"，在股市不断上涨的刺激下涌入股票市场。

5月28日，因严查两融、约谈基金公司等传言，上证指数从5月27日的4 941.72点暴跌到28日的4 620.26点，大跌6.5%，深证成指从4月27日收盘的16 963.52点暴跌到28日收盘价的15 912.95点，大跌6.2%。5月29日和31日，央行和新华社分别发文力挺股市，稳住了市场。但是，5月份大股东减持套现1 489.26亿元（刘勇，2016），牛市难以持续。

6月5日，沪指重新站上5 000点，证监会要求券商自查A股场外配资，恒生HOMS系统被禁配资端口接入。6月12日，证监会发布《关于加强证券公司信息系统外部接入管理的通知》，沪深股市总市值报71.25万亿元。在场外资金已经高杠杆入场后，查场外资金无疑是雪上加霜，最终成为崩盘的导火索。6月12日，上证指数和深证成指达到全年最高点。

（三）6月15日至9月15日的恐慌崩盘阶段，导火索：泡沫顶部清查配资，撤掉了杠杆

6月12日，证监会开始清查场外配资，多重利空消息使得市场连续跌破30日和60日均线，直接进入熊市。整个创业板指数从2015年1月的1 429点到2015年6月到达最高点4 037点，短短5个月上涨约182%。创业板指数从6月份最高的4 037点跌到9月份最低的1 779点。

应对股市异常波动，国务院迅速连同证监会、中国人民银行、上海证券交易所和深圳证券交易所、银保监会、外汇管理局、公安部、中国金融期货交易所等各监管机构启动行政、法律和市场手段，维护市场稳定。同时，中央汇金投资有限责任公司、中国证券金融股份有限公司等"国家队"直接注资增持 A 股、申购公募基金，为基金市场提供流动性，主要救市举措如表 10.2 所示：①降准降息；②证金公司、汇金公司直接购买股票或基金；③打击恶意做空。

表 10.2　2015 年政府救市举措统计表

时间	公告
2015.6.28	中国人民银行对金融机构实施定向降准，同时下调金融机构人民币贷款和存款基准利率
2015.7.4	中央汇金在二级市场增加申购蓝筹 ETF
	中国证监会公告决定暂停 IPO 的发行
2015.7.8	中国人民银行宣布协助证金公司通过拆借、发行金融债券、抵押融资、借用再贷款等方式获得充足的流动性，以确保不会发生系统性金融风险
	中国银监会向银行业金融机构提出四项要求，公安部介入调查恶意做空
2015.7.13	证金公司出资，与两家基金公司联合发起两只救市基金：华夏新经济混合型发起式证券投资基金、嘉实新机遇混合型发起式证券投资基金
2015.7.31	证金公司继续出资发起三只救市基金：南方消费活力混合型发起式证券投资基金、招商丰庆混合型发起式证券投资基金、易方达瑞惠混合型发起式证券投资基金
2015.8.14	证金公司通过协议转让给汇金公司部分股票
	证监会公告指出今后若干年，证金公司不会退出市场，但一般不入市操作，当市场剧烈异常波动、可能引发系统性风险时，仍将继续以多种形式发挥维稳作用
2015.8.25	中国人民银行再次下调存贷款基准利率并降低存款准备金率
2015.9.1	21 家证券公司再次出资投资于证金公司的投资专户
2015.10.23	中国人民银行于救市期内第三次下调存贷款基准利率并降低存款准备金率
2015.12.20	汇金公司将从证金公司受让的部分上市公司股票转让于 2015 年 11 月成立的全资子公司——汇金资管

（四）杠杆牛、政策牛，股指期货做空机制、不讲道德的资本与胆大包天的玩家

1. 2015 年的牛市因杠杆而起，熊市也是因为去杠杆引发。在无风

险套利的幻想下，杠杆率越来越高，投资者收益也越来越高，股市的赚钱效应不断被加强。一旦股市开始下跌，高杠杆资金的投资风险全部暴露出来，被强制平仓，损失全部本金。然而，整个市场是越跌越卖，越卖越跌，恶性循环，成了财富绞杀机器。

2. 股指期货做空机制存在隐患：已经掀起了单边政策性牛市，却又要培育期货做空机制屠牛。"光大乌龙指事件"已经曝光了操纵现货市场从股指获利的可行性。A股反弹无忧，也是从严格限制股指期货做空开始的。美国2008年股灾的时候，最后也不得不限制裸卖空。

3. 股市泡沫背景下不讲道德的资本与胆大包天的玩家。其一，上市公司及大股东拼命圈钱。牛市启动时，有些上市公司一边通过披露虚假信息、讲"故事"和高送转等手段抬高股价，一边大规模减持本公司股票，更有甚者不惜违规高比例减持。其二，部分证券公司违规参与场外配资、IPO项目造假，在国家队救灾时带头做空。其三，对于散户投资者而言，发现股票的价值几乎不太可能，媒体又起到了一定的误导作用（崔鹏，易宪容，2016）。其四，监管机构中存在腐败与政治攀附。2015年11月13日，姚刚被带走调查。2007年1月至4月，被告人姚刚利用担任证监会主席助理兼发行监管部主任的职务便利，利用公司重组上市的内幕信息非法获利共计人民币210万余元。

（五）政府救市效果，9月16日至年底，上证综指重回3 500点左右

Wind资讯统计显示，截至2015年9月30日，通过查阅上市公司公布的前十大股东名单，共计1 365家上市公司前十大股东名单中出现了中国证金公司和中央汇金公司。国家队救市总计耗费12 300亿元，买入股票数量占A股的49%，分别涵盖沪深主板、中小板和创业板股票。

中国股市具有政策效应，任何与政策相关的事件都必然会对股票市场产生重大影响，政府在危机中出手救市，一定程度上可以有效改变投资者的预期（曾欣，2003；史代敏，2002）。政府买入式干预能起到平抑股指下跌的作用，但效果十分有限（贺立龙，2017）。短期来看，国家队救市对股票市场的短期影响效果比较显著，有效抑制了股市危机的进一步恶化和扩散，一定程度上减少了市场风险；但长期来看，国家队救市对股票市场的影响将随着时间的推移而逐渐减弱（徐天伦，2017）。在股市危机爆发期间，国家队买入式救市的主要目的是降低个股风险，提高个股流动性，稳定市场。国家队买入式救市确实有效降低了个股总风险和系统性风险，但是并没有显著提高个股的流动性（蒋星星，2018）。

三、2016 年股市波动发生机制分析

开年四次熔断，新证监会主席加强监管，改善投资环境，白酒黄金翻番、宝能并购万科、债转股、国企混改等结构性行情推高指数，年底特朗普当选美国总统拉低行情，2016 年全年沪深两市分别下跌约 5% 和 12%。1 月 4 日，上证收盘指数为 3 296.26 点，深证成指指数为 11 626.04 点。12 月 30 日，上证指数为 3 103.64 点，较 1 月 4 日跌 5%，深证成指 10 177.14 点，较 1 月 4 日收盘价跌 12.5%。最高收盘价 1 月 6 日，上证指数是 3 361.84 点，深证成指是 11 724.88 点，最低收盘价 1 月 28 日，上证指数是 2 655.66 点，深证成指 9 082.59 点。

如图 10.9 所示，1 月 4 日至 28 日，A 股暴跌，上证跌 22%，深证成指下跌近 30%。

（一）背景介绍

国际背景对中国经济不利。①预测全球经济增速 2.2%，创 2009 年以来的新低。②特朗普爆冷当选美国第 45 任总统，全球金融市场遭受黑天鹅冲击。③美联储 4 次加息，美元指数冲破 103 大关，创下 14 年新高。④印度废钞令触发现金危机，卢比一度跌到历史新低。⑤欧洲银行业危机，欧洲银行股价大幅下降。⑥英国脱欧公投，英镑兑美元的汇率急跌至 30 年来的最低点，英国股指大跌逾 8%，全球股市强烈震荡。

2016 年全年实际 GDP 增速略低于 2015 年，维持在 6.8% 左右。中国经济实行较为积极的财政政策和货币政策，保持货币信贷规模和基础设施投资的适度快速增长，以应对严重经济下行压力。

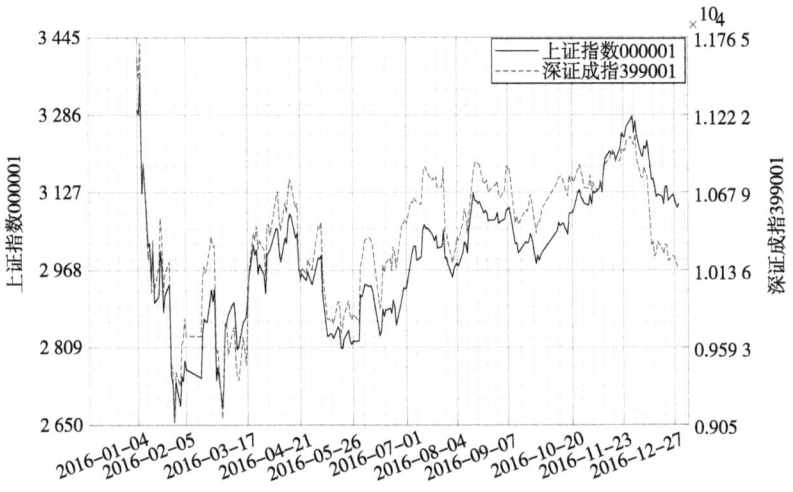

图 10.9　2016 年上证与深证成指走势图

注：纵坐标轴范围 30%，即 3 445/2 650＝1.30

2016 年，广义货币供应量余额较 2015 年末增长 11.3%，狭义货币供应量增长 21.4%，充分展示了为了刺激投资和消费，实现经济复苏，国家在货币政策方面所做出的努力。

（二）1 月 4 日至 1 月 28 日，A 股 4 次熔断，年内最低价确立

回顾 2016 年 A 股市场，开市第一天，由于熔断新政实施，A 股开市两天，市场发生了四次熔断，其中两次触发 5% 熔断阈值，两次触发 7% 熔断阈值，导致两次交易提前休市，第一次是 1 月 4 日全天仅交易了 140 分钟，第二次是 1 月 7 日全天仅交易了 15 分钟。1 月 8 日，暂停实施指数熔断。因为"磁吸效应"起到了助跌的副作用。两次熔断的打击使原本虚弱的股市再受重创，从 3500 点一直跌到 1 月底，创下了 2638.30 点的 2016 年低点。

2016 年的 1 月，管理层重启新股市值配售，取消申购预先缴款，新股发行不再冻结打新资金。这种改革补偿了股灾中持股受到损失的投资者，包括救市资金。据调查，补偿效果可观，不少人因购买新股而挽回了损失。

（三）1 月 29 日至年底，强监管、白酒黄金翻番、宝能并购万科、债转股、国企混改、特朗普当选美国总统，股市反弹，震荡上行

2 月，管理层提出了"三个监管"，即"依法监管、从严监管、全面监管"的监管理念。3 月初，管理层释放出注册制暂缓的明确信号。因为在正式实施股票发行注册制之前，必须先建立严格的事中事后监管与处罚制度、投资者集体诉讼制度、上市公司退市制度等，以保障注册制的正常运行。证监会提出工作重点是：打击壳炒作，并购重组趋严（22 家被否）；加强市场参与者监管（内幕交易、操纵市场、信披违规、传播虚假信息、短线交易）；IPO 欺诈发行等违规专项执法；严格执行强制退市制度；加大新股发行力度；退市是治理中国股市的要害；等等。

5 月，黄金股和白酒类股票价格翻番，带动指数从 2700 点一路涨到接近 3100 点。龙头股山东黄金涨幅高达 3 倍，贵州茅台创下了历史新高。

6 月，A 股再次冲关 MSCI，但 6 月 15 日，A 股第三次被拒 MSCI 门外。6 月 24 日，英国公投结果支持脱欧。这个黑天鹅事件令全球市场强烈震荡，英镑一度暴跌 11%，创 31 年以来的新低。

7 月，前海人寿（宝能系）要求罢免万科现有管理层，引起实业界震动，门外"野蛮人"的讨论在实业界兴起。万科作为全球最大的专业住宅开发商，其实际拥有者包括大股东宝能系、华润、恒大、安邦、万科管理层等机构组织。证监会斥责宝能系险资是"害人精"。保监会暂停前海人寿万能险业务，指出保险业助推中国制造，要做善意的财务投资者，不做敌意的收购控制者。

10 月 10 日，国务院发布《关于市场化银行债权转股权的指导意见》，通过市场化债转股方式降低企业杠杆率。10 月，中国第一个特大型钢企宝钢集团正式宣布吸收合并武钢集团。中国宝武钢铁集团于 12 月在上海正式挂牌揭幕。

联通集团是首批国企混改试点单位，10 月 11 日放量涨停，12 月 1 日时隔 2 个月后再次巨量涨停，收于 7.33 元，累计涨幅高达 70%。

10月8日至11月17日，安邦成功举牌中国建筑，购入5%的股份，涨幅达77%。

11月9日，特朗普当选美国总统。这个黑天鹅事件令当天美国股指一度触发熔断。12月5日，深港通开通。12月，十年期国开债跌停！离岸美元兑换人民币冲击7.00，引起市场不小的骚动和恐慌。12月15日美联储加息，预计2017年加息三次。

截至2016年12月30日收盘，上证指数累计下跌435.54点，累计跌幅为－12.31%，深证成指累计下跌2 487.75点，累计跌幅为－19.64%。中国股市整体延续了2015年大幅震荡过后的颓势，尚未走出熊市的余波。

四、2017年股市波动发生机制分析

股市乱象丛生，证监会完善市场监管，尤其是强化执法，中美贸易摩擦抑制股市，股市结构化行情，上证50涨25%，沪深两市指数分别上涨约7%和8%。2017年是平平常常的一年，政府也没有多少利多支撑股市。国际上，中国A股被纳入MSCI新兴市场指数和MSCI ACWI全球指数，利好股市；美国开启贸易摩擦，股市被抑制。由于强化执法，割散户韭菜的行为减少，"炒短、小、差"的风格有所收敛，低估值、高分红、业绩稳健的蓝筹股股价不断上扬。但是，80%的中小盘股票连续下跌，也让散户怨言不断。

2017年1月3日，上证指数收盘3 135.93点，深证成指收盘10 262.85点。12月29日，上证指数为3 307.17点，涨5.5%，深证成指为1 040.45点，上涨10.1%。最高收盘价是11月13日，上证指数3 447.84点，深证成指11 695.00点，最低收盘价上证是5月10日，3 052.79点，深证成指是1月16日，9 712.80点（见图10.10）。

2017年沪指上涨6.56%，深成指上涨8.48%，创业板指下跌10.67%，沪深300指数全年上涨21.4%，上涨50指数全年上涨25.0%。总体而言，除了创业板指数之外，其他主要指数全年悉数上涨。与前两年的大起大落相比，2017年的指数震荡更加平稳，全年呈小幅波动缓慢上升

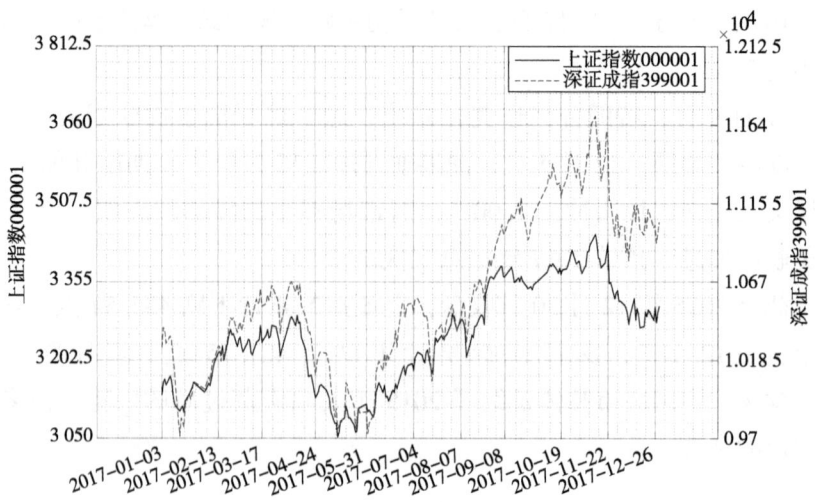

图 10.10　2017 年上证与深证成指走势图

注：纵坐标范围 25%，即 3 812.5/3 050 = 1.25

的主格局，主要指数的振幅均不大。

（一）1 月 3 日至 5 月 31 日，赵薇案件、上市公司融资监管、市场操纵案、减持新规，股市震荡前行

赵薇以 6 000 万元资金撬动 30.6 亿元的上市公司资产，试图以杠杆收购控制万家文化，此案受到证监会处分。

2 月 17 日，证监会发布了《发行监管问答——关于引导规范上市公司融资行为的监管要求》，在定价机制、时间期限、规模限制方面限制了肆意圈钱，支持有利于公司发展的合理再融资。

3 月，中国证监会对鲜言等人操纵市场案采取"没一罚五"的顶格处罚，罚没金额合计 34.7 亿元。这是证监会有史以来最高金额的单笔处罚决定。此案的震慑作用有利于规范股市投资行为，打击市场价格操纵行为，维护中小投资者利益。

美国从 2017 年 4 月起发起 232 条款国家安全调查，对华发起两起贸易保障措施，并针对中国知识产权和技术转让等措施发起"301"条款调查，最终正式拒绝承认中国的市场经济地位，将中国列为一个潜在的竞争者。

5 月 27 日，证监会发布了《上市公司股东、董监高减持股份的若干规定》，从股东身份、股票来源、减持通道等角度全面升级了监管措施。这些做法吸取了之前股市大幅波动的深刻教训，有利于股市的长远发展。

（二）6 月 1 日至 11 月 22 日，A 股纳入明晟，行政处罚空前，上证指数和深证成指涨幅约 13% 和 20%

1. 6 月 21 日，全球领先指数供应商明晟（MSCI）宣布，决定 2018 年 6 月将中国 A 股纳入 MSCI 新兴市场指数和 MSCI ACWI 全球指数。这一消息利多股市。

2. 9 月 30 日正式公布第十七届发审委委员名单，总计 63 人。由于从本次发审委开始，不再有创业板和主板发审委之分，市场将这届发审委称为首届"大发审委"。第十七届发审委由 42 名专职委员和 21 名兼职委员共 63 名委员组成。有 33 位委员来自证监系统，包括证监会机关、会管单位、证监局和交易所，且均为专职委员；有 6 位来自国家部委；24 位来自此前的公示名单，包括高校、证券公司、会计师事务所等的市场专业人员。新一届发审委已经在 10 月 17 日开始发审工作。11 月 20 日，证监会举行第十七届发行审核委员会就职仪式，成立发行与并购重组审核监察委员会，对发审委委员实行终身追责制。这对股市长期利好。

3. 11 月初，证监会已通报 130 多宗行政处罚案件，对各类违法主体及当事人罚没金额超 90 亿元，显示了证监会空前的监管力度。这对股市短期偏空，长期利好。

4. 11 月 16 日，茅台创下 700 元一股的新高，茅台市值 9 000 亿元，市场开始有争议。

（三）11 月 23 日至 12 月 29 日，指数年末回调大约 5% 和 8%

11 月 30 日，乐视网站估值低至 3.92 元，投资者对创业板高估值、讲故事、外延式并购粉饰业绩的质疑不断。12 月初，不分红的上市公司（"铁公鸡"）再次被中国证监会点名。优化产能的供给侧改革已经初见成效，上市公司效益好转。

（四）"炒短、小、差"的风格有所收敛，低估值、高分红、业绩稳健的蓝筹股股价不断上扬

1. 行业分化明显。2017 年全年，以食品、饮料和家用电器为代表的消费板块表现最为突出，涨幅 40%以上；银行、电子、钢铁、非银和有色等行业表现也不错；纺织服装、传媒、综合和计算机等全年排名最末。

2. 2017 年市场强烈倾向于绩优、大盘蓝筹股。自 2015 年股市大幅震荡以后，市场逐渐抛弃题材股和亏损股。2016 年以来，新开户投资者数量维持低位，散户投资者持仓占比下降，海外机构投资者入市节奏加快，境内机构投资者影响力提高，A 股正逐渐向发达国家股市的机构化趋势演变。

3. 结构化行情。家电、白酒、中药、汽车等低估值、高分红、业绩稳健的蓝筹股进入连续上涨的通道。2017 年，格力电器上涨 91.72%，福耀玻璃上涨 58.62%，美的集团上涨 106.71%，五粮液上涨 138.54%，贵州茅台上涨 107.47%，中国神华上涨 64.93%，伊利股份上涨 94.75%。

4. 占股票总数 20%的大盘蓝筹股连续上涨，其他 80%的中小市值的股票连续下跌。有人称之为市场成熟的表现，也有批评者认为损害了中小投资者利益。新股发行制度和退市制度的逐渐完善，以及定增和重组规则的变化，导致小盘亏损股逆袭概率下降。

5. 438 家新股 IPO 的数量依然创了近十年来的最高纪录。全年 IPO 融资 2 301.09 亿元。

第三节　2018—2021 年股市波动的发生机制分析

一、中美贸易摩擦时间轴、动因及其对股市的影响

表 10.3 是中美贸易摩擦重要事件时间轴，美国每次升级贸易摩擦行动均会引起市场恐慌，中美贸易摩擦的紧张气氛抑制了股市反弹做多的热情。

表10.3　中美贸易摩擦大事件表

时　　间	事　　件
2017 年 8 月 18 日	美国正式对中国发起"301"调查
2018 年 3 月 23 日	特朗普宣布对 600 亿中国进口商品增税
2018 年 4 月 4 日	美国公布对华加征关税清单
2018 年 4 月 4 日	中国对美国商品加征 25%关税
2018 年 4 月 16 日	美国商务部下令禁止美国公司向中兴出口电信零部件产品，为期 7 年
2018 年 5 月 4 日	中美贸易磋商
2018 年 6 月 15 日	美国重启贸易摩擦，对价值 500 亿美元的中国高科技及工业产品加征 25%的关税的清单
2018 年 6 月 18 日	中国对美国 500 亿进口商品加征关税
2018 年 7 月 11 日	特朗普又打出两千亿关税牌
2018 年 8 月 3 日	中方将对美国进口商品加征关税
2019 年 2 月 15 日—5 月 9 日	中美第六轮至第十一轮高级别贸易磋商
2019 年 5 月 15 日	美国将华为列入管制清单
2019 年 6 月 1 日	《关于中美经贸磋商的中方立场》白皮书
2019 年 7 月 31 日	第十二轮中美经贸磋商在上海举行
2020 年 1 月 5 日	中美签署第一阶段经贸协议

资料来源：作者根据公开政策文件整理。

（一）中美贸易摩擦动因：经济动因、战略动因与政治动因

中美贸易摩擦由美方单边发动，特朗普政府为何要对华发动贸易摩擦呢？

宋国友（2020）认为，第一是经济动因，这也是特朗普发动对华贸易摩擦的最初原因：①特朗普政府希望美国对华贸易逆差能够降低，并且维持美国对华长期经济优势。所以，美国选择在技术领域对华施压。②推动美国制造业回流，增加蓝领工人就业，增加选票，这是最直接的因素。特朗普政府在推动美国国内降税后，对华征收惩罚性关税，试图打击中国出口，增加外资在中国市场的不确定性，从而推动制造业从中国回流到美国。③特朗普政府也希望中国改进外资政策，降低美资准入门槛，通过取消股份占比等，要求"更为公平"地对待美资企业，以便更好打开中国市场，为美国跨国公司争取利益。第二是战略动因：①确保实力优势，维护美国经济实力及总体实力不被中国超越，尽可能巩固对华的竞争优势；②模式优势，使美国模式和意识形态对全球有吸引力；③确保秩序优势，使美国在全球政治经济文化体系中居主导地位。

Kim（2019）通过霸权稳定理论和权力转移理论分析世界上最大的两大经济体之间的贸易摩擦争，得出中美贸易摩擦最根本的原因是政治霸权之争，而不是经济之争的结论。Peter Navarro（2011）认为，中国的重商主义是中美贸易失衡和美国制造业衰落的主因，认为中美贸易逆差需要通过深层次体制机制和结构性调整加以解决。

（二）中美贸易摩擦对中国股市的影响：外贸型产业下降明显，股权质押平仓风险凸显

尹志超等（2020）采用事件研究法进行分析，认为中美贸易摩擦对股市造成了显著的负面影响，虽然贸易摩擦涉及部分行业，但整个市场的股价都产生了不同程度的下跌，表明外部事件不仅影响行业，还在不同市场间传染。而随着贸易摩擦的进行，股市的波动逐步减弱。李建国（2020）通过分析，发现和对外贸易联系较大的产业，如钢铁、有色金属、船舶、半导体等的股票价格下降尤为明显。

随着股市的大幅下跌，蔡浩等（2020）指出，上市公司股票质押的平仓风险开始发酵，给信用市场和企业控制权问题造成负面影响。在质押股票清盘压力下，股市流动性风险加剧，崩盘压力大增。黎峰等（2019）认为，中美贸易摩擦可能会导致我国制造业生产和出口下行压力加大，技术进步及产业转型升级受阻，短期内不利于国内资源整合，他提出建议：着重维持利用外资和出口份额，稳住需求端；加强国内外资源要素整合，重构供应链。

从国内学者的观点我们可以得出结论：中美贸易摩擦对我国股票市

场存在显著的负面效应，但同时也存在发展机遇，比如，芯片产业和软件产业存在进口替代的增长机遇。

二、2018年股市波动发生机制分析

贸易摩擦升级，股市热点短暂，国家救市资金出清，股权质押平仓风险暴发，沪深两市指数全年分别下跌大约25%和35%。2018年，我国股市表现不佳，股市做多的能量被大量消耗，经过2016年的估值修复和2017年的市场分化，2018年3月进入"调整出清"阶段。尽管全球经济复苏超出预期，2018年国内生产总值增长6.6%，但是中美贸易摩擦比2017年底更加激烈，国内供给侧改革也带来短期阵痛，形势严峻。

2018年1月2日，上证指数收盘3 348.33点，深证成指收盘11 178.05点。12月28日，上证指数2 493.90点，较1月2日跌25.5%，深证成指7 239.79点，较1月2日收盘价跌34.3%。11月24日最高收盘价，上证指数是3 559.47点，深证成指是11 607.57点，最低收盘价上证指数是12月27日，2 483.09点，深证成指是10月18日，7 187.49点。除2月份上证50成分股为代表的蓝筹股的短暂诱多式上涨（随后暴跌）、上半年消费医药白马继续前两年中级行情的最后冲高（下半年也步入暴跌模式）、10至11月份部分题材股的短暂炒作外，全年呈现非常明显的下跌趋势，中间几乎没有大的像样的中级反弹（见图10.11）。

（一）6万亿人民币股权质押的爆仓风险

2018年2月5日—9日，美国股市遭遇"黑色一星期"，美国三大股指累计下跌超5%。美国股指暴跌是因为美国经济数据超预期，加息预期升温，10年期国债收益率随即跳升至2.8%以上，进而造成一系列资产价格重估，最终演变成全球金融市场震荡。当周，上证综指下跌9.6%，股指下跌，使得股权质押带来的系统性风险问题越来越突出。2018年10月，实施了股权质押的上市公司占比达到97.9%。因为大小非减持受到证监会限制，大股东就到银行质押股份，爆仓风险集中到了银行。

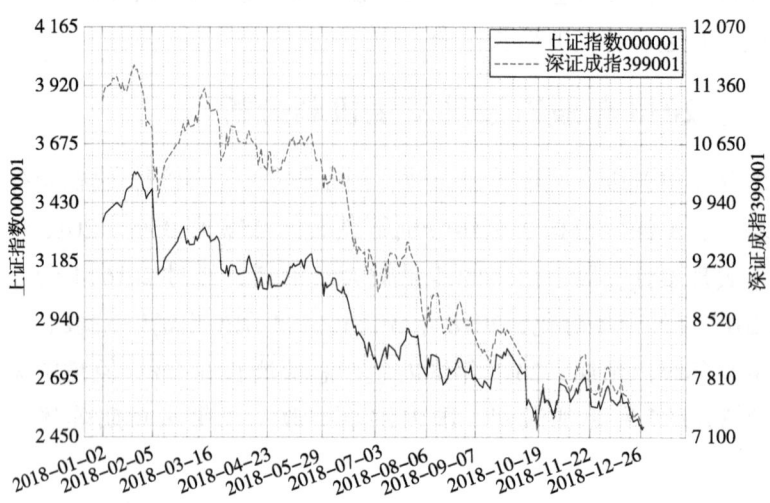

图 10.11　2018 年上证指数与深证成指走势图

2018 年 7 月，A 股股指跌破 2 800 点，一度逼近 2 700 点，此时股权质押的隐患暴露，产生了大面积爆仓现象。股东没钱进行补充质押，媒体报道也弄得人心惶惶，进一步下拉股价。到 2018 年 10 月，A 股股指仍未停止下跌势头，跌破 2 500 点大关，这导致上市公司股权质押问题进一步放大，爆仓风险已经全面触及警戒线。股权质押在超过一定幅度的情况下会引发严重的顺周期问题，而且质押幅度越高，这一问题越严重。

（二）贸易摩擦加剧，降税、纾困民营企业、四次降准、债券融资、集成电路产业基金等组合拳托市

6 月 15 日，美国重启贸易摩擦，对价值 500 亿美元的中国高科技及工业产品加征 25% 的关税的清单。7 月 11 日，特朗普政府又打出两千亿关税牌。7 月 31 日，中央政治局召开会议，指出要做好"六个稳"——稳就业、稳金融、稳外贸、稳外资、稳投资、稳预期。

1.3 月 28 日，国务院常务会议决定自 5 月 1 日将制造业等行业增值税税率从 17% 降至 16%，将交通运输、建筑、基础电信服务等行业及农产品等货物的增值税税率从 11% 降至 10%，预计全年可减税 2 400 亿元。

2. 纳入MSCI和公募基金火爆发行带来新增资金。

3. 金融监管机构出台民营企业纾困政策，见表10.4。

表10.4 2018年金融支持民营经营的政策

部门	时间	事件
央行	2018年6月25日	为改善民营企业融资环境，增加再贷款和再贴现额度共1 500亿元
	2018年10月22日	设立民营企业债券融资支持工具
	2018年10月22日	为改善民营企业融资环境，增加再贷款和再贴现额度共1 500亿元
中国银保监会	2018年7月18日	要求银行业金融机构加快提升民营企业和小微企业融资服务能力
中国证监会	2018年11月2日	为支持民营企业债券融资，开展交易所债券市场信用保护工具试点

资料来源：根据公开政策文件整理

4. 四次定向降准。2018年，美国三次加息。如表10.5所示，我国实行了四次定向降准，释放了共计2.15万亿元的流动性，支持小微企业发展，缓解金融市场流动性紧张。

表10.5 2018年我国四次降准

实施时间	降准幅度	释放资金（亿）	宣告与实施时间间隔	降准原因
1月25日	0.5%	3 000		发展普惠金融
4月25日	0.5%	4 000	90	置换MLF，对冲4月缴税，支持小微
7月5日	1%	7 000	71	支持债转股和小微企业
10月15日	1%	7 500	102	置换MLF，对冲10月缴税，支持小微

5. 扶持民营企业债券融资，资管新规和理财新规促进债券和股票的流动性（周秋月和藏波，2020）。资管新规助力供给侧结构性改革，支持基础设施和民生工程建设（卜振兴，2020）。

6. 国家集成电路产业投资基金大批量入股集成电路相关企业，全面实施集成电路、新型显示、生物产业倍增、空间信息智能感知等重大工程，年内将设立国家战略性新兴产业发展基金，规模或达到万亿级。

7. 市场各方设立的纾困基金资金总规模已超过 7 000 亿元，地方国资企业表示，可以选择性地接盘部分优质民营企业。

（三）金融体制改革：监管机构整合，服务实体经济，经济去杠杆

2018 年 3 月，金融监管体制改革迈出了坚实的一步，银监会和保监会合并为银保监会。2018 年 7 月的中央政治局会议指出："要把防范化解金融风险和服务实体经济更好结合起来，坚定做好去杠杆工作，把握好力度和节奏，协调好各项政策出台时机。"这次会议为下一阶段金融监管指出了方向。

（四）年末弱反弹行情：孟晚舟事件，CPI 回到 2% 以下

2018 年 12 月 1 日，时任华为公司 CFO 的孟晚舟在加拿大温哥华被捕，这则新闻严重冲击了微弱反弹的中国股市。2018 年下半年，中国股市底部超卖严重，因底部非常扎实，再向下运行的空间极其有限。

2018 年 12 月，我国 CPI 和 PPI 的数据双双下滑，CPI 回到了 2% 以下，这为降息提供了空间。2018 年 12 月 27 日至 28 日，财政部长刘昆在全国财政工作会议上表示，2019 年财政部实施大幅减税降费，让利于民。

三、2019 年股市波动发生机制分析

中美贸易摩擦先扬后抑，全面降准，修订资产重组制度，科创板、沪伦通，期货市场往前冲，上证指数和深证成指分别上涨 24% 和 46%。2019 年 1 月 2 日，上证收盘 2 465.29 点，深证成指收盘 7 149.27 点。12 月 31 日，上证收盘 3 050.12 点，较 1 月 2 日上涨约 24%，深证成指10 430.77 点，上涨约 46%。最高收盘价上证是 4 月 19 日，3 270.80点，深证成指 4 月 4 日，是 10 436.62 点，最低收盘价 1 月 3 日，上证

2 464.36 点，深证成指 7 089.44 点（见图 10.12）。

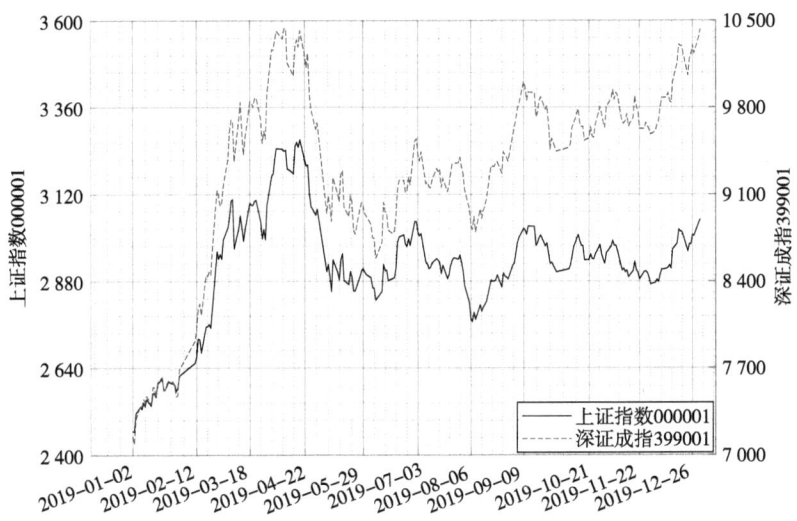

图 10.12　2019 年上证指数与深证成指走势图

　　受长期贸易争端影响，2019 年全球经济增长率降至 2.3%，是十年来最低增长水平。但因为全球主要经济体的货币宽松政策，金融市场却一派欣欣向荣。对中国股市来说，行情节奏受到中美贸易摩擦节奏明显影响。2019 年刺激消费措施包括刺激家电、汽车的销售增长，增加补贴。

　　（一）1 月 2 日到 4 月 19 日，贸易谈判形势缓解，全面降准，消费、医药板块带动股市上涨，沪深两市本阶段分别上涨约 35% 和 50%

　　2018 年 12 月初，因为 G20 的召开，中美关系在 2019 年 1 月到 4 月出现了缓和，双方开启了多轮贸易谈判，市场较为乐观，2019 年一季度账户差额也转负为正，大幅度增加。1 月 4 日，沪指上午一度跌破 2 449 点，创下逾 4 年来的新低。随后，以券商股为首的非银金融板块强势上攻，带动沪指成功翻红并收复 2 500 点，三大股指均大涨逾 2%。1 月 4 日晚，中国央行宣布 2019 年 1 月再次降准，下调金融机构存款准备金率 1 个百分点，但分两次下调，1 月 15 日和 1 月 25 日各下调 0.5

个百分点。同时，2019 年一季度到期的中期借贷便利（MLF）不再续做。上述措施净释放长期资金约 8 000 亿元。

（二）4 月 20 日到 8 月 7 日，中美贸易摩擦加剧，沪深股市暴跌约 15% 和 15%，科创板开板，沪伦通开通，贵州茅台股价破千

4 月 20 日到 5 月底，中美贸易摩擦加剧，股市随之下跌。5 月 10 日，美方将 2 000 亿美元中国输美商品的关税从 10% 上调至 25%。5 月 15 日，美国将华为列入管制清单；央行宣布面对当地的地域性银行和服务范围为县域的中小型银行，将施行较低的优惠存款准备金利率，这将会向市场释放 2 800 亿元的长期流动资金，用来向民营企业贷款和小微企业提供贷款，拉动经济增长。

6 月到 8 月初的震荡探底阶段和改革深水区。一二季度大消费板块的龙头品种，如贵州茅台、五粮液、恒瑞医药等，成为资金抱团的主要对象。6 月 13 日，科创板正式开板。6 月 17 日，沪伦通正式启动。我国资本市场的开放进程采取了渐进的方式，有利于在探索中积累经验，在避免大的外部冲击的前提下，为未来开放进程的持续推进奠定扎实的基础。起步阶段，沪伦通跨境资金实行总额度管理，其中东向业务总额度为 2 500 亿元人民币，西向业务总额度为 3 000 亿元人民币，合计总额度达 5 500 亿元。

6 月 27 日，贵州茅台股价突破千元。板块出现了严重的分化，部分纯题材股和垃圾股不断创新低，个别股票直接退市，而绩优类股回调幅度不大。

7 月 22 日，科创板首批公司上市，刺激了科技股行情。科创板放开了企业上市条件，引入注册制代替审批制，将企业价值交由市场判断，让市场在资源配置中起到决定作用。它代表了股票市场的发展方向，在上市企业标准、注册制、发行定价、交易规则、退市制度等多方面都进行了前所未有的创新。

7 月 31 日，第十二轮中美高级别经贸磋商在上海展开。8 月 1 日凌晨，美联储宣布降息 25 个基点，将联邦基金利率目标区间下调至 2.00%~2.25%。8 月 2 日，美国突然宣布拟对剩余 3 000 亿美元中国输

美商品加征 10%关税。8 月 5 日，美元兑人民币迅速突破了 7 的整数关口。

（三）8 月中旬到年末，央行全面降准，证券法修订，18 家企业退市，播下改革红利

9 月 1 日，美国政府开始对剩余 3 000 亿美元中国输美商品征收 25%关税。9 月 16 日，中国第二次全面降准，释放近万亿元流动性。2019 年 9 月 19 日，美联储降息 25 个基点至 1.75%～2.00%。10 月 31 日，美联储下调联邦基金利率 25 个基点至 1.5%～1.75%。

2019 年 12 月 28 日，第十三届全国人民代表大会常务委员会第十五次会议通过《证券法》修订，对欺诈发行、内幕交易、市场操纵以及虚假信息等违法违规行为的惩罚力度空前加大，在证券发行条件上，将发行股票应当"具有持续盈利能力"改为"具有持续经营能力"，在证券发行程序上取消发行审核委员会制度，以及强化以注册制为核心的证券发行信息披露制度等。

2019 年以来，沪深两市共有 18 家公司通过多种渠道实现退市。

（四）股市改革组合拳：修订资产重组制度，规范执行退市制度，新三板改革、科创板、期货市场改革，吸引境外投资

1. 如表 10.6 所示，在完善股市制度方面，出台和修订分拆上市、资产重组等制度，规范执行退市制度，进一步完善了资本市场的生态，完善贷款市场报价利率，推动金融支持实体经济政策的落地。

表 10.6　2019 年金融改革政策

部　门	时　间	事　件
国务院金融稳定发展委员会	8 月 31 日	金融支持实体经济、深化金融体制改革、加强投资者合法权益保护
	8 月 31 日	深化金融体制改革、增强金融服务实体经济能力
央行	1 月 29 日	《关于金融服务乡村振兴的指导意见》
	8 月 17 日	改革完善贷款市场报价利率（LPR）形成机制

续　表

部　门	时　间	事　件
中国银保监会	1月28日	鼓励保险资金增持上市公司股票、拓宽专项产品投资范围、维护资本市场稳定
	4月30日	《商业银行金融资产风险分类暂行办法》公开征求意见
	9月29日	《商业银行理财子公司净资本管理办法（试行）（征求意见稿）》
中国证监会	1月18日	《公开募集证券投资基金投资信用衍生品指引》
	1月30日	《关于在上海证券交易所设立科创板并试点注册制的实施意见》
	3月1日	《科创板首次公开发行股票注册管理办法（试行）》《科创板上市公司持续监管办法（试行）》
	6月17日	沪伦通正式启动
	6月20日	《上市公司重大资产重组管理办法》公开征求意见
	8月23日	《科创板上市公司重大资产重组特别规定》
	9月10日	全面深化资本市场改革的12个方面重点任务
	11月8日	再融资规则修改
	12月4日	《上市公司分拆所属子公司境内上市试点若干规定》

资料来源：公开政策文件。

6月20日至11月8日，资产重组放松约束，《上市公司重大资产重组管理办法》允许符合国家战略的高新技术产业和战略性新兴产业相关资产在创业板重组上市，也就是放开了创业板借壳限制。另外，重组上市的配套融资也得到恢复。

12月4日，《关于在上海证券交易所设立科创板并试点注册制的实施意见》中首先提到，达到一定规模的上市公司可以依法分拆其业务独立、符合条件的子公司在科创板上市。

2. 科创板为创新创业融资。科创板在中美贸易摩擦上升到科技战的紧要关头出现，它打通了风险资本、国家扶持基金、科技创业者之间的联系，承担着为我国科技战略新兴企业融资的使命。2019年全年提交证监会注册的科创板企业超过100家，总共上市达到了73家。陈洁（2020）分析了科创板率先实行注册制的目标："支持新兴产业企业和创新型企业落实国家创新驱动发展战略，支持上海国际金融中心和科技创新中心建设。为资本市场制度创新提供试验田，为与国际接轨做好准备。"高榴（2020）则从负面影响的角度考虑其存在的问题，他认为多地政府为响应科创板而提供的激励政策可能会诱发企业的道德风险，可能有企业会出现上市动机不纯和涉嫌"骗取"政府补贴的问题。同时，建议地方政府应更加理性地看待科创板，重点从建立现代企业制度、增强企业科技创新能力、提升企业竞争力的角度去引导企业上市，而不应一味为了融资、解决企业资金困境去鼓励企业上市。

3. 创业板与新三板的机制变革。新三板运行六年，共接纳 6 388 家公司的挂牌融资，筹资规模超过 4 900 亿元。新三板分基础层、创新层、精选层，在精选层挂牌满一定期限，企业可以直接转板上市，由此打通了新三板与创业板、科创板的对接渠道。2019 年，创业板十周年，上市公司 792 家，总市值增长至 6 万多亿元。创业板也是对标注册制的。

4. 期货市场改革史无前例，成绩卓然。一是南华期货与瑞达期货分别在上交所与深交所敲钟上市。二是商品期货、指数期权、商品期权等新品种的上市。红枣、20 号橡胶等 6 个商品期货品种上市；上交所和深交所分别推出了沪深 300ETF 期权，中金所也上市了沪深 300 股指期权；天然橡胶、棉花、玉米三大商品期权也分别在上期所、郑商所和大商所挂牌上市；在黄金期货已挂牌运行 11 年的基础上，黄金期权于年底在上海期货交易所正式挂牌交易。三是 2019 年底，我国期货市场资金总量突破 5 550 亿元，达到历史最高值。

5. 逐步扩大开放，吸引境外投资。全球重要的指数商明晟公司（MSCI）5 月份纳入比重 5%，8 月份扩大到 15%，11 月份扩大到 20%。11 月份，将把中国 A 股中盘股纳入 MSCI 指数。2019 年底，有 30 多家境外基金在中国的备案产品达到了 68 只，资产管理规模达近百亿元人民币。

四、2020 年股市波动发生机制分析

疫情股市动荡，全球资金宽松，新《证券法》施行，创业板注册制，全年上证综指上涨 12.6%，深证成指上涨 36%，创业板指数上涨

65%。受新冠疫情的影响，2020年初我国经济出现严重下滑，但随着疫情得到控制，消费回暖，投资回升，股市的涨幅也不低。11月，特朗普竞选美国总统落败，我国股市上扬。2020年1月2日收盘指数，上证收盘3 085.20点，深证成指10 638.82点。12月31日，上证指数3 473.07点，相对于1月2日收盘价上涨12.6%，深证成指14 470.68点，上涨36%。最高收盘价是12月31日。最低收盘价是3月23日，上证指数为2 660.17点，深证成指为9 691.53点（见图10.13）。

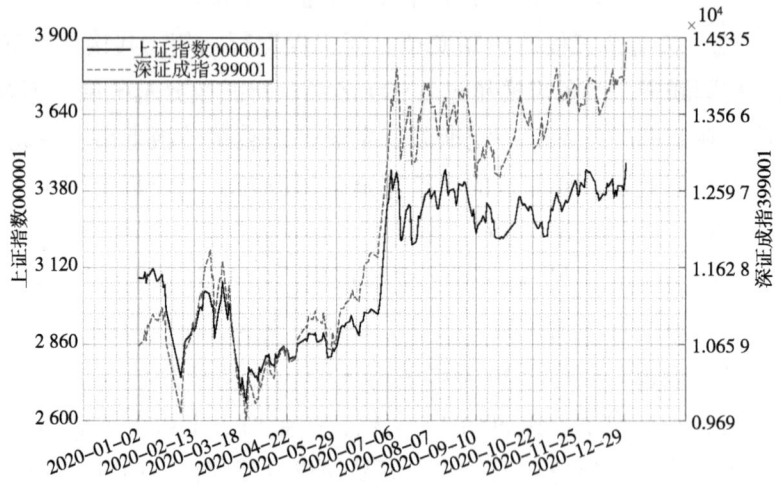

图10.13　2020年上证指数与深证成指走势图

（一）行情先抑后扬

1月下旬新冠疫情出现至4月1日为第一阶段。新冠疫情暴发，股市大跌，虽然国内防控及时，宽松政策推动市场反弹，但3月份全球疫情蔓延，美股4次熔断，我国股市跟着大跌。

4月2日至7月31日是第二阶段。全球流动性持续宽松，国内抗疫取得阶段性成效，经济探底回升，公募与外资大举入场，市场演绎牛市行情。

8月1日至10月31日是第三阶段。海外疫情反复、中美摩擦加剧，市场维持震荡格局。

11 月 1 日至年底是第四阶段。美国大选特朗普败选，疫苗取得成功，国内"十四五"规划即将出台，股市震荡上扬。

（二）全球资金异常宽松，市场热点行业的涨幅多在 50% 以上

受新冠疫情影响，2020 年全球经济下降 4.3%，比 2009 年全球金融危机严重得多。所以，全球财政与货币宽松的力度也是超前的，这反而导致全球股票价格上扬。

1. 食品饮料行业涨幅突破 69.46%，国防军工、电气设备、医药生物、农林牧渔分别上涨 62.18%、44.24%、34.85%、34.07%。贵州茅台涨幅达 71%，贵州茅台报 1 998 元/股，总市值达 2.51 万亿元。

2. 概念板块中，半导体硅片、疫苗、光伏屋顶等涨幅超过 200%，新能源、光伏玻璃、口罩、人造肉、光刻胶、造纸、国防军工等涨幅超过 50%。斯达半导年涨幅达 1215.0%，瑞芯微年涨幅 421.7%。疫苗板块指数全年涨幅 209.8%。新能源板块受美股特斯拉狂飙的带动，相关概念板块新能源车、太阳能、风能、储能、锂电池、HIT 电池、磷酸铁锂等也涨幅惊人。金融、地产、建筑、交运、公用事业等缺乏想象力的板块则相对跑输。

3. 年初猛涨的医药医疗、科技、消费等，下半年则处于调整整理过程中，不少个股从最高价下来几近腰斩。

4. 外资机构在二级市场话语权越来越大，它们的投资理念集中于核心资产、龙头企业。由于行业龙头数量有限，核心资产数量稀缺，不断增长的机构资金有时候只能追高买进优质资产。

（三）新《证券法》施行，科创板注册制，创业板注册制改革，使人们对股市发展充满信心

管理层围绕注册制改革，在合格的机构投资者、上市公司信息披露、股东减持股份、新《证券法》实施等方面做了大量的工作，如表 10.7 所示。

表 10.7 2020 年金融领域深化改革政策措施

部门	时 间	事 件
国务院	2020 年 2 月 29 日	《关于贯彻实施修订后的证券法有关工作的通知》
	2020 年 10 月 9 日	《关于进一步提高上市公司质量的意见》
中国证监会	2020 年 3 月 6 日	《上市公司创业投资基金股东减持股份的特别规定》
	2020 年 6 月 3 日	《关于全国中小企业股份转让系统挂牌公司转板上市的指导意见》
	2020 年 6 月 12 日	《创业板首次公开发行股票注册管理办法（试行）》
	2020 年 7 月 3 日	《科创板上市公司证券发行注册管理办法（试行）》
	2020 年 7 月 24 日	《上市公司信息披露管理办法（修订稿）》（征求意见稿)
	2020 年 9 月 25 日	《合格境外机构投资者和人民币合格境外机构投资者境内证券期货投资管理办法》

资料来源：公开政策文件。

新《证券法》从 2020 年 3 月起正式施行，这是具有里程碑意义的事件。新《证券法》取消核准制，全面推行注册制，证券监管体系逐渐向市场化转型，体现了"淡化行政管控、强化市场监管"的总体原则；新《证券法》不再强调盈利能力，而是关注持续经营能力，符合现代创新企业的现实；新《证券法》强化信息披露，满足实质有效；新《证券法》提高违法成本，加大处罚力度；新《证券法》引入代表人诉讼，打造中国版集体诉讼制度（邓建平，2020）。

在科创板注册制改革的基础上，以增量带动存量的创业板改革并试点注册制在 8 月迎来首批企业上市，进一步完善了资本市场基础制度，为下一步中小板和主板注册制改革奠定了基础，推动科技、资本和实体经济实现高水平循环。

2020 年，A 股 IPO 企业为 437 家，全年募集资金总额 4 806 亿元。

五、2021 年股市波动发生机制分析

新能源车火爆，但美债收益率高于股息率引全球恐慌，两次降准释放 2 万亿，北交所开市，退市监管指南，严惩市场操纵案，全年箱体震

荡，甚为可贵。2021 年 1 月 4 日收盘指数，上证指数 3 502.96 点，深证成指 14 827.47 点。12 月 31 日，上证指数收盘 3 639.79 点，较去年同期增长 4.8%；深证成指收盘 14 857.35 点，增长 4.8%。最高收盘价上证是 9 月 13 日，3 715.37 点，深圳成指是 2 月 10 日，15 962.25 点。最低收盘价上证是 3 月 10 日，3 357.74 点，深证成指是 3 月 24 日，13 407.37 点（见图 10.14）。

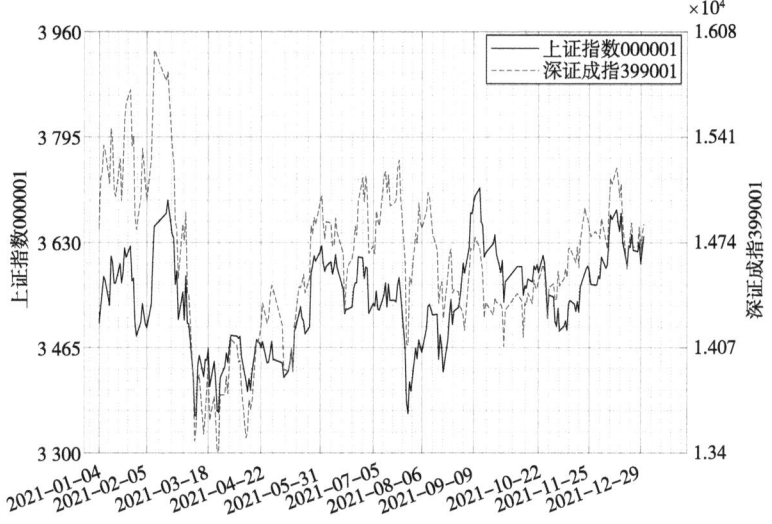

图 10.14　2021 年上证指数与深证成指走势图

（一）1 月 4 日到 2 月 10 日，猪肉板块、新能源汽车产业链火暴，还有 MLF 降息助力

1 月 4 日，猪肉板块涨幅超 7%；国产特斯拉 Model Y 车型大幅降价引爆产业链，特斯拉、锂电池等概念股集体走强，宁德时代涨 14%。1 月 17 日，央行开展 7 000 亿元 MLF 操作和 1 000 亿元公开市场逆回购操作，中标利率分别为 2.85%（前值为 2.95%）和 2.10%（前值为 2.20%），传达了重要的信号作用。1 月新增贷款 3.98 万亿。

（二）2 月 18 日到 3 月 10 日，美国 10 年期基准国债的收益率高于股息率引起全球市场恐慌，A 股指数下跌

2 月 25 日，受美债收益率持续走高影响，美国三大股指暴跌。10

年期基准国债的收益率已高于标普 500 成分股的股息率。美股主要是科技股和新能源股，中国则是消费（白酒）、医药、科技股，A 股结构性牛市维持了一年，很多板块都出现了一定的泡沫。

（三）3 月 11 到 7 月 22 日，主板、中小板合并，降准释放万亿资金

2021 年 4 月 6 日，深市主板、中小板正式合并，合并后，原中小板上市公司的证券类别变更为"主板 A 股"，这是继上交所设立科创板后，中国资本市场又一重大板块改革。7 月 15 日，央行下调存款准备金 0.5%，释放 1.1 万亿资金。

（四）7 月 23 日至年末，市场操纵案、康美药业案严惩，北交所开市，退市监管指南，降准释放万亿资金，行情箱体震荡

9 月 24 日，证监会通报了相关人员恶意操纵"南岭民爆（002096）""今创集团（603680）""昊志机电（300503）"等股票价格案，曾经的"爆料人"叶飞自己也因操纵市场被抓捕归案。

11 月 2 日，康美药业案一审判决落地，广州市中级人民法院判决要求康美药业向 5 万余名投资者赔偿投资损失 24.59 亿元，时任"董监高"的 13 名个人按照过错程度被要求承担相关连带清偿责任，其中，涉案的 5 名独立董事也将面临上亿元的连带赔偿责任，而这 5 名独立董事职务的年收入只有 5 万~12 万元。

11 月 15 日，北交所正式开市，这是我国资本市场改革发展的又一重要标志性事件。北交所的定位是实现与沪深交易所错位发展，聚焦服务创新型中小企业，给予"专精特新"企业们机会，在它们创业成长过程中最需要帮助的时候，提供直接融资的机会。

11 月 19 日，沪深交易所分别发布了退市监管指南，明确营业收入扣除标准，明确将非正常交易合并取得的收入进行扣除。自此，壳公司过去通过变卖资产的保壳"套路"彻底行不通了。

12 月 15 日，央行下调存款准备金 0.5%，释放 1.1 万亿资金。

12 月 20 日，1 年 LPR 从 3.85% 降为 3.80%。

（五）宁德时代、比亚迪等成长起来的优秀企业增多，2021 年融资创新高，经济后劲足

以宁德时代为例，宁德时代 2018 年 6 月 11 日在创业板上市，发行价 25.14 元/股，三年后价超过 500 元/股，总市值在 1.3 万亿元左右，在创业板中权重占比近 20%，带动了锂电池上下游一众企业。

2021 年，523 家公司登陆 A 股，包括创业板 199 家、主板 121 家、科创板 162 家和北交所 41 家，合计募资 5 436 亿元。排名前三的行业分别是计算机、通信和其他电子设备制造业（62 家），专用设备制造业（54 家），化学原料和化学制品制造业（37 家）。这些融资活动增加了经济活力。

参考文献：

［1］艾建勇．浅谈 2007 年股市与目前经济衰退的联系［J］．经济研究导刊，2009（18）：69-70.

［2］金鸣．2007 股市：让人欢喜让人忧［N］．民营经济报，2007-12-26.

［3］谢百三，刘美欧．2008 年中国股市深幅调整的原因及未来展望［J］．价格理论与实践，2009（01）：62-64.

［4］崔家琦．2007 年 10 月以来中国股市急剧大跌的原因、影响和对策研究［D］．上海：复旦大学，2009.

［5］曾志坚，谢赤．利率波动对股票价格影响的实证研究［J］．科学技术与工程，2006（1）.

［6］崔鹏，易宪容．2015 年中国股市异常波动的原因及未来发展对策［J］．理论学刊，2016（3）：81-86.

［7］陈德伟，金戈．利率、股票价格与货币政策传导［J］．商业研究，2005（13）.

［8］周立群，伍志文．央行九年首次加息：调控效应与政策意义［J］．南方经济，2005，（2）.

［9］吴军，薛小玉，刘钊．论财政政策对资产价格波动的影响

[J].经济经纬，2014（7）.

[10] 三木谷良一．日本泡沫经济的产生、崩溃与金融改革 [J].金融研究，1998（6）：2-5.

[11] 熊良俊．泡沫经济释义及相关理论问题 [J].金融研究，1998（10）.

[12] 王子明．泡沫与泡沫经济非均衡分析 [M].北京：北京大学出版社，2002：15.

[13] 扈文秀，席酉民．泡沫经济的内涵界定述评 [J].经济学动态，2000（10）：39-42.

[14] 杨帆，李宏谨，李勇．泡沫经济理论与中国房地产市场 [J].管理世界，2005（6）：41-49.

[15] 周春生，杨云红．中国股市的理性泡沫 [J].经济研究，2002（7）：33-40，62-90.

[16] 高峰，宋逢明．中国股市理性预期的检验 [J].经济研究，2003（3）：61-69，91.

[17] 杨胜刚．行为金融、噪声交易与中国证券市场主体行为特征研究 [J].经济讨论，2002（4）：83-85.

[18] 梁姝娜．不完全契约：新制度经济学前提假设的必然推论 [J].北华大学学报（社会科学版），2006（1）：80-84.

[19] 施光耀，刘国芳，邵永亮．中国 A 股市值 2009 年度报告（二）重组升温下的 A 股市值 [J].资本市场，2010（3）：44-48.

[20] 陈国进，张贻军，王景．再售期权、通胀幻觉与中国股市泡沫的影响因素分析 [J].经济研究，2009（5）：106-117.

[21] 胡昌生，池阳春．反馈交易、投资者情绪与波动性之谜 [J].南方经济，2012（3）：37-48.

[22] 朱宝琛．温故 2010：为何中国经济独秀股市领跌？[N].证券日报，2011-01-04（A01）.

[23] 刘勇．2015 年中国股市回顾与反思 [J].武汉冶金管理干部学院学报，2016，26（4）：17-19.

[24] 李可，高洪艳.2010年影响中国股市的10件大事［N］.中国贸易报，2011-01-04（003）.

［25］霍雨佳.2011年中国股市下滑与宏观经济的关系［J］.商业经济，2012（16）：106-107.

［26］蒋玉梅.投资者情绪、股票错误估值与上市公司投资［J］.经济与管理，2014（1）：44-50.

［27］徐挺，董永祥.货币流动性过剩、噪声交易与资产价格波动［J］.经济问题，2010（2）：4-10.

［28］邹昊平，唐利民，袁国良.政策性因素对中国股市的影响：政府与股市投资者的博弈分析［J］.世界经济，2000（11）：20-28.

［29］陈其安，张媛，刘星.宏观经济环境、政府调控政策与股票市场波动性：来自中国股票市场的经验证据［J］.经济学家，2010（2）：90-98.

［30］周明祥.资产泡沫的成因与政策工具选择［J］.经济研究导刊，2013（32）：182-183.

［31］张笑牧.四万亿投资计划对股市影响的实证研究［J］.商业时代，2010（21）：63-102.

［32］赵自然，陈杨.存款利率上限对中国股市的影响［J］.生产力研究，2014（3）：80-85.

［33］李程妮.融资融券主要研究文献综述［J］.现代商业，2012（6）：12-15.

［34］曹中铭.2010股市仍将震荡［J］.经济与管理，2010（3）：26-27.

［35］孔丽频.央行节后加息对股市影响几何［J］，现代物业（上旬刊），2011，10（02）：38-39.

［36］霍雨佳.2011年中国股市下滑与宏观经济的关系［J］.商业经济，2012（16）：106-108.

［37］吴梦云，潘磊.从"中国式分红"到"强制分红"：透视我国上市公司高管薪酬与股东分红的异象［J］，现代管理科学，2012

（3）：49-51.

[38] 胡小强．暂免征收红利税的必要性与可行性［J].经济论坛，2012（3）：75-77.

[39] 张跃文．强制分红制度的效用评估［J].中国金融，2012（6）：64-66.

[40] 瞿笔玄，李华．我国创业板制度的改革：基于保护投资者利益的视角［J].湖北社会科学，2013（10）：73-76.

[41] 刘纪鹏，刘作琼．新股发行的解与待解［J].中国金融，2014（04）：60-61.

[42] 黎阳．证券市场开启改革新征程［J].中国金融家，2014（2）：58-59.

[43] 三木谷良一．日本泡沫经济的产生、崩溃与金融改革［J].1998（06）：1-4.

[44] 戴亦一，陈梅婷．基金经理的投资经验、交易行为与股市泡沫［J].中国工业经济，2011（01）：120-129.

[45] 全登华．中国股市理性投机泡沫检验［J].工业技术经济，2003（02）：110-113.

[46] 赵志军．股票价格对内在价值的偏离度分析［J].经济研究，2003（10）：66-74，93.

[47] 陆晓蔚，陆兴健．中国股票市场的泡沫度量：基于实变参数模型［J].山西财政税务学校学报，2015，17（01）：21-26.

[48] 中国证券监督管理委员会．关于开展证券公司融资融券业务试点工作的指导意见［EB/OL].［2023-4-21］http://www.csrc.gov.cn/pub/zjhpublic/G00306201/201001/t20100122_175838.htm.

[49] 中国证券监督管理委员会．关于进一步落实上市公司现金分红有关事项的通知［EB/OL].［2023-4-21］http://www.csrc.gov.cn/pub/Newsite/flb/flfg/bmgf/ssgs/gszl/201310/t20131016_236322.html.

[50] 中华人民共和国中央人民政府．关于坚决遏制部分城市房价过快上涨的通知［EB/OL].［2023-4-21］http://www.gov.cn/zwgk/

2010-04/17/content_ 1584927. htm.

　　［51］中华人民共和国中央人民政府．政府工作报告 2010 ［EB/OL］.
［2023 - 4 - 21］ http：//www. scio. gov. cn/xwfbh/xwbfbh/wqfbh/2015/
20150305/xgbd32605/Document/1395827/1395827. htm.

　　［52］中国人民银行．中国人民银行决定上调金融机构人民币存贷
款基准利率 ［EB/OL］．［2023 - 5 - 7］http：//www. pbc. gov. cn/
zhengcehuobisi/125207/125213/125440/15835/2850197/index. html.

　　［53］中国证券监督管理委员会．中国证监会关于进一步推进新股
发行体制改革的意见 ［EB/OL］.［2023-5-7］http：//www. csrc. gov. cn/
pub/newsite/flb/flfg/bmgz/fxl/201402/t20140213_ 243786. html.

　　［54］深圳证券交易所．深圳交易所创业板股票上市规则 （2012 年
修订）［EB/OL］.［2023 - 5 - 7］http：//www. szse. cn/lawrules/rule/
allrules/bussiness/t20201231_ 584051. html.

　　［55］巴曙松．从结构性牛市到结构性泡沫 ［J］.财经界，2007
（08）：24-25.

　　［56］证券市场导报．国内证券市场动态 2011 ［EB/OL］.［2023-4-6］
http：//www. zqscdb. cn/index. php？ m = content&c = index&a = lists&catid =
27&id=68.

　　［57］证券市场导报．国内证券市场动态 2012 ［EB/OL］.［2023-4-6］
http：//www. zqscdb. cn/index. php？ m=content&c = index&a = lists&catid=51

　　［58］证券市场导报．国内证券市场动态 2013 ［EB/OL］.［2023-4-6］
http：//www. zqscdb. cn/index. php？ m=content&c = index&a = lists&catid =
25&id=41

　　［59］郭文伟．中国股市风格资产泡沫测度及其政策响应研究 ［J］.系
统工程，2018，36（05）：1-12.

　　［60］周为.机构投资者行为与中国股票市场泡沫 ［J］.经济学报，
2019，6（02）：217-238.

　　［61］家琦.2007 年 10 月以来中国股市急剧大跌的原因影响和对策
研究 ［D］.上海：复旦大学，2009.

［62］陈启清，杨振.2014—2015 宏观经济形势分析及展望［J］.理论视野，2015（02）：34-42.

［63］张宇燕，徐秀军.2014—2015 年世界经济形势回顾与展望［J］.当代世界，2015（01）：6-9.

［64］聂庆平.2015 年股市异常波动的原因、性质及应对［J］.经济导刊，2017（06）：32-39.

［65］刘勇.2015 年中国股市回顾与反思［J］.武汉冶金管理干部学院学报，2016，26（04）：17-19.

［66］郑超愚.2016—2017 年中国宏观经济形势与政策［J］.新金融，2016（12）：4-8.

［67］刘康喜.股市异常波动中的干预政策分析［D］.北京：北京林业大学，2017.

［68］何敏园.国内外金融市场间的相依结构及风险溢出关系研究［D］.长沙：湖南师范大学，2018.

［69］刘锡良，曾欣.中国金融体系的脆弱性与道德风险［J］.财贸经济，2003（01）：25-32，96.

［70］史代敏.股票市场波动的政策影响效应［J］.管理世界，2002（08）：11-15.

［71］贺立龙，高洁，刘俊霞，等.股灾中政府"买入式"救市的有效性——基于 A 股市场的事件分析研究［J］.财经论丛，2017（07）：59-67.

［72］徐天伦.国家队坐庄 A 股：救市资金如何影响股市波动性［D］.大连：东北财经大学，2017.

［73］蒋星星.政府救市与个股风险及流动性影响探究［D］.南昌：江西财经大学，2018.

［74］吴照银.中美经济政策的传导［J］.国际金融研究，2003（03）：18-21.

［75］余文建，顾铭德，刘斌，等.全球经济复苏"温差"变化背景下货币政策的外溢效应［J］.上海金融，2012（04）：8-15，116.

［76］庄佳．美国货币政策对我国产出溢出效应的实证研究［J］．世界经济情况，2009（05）：64-68.

［77］邓创，席旭文．中美货币政策外溢效应的时变特征研究［J］．国际金融研究，2013（09）：10-20.

［78］张学勇，王丽艳，张伟强．货币政策在国际间股票市场的外溢性研究［J］．国际金融研究，2014（08）：78-87.

［79］肖卫国，吴越，赵阳．汇率不完全传递背景下美国货币政策冲击对中国产出影响研究［J］．国际金融研究，2015（05）：37-45.

［80］马理，余慧娟．美国量化宽松货币政策对金砖国家的溢出效应研究［J］．国际金融研究，2015（03）：13-22.

［81］张兵，范致镇，李心丹．中美股票市场的联动性研究［J］．经济研究，2010，45（11）：141-151.

［82］袁鹏．美国货币政策对中国股票市场溢出效应的实证研究［J］．经济经纬，2010（01）：46-49.

［83］杨雪莱，张宏志．金融危机、宏观经济因素与中美股市联动［J］．世界经济研究，2012（08）：17-21，87.

［84］孔瑜，宋晓巍．日美量化宽松货币政策与中国跨境资本流动监管［J］．外国问题研究，2013（02）：37-42.

［85］张爱武，邱兆祥．美国货币政策对中国股票市场的冲击效应研究［J］．西南金融，2014（02）：6-9.

［86］杨子荣．中国货币政策会冲击到美国股票市场吗：基于效应外溢视角［J］．国际经贸探索，2016，32（01）：79-94.

［87］尹志超，陆慧泽，潘北啸．中美贸易摩擦对中国股市的影响．［J］．管理学刊，2020（01）：18-28.

［88］蔡浩，高江，李海静．中美贸易摩擦对中国金融业的影响．［J］．银行家，2018（08）：40-43.

［89］于恩峰．中美贸易摩擦的金融效应——基于中美股市的事件研究法实［J］．中国证券期货，2019（03）：9-21.

［90］李建国．如何看待中美贸易摩擦对中国经济的影响［J］．企

业改革与管理, 2019 (1): 219-220.

[91] 钟瑛, 陈盼. 新冠肺炎疫情对中国宏观经济的影响与对策探讨 [J]. 理论探讨, 2020 (03): 85-90.

[92] 佟家栋, 盛斌, 蒋殿春, 等. 新冠肺炎疫情冲击下的全球经济与对中国的挑战 [J]. 国际经济评论, 2020 (03): 9-28.

[93] 娄鹏飞. 新冠疫情的经济金融影响与应对建议: 基于传染病视角的分析 [J]. 西南金融, 2020 (04): 34-43.

[94] 刘勇. 2015 年中国股市回顾与反思 [J]. 武汉冶金管理干部学院学报, 2016, 26 (04): 17-19.

[95] 谢百三, 童鑫来. 中国 2015 年 "股灾" 的反思及建议 [J]. 价格理论与实践, 2015 (12): 29-32.

[96] 杨子晖, 陈雨恬, 张平淼. 重大突发公共事件下的宏观经济冲击、金融风险传导与治理应对 [J]. 管理世界, 2020 (05): 13-36.

[97] 何诚颖, 闻岳春, 常雅丽, 等. 新冠病毒肺炎疫情对中国经济影响的测度分析 [J]. 数量经济技术经济研究, 2020 (05): 3-22.

[98] 吴振宇, 朱鸿鸣, 朱俊生. 新冠肺炎疫情对金融运行的影响及政策建议 [J]. 经济纵横, 2020 (03): 1-6.

[99] 中国民生银行研究院. 新冠肺炎疫情对我国经济金融的影响分析及政策建议 [J]. 华北金融, 2020 (02): 1-9.

[100] 黎峰, 曹晓蕾, 陈思萌. 中美贸易摩擦对中国制造供应链的影响及应对 [J]. 经济学家, 2019 (09): 104-112.

[101] 沈伟. "修昔底德" 逻辑和规则遏制与反遏制: 中美贸易摩擦背后的深层次动因 [J]. 学术前沿, 2019 (01): 40-59.

[102] 宋国友. 中美贸易摩擦: 动因、形式及影响因素 [J]. 太平洋学报, 2019 (06): 64-72.

[103] 曹凤岐. 从审核制到注册制: 新《证券法》的核心与进步 [J]. 金融论坛, 2020 (04): 3-6.

[104] 邓建平. 新《证券法》的五大亮点 [J]. 财会月刊, 2020 (06): 3-6.

［105］高榴．论科创板注册制试点制度革新：现实意义、经验借鉴与实践思考［J］.证券市场，2019（10）：37-45.

［106］陈洁．科创板注册制的实施机制与风险防范［J］.法学，2019（01）：148-161.

［107］章晟，景辛辛，苏姣．规范大股东减持能有效抑制股价波动吗?：基于《减持新规》〔9号文〕的自然实验［J］.证券市场导报，2019（09）：13-23.

［108］卜振兴．资管新规的要点分析与影响前瞻［J］.中央财经大学学报，2018（06）：62-72.

［109］周秋月，藏波．资管2.0时代商业银行理财业务的转型与发展［J］.金融论坛，2019（01）：3-11.

［110］曾珠．"沪港通""深港通"与中国资本市场国际化［J］.技术经济与管理研究，2015（10）：63-66.

［111］汤译译，张莹．实体经济低波动与金融去杠杆：2017年中国宏观经济中期报告［J］.经济学动态，2017（08）：4-17.

［112］潘敏，袁歌骋．金融去杠杆对经济增长和经济波动的影响.［J］.财贸经济，2018（06）：58-72，87.

［113］董梅生，王涛．"深港通"对深港股市信息流动关系的影响.［J］.上海经济研究，2018（06）：48-57.

［114］国家统计局．中华人民共和国2018年国民经济和社会发展统计公报［EB/OL］.［2023-2-9］http：//www.stats.gov.cn/tjsj/zxfb/201902/t20190228_1651265.html.

［115］国家统计局．中华人民共和国2019年国民经济和社会发展统计公报［EB/OL］.［2023-2-9］http：//www.stats.gov.cn/tjsj/zxfb/202002/t20200228_1728913.html.

［116］联合国.2019世界经济形势与展望［EB/OL］.［2023-2-15］http：//www.199it.com/archives/892482.html.

［117］联合国.2020世界经济形势与展望［EB/OL］.［2023-2-15］http：//www.china-cer.com.cn/shijiejingji/202004224144.html.

［118］中国证券监督管理委员会. 关于修改《上市公司重大资产重组管理办法》的决定［EB/OL］.［2023-4-6］http：//www. gov. cn/xinwen/2019-10/18/content_ 5442036. htm. 2019-10-18.

［119］中国证券监督管理委员会. 中华人民共和国证券法（2019修订)［EB/OL］.［2023-4-6］http：//www. csrc. gov. cn/pub/jilin/xxfw/gfxwj/202006/t20200612_ 378145. htm. 2020-06-12.

［120］中国证券监督管理委员会. 上市公司股东、董监高减持股份的若干规［EB/OL］.［2023-4-6］http：//www. csrc. gov. cn/zjhpublic/zjh/201705/t20170527_ 317494. htm. 2017-05-26.

［121］中国人民银行. 2018 年货币政策执行报告［EB/OL］.［2023-4-6］http://www. pbc. gov. cn/zhengcehuobisi/125207/125227/125957/3537682/index. html. 2018.

［122］中国人民银行. 2019 年货币政策执行报告［EB/OL］.［2023-4-6］http：//www. pbc. gov. cn/zhengcehuobisi/125207/125227/125957/3830536/index. html. 2019.

［123］中国人民银行. 2020 年货币政策执行报告［EB/OL］.［2023-4-6］http：//www. pbc. gov. cn/zhengcehuobisi/125207/125227/index. html. 2020.

［124］HUANG Y, MIAO J, WANG P. Saving China's stock market［R］. Graduate Institude of International and Development Studies Working Paper, 2016.

［125］ABREU D, BRUNNERMEIER M K. Bubbles and crashes［J］. Econometxica, 2003, 71（1）：173-204.

［126］FANHUA ZENG, WEI-CHIAO HUANG, JAMES HUENG. On Chinese Government's stock market rescue efforts in 2015［J］. Modern Economy, 2016（04）.

［127］FAMA EUGENE F, FRENCH KENNETH R. Business conditions and expected returns on stocks and bonds［J］. Journal of Financial Economics, 1989, 25（1）：23-49.

［128］GREENWALD B C, STEIN J C. Transactional risk, market

crashes, and the role of circuit breakers [J]. The Journal of Business, 1991, 64 (4): 443-462.

[129] CHRISTIE W G, CORWIN S A, HARRIS J H. Nasdaq trading halts: the impact of market mechanisms on prices, trading activity, and execution costs [J]. The Journal of Finance, 2002, 57 (3): 1443-1478.

[130] SCRIMGEOUR. Empirical evidence on international monetary spillovers [D]. New York: Colgate University. 2010.

[131] KAZI I A, WAGAN H, AKBAR F. The changing international transmission of U. S. monetary policy Shocks: is there evidence of contagion effect on OECD countries [J]. Economic Modelling, 2012, 30 (1): 90-116.

[132] HAUSMAN J, WONGSWAN J. Global asset prices and FOMC announcements [J]. Journal of International Money & Finance, 2011, 30 (3): 547-571.

[133] EHNNANN. The zero bound on interest rates and optimal monetary policy [R]. Brookings Papers on Economic Activity, 2006, (1): 139-233.

[134] GRILLI V, ROUBIINI N. Liquidity and exchange rates: Puzzling evidence from the G7 countries [D]. Working Papers, 1995.

[135] BAKER S R, BLOOM N, DAVIS S J, et al. Policy news and stock market volatility [R]. National Bureau of Economic Research, 2019.

[136] CHAN K, CHAN Y C, FONG W M. Free float and market liquidity: a study of Hong Kong government intervention [J]. Journal of Financial Research. 2004 (2712): 179-197.

[137] SU Z, XUE Y. The power of the visible hand: China's 2015 stock market bailout [P]. Available at SSRN 3324011. 2019.

[138] BRUNNERMEIER M K, SOCKIN M, XIONG W. China's gradualistic economic approach and financial markets [J]. American Economic Review, 2017a, 107 (5): 608-13.

[139] HORBECKE W. On stock market return sand monetary policy [J]. Journal of Finance, 1997, 52 (2) .

［140］ SOUSA，R M. Housing wealth，financial wealth money demand and policy rule：Evidence from the Euro area ［J］. North American Journal of Economics and Finance，2010，21 (1).

［141］ KINDLEBERGER C P. Manias，panics，and Crashes ［M］. New York：Basic Books，1978：17.

［142］ STIGLITZ，J E. Symposiumon bubbles ［J］. Journal of Economic Perspectives，1990，4 (2) .

［143］ TIROLE J. On the possibity of speculation under rational expectations ［J］. Econometrica，1982 (50)：1163-1181.

［144］ FAMA E F. Efficient capital markets：A review of empirical work ［J］. Journal of Finance，1970 (25)：383-417.

［145］ BLANCHARD O，WATSN M. Bubbles，rational expectations and financial markets ［M］. MA：Lexington Books，1982.

［146］ SHILLER R. Do stock prices move too much to be justified by subsequent changes in dividends ［J］. American Economic Review，1981 (71)：421-436.

［147］ FISHER B. Noise ［J］. Journal of Finance，1986 (41)：529-543.

［148］ STEIN J C. Rational capital budgeting in an irrational world ［J］. Journal of Business，1996，69 (4)：429-455.

［150］ DIETHER K B，MALLOY C J，SCHERBINA A. Differences of opinion and the cross section of stock returns ［J］. Journal of Finance，2002，57 (5)：2113-2141.

［151］ FORESTI P，NAPOLITANO O. On the stock market reactions to fiscal policies ［J］. International Journal of Finance & Economics，2017，22 (4) .

［152］ KIMM. A real driver of US-China trade conflict ［J］. International Ttrade，Politics and Development，2019，3 (1)：30-40.

# 第十一章　2003 年至 2022 年股市泡沫检测及预警分析

　　根据泡沫检测结果可以发出预警，PSY 泡沫检验（Phillips，Shi，and Yu）、PE 比率、市值占 GDP 比率指标都可以用来检验泡沫。检验结果均表明美国股市存在泡沫，相反，我国股市除了 2008 年和 2015 年存在一定的轻微膨胀，2018 年后并不存在泡沫。美国股市的泡沫持续膨胀以及可能的最终崩盘会对全球经济产生负面影响。

第一节　泡沫检测与泡沫预警

一、泡沫的类型与命运

　　泡沫的产生通常与货币供应过多有关，无论是金本位制或纸币本位制，还是布雷顿森林体系中的美元货币制度。

（一）泡沫的类型

1. 短期可恢复性泡沫和短期不可恢复性泡沫。

　　泡沫的破裂有时是灾难性的，如荷兰郁金香泡沫（Thompson，2007）、英国南海泡沫（Neal，2012）和法国密西西比泡沫（Murphy，2012）、1929 年的美国泡沫（Gjerstad & Smith，2009），日本 20 世纪 90 年代的资产泡沫（Hu & Oxley，2018）等。这些泡沫是短期不可恢复的，会触发金融危机乃至经济危机，甚至战争。这种危机短期内会让经济元气大伤，是需要极力避免的。

　　有时股市崩盘也是可以短期恢复元气的，如美国 1987 年的崩盘、中国 2015 年的股市波动，不会引起金融危机。这时危机可能是局部的，如果处置得当，就会平息，市场就会恢复正常。

根据中国的经验，危机在于预防，要防止政策失误导致的不可恢复性泡沫。从前十章的内容可以看到，每一次不可恢复性泡沫都有宽松货币政策或财政政策的影子，银行系统被拉下水，或影子银行系统造成流动性危机。此外，股灾还与意识形态、政治游说、利益集团监管博弈等因素有关。中国则相对轻松得多，但是美国政府每十年一次的泡沫股灾循环值得我们反思。

2. 房地产泡沫、股票市场泡沫和汇率高估泡沫。

如果这三种类型的泡沫程度较大，且同时发生，就会产生系统性风险，经济就会受到严重伤害。在银行系统安全的情况下，一个中等规模的泡沫造成的损害要小得多（Brunnermeier & Rother，2020）。20 世纪 90 年代，日本从股票市场泡沫破裂到房地产市场泡沫破裂，使其"失去了 10 年"（Hu & Oxley，2018）。相反，从 1980 年开始中国就试图阻止这三种泡沫产生共鸣。2015 年，我国股市出现大幅波动，随后复苏，至 2018 年政府资金退出股市。改革开放四十多年来，中国没有爆发过系统性的金融危机，可称之为历史奇迹。①

2022 年，美国三种泡沫都存在，还要加上债务泡沫。所以，美国经济很有可能会出现黑天鹅。中国则通过 2018 年前后的去杠杆，使经济风险变得可控。

Focardi & Fabozzi（2014）定义了四种泡沫——局部泡沫、明斯基型泡沫、开放经济外源性流入造成的泡沫、内生泡沫。其中，明斯基型泡沫是由债务泡沫驱动的（Minsky，1972），而由技术泡沫驱动的泡沫（Pastor，2009）可能是内生泡沫。

（二）泡沫的命运

泡沫的第一个命运是被抑制和削弱，如中国的住房限购（HPR），通过降低有效住房需求，增加土地供应（Gao et，2019；Li & Chen，2017），限购、调节首付比例和房贷利率等行政手段控制住了房价。

第二种命运最有可能发生，即泡沫破裂，如 2001 年美国股市崩盘。

第三种是为经济注入新的实物价值，如新的商品、技术、劳动力或

---

① Martin Jacques，https：//v. youku. com/v_ show/id_ XNTA5NzM4NDk00A＝＝. html.

土地，深化改革措施和扩大开放，控制货币供应，如中国 1994 年治理通货膨胀（Brandt & Zhu，2020）。2022 年，美国发动了与中国的贸易摩擦，展开了"科技战"，通货膨胀创历史新高。通过战争或非战争手段掠夺资源也符合这个原理。总之，货币创造出来了，需要真实价值来背书，否则就会贬值，就会通货膨胀。

第四种是损失由他人承担，自身转危为安。2008 年，美国次贷危机的损失通过衍生品、债券等金融工具很大程度上由全世界来承担，美国的国家注资最后甚至赢利了，高盛也是赢利的。雷曼兄弟破产、资本金损失、美国国内留下了便宜的房屋，老百姓是受害者，但华尔街获利了。

第五种是造一个更大的泡沫。美国 2001 年股灾、2008 年次贷危机、2022 年股灾并没有改革经济中的顽疾，而是采取了宽松货币政策和财政政策的手段，一个泡沫比一个泡沫大，美国政府的债务越来越高，通货膨胀难以抑制。当美国政府没有办法转嫁危机、没有办法巧取豪夺有价值的商品时，只能让泡沫加速。

二、泡沫检测与预警

通过一定的方法检测出了泡沫的存在，就可以发出泡沫预警了。

（一）基于基本价值的泡沫检测

关于泡沫是否存在的争论源于对市场有效性的质疑。方差边界检验被用来拒绝萨缪尔森—法玛有效市场假说，即该假说认为股票价格完全反映了现有信息，是对内在价值的最佳估计（席勒，1981a，1981b）。但 Marsh 和 Merton（1983）驳斥了席勒的结论。

早期的泡沫检测是基于对现值偏离的检验，Campbell 和 Shiller（1988a，1988b）探索用股利价格比来计算基础价值的贴现率，还有一些检测方法一开始并没有检测到泡沫，然后改进以后发现泡沫，如内在泡沫（intrinsic bubble）和周期塌陷性泡沫（collapsing bubble）。由于这些泡沫是非线性的，需要利用状态转换原理进行建模和估计。Cerqueti 和 Costantini（2011）证明了 18 个经合组织成员国存在理性泡沫。由于泡沫用模型误差来计算，但模型的任何其他错误也会反映到模型误差中去，Gürkaynak（2008）认为，计量经济学家的个人偏见会影响其对泡沫是否存在的判断。

（二）忽略现值价值的泡沫检测与泡沫预警

为了避免 Gürkaynak（2008）的问题，许多新的方法逐渐开发出来。

1. 传统的泡沫预警指标。

第一个指标是债券股票收益率差（Bodie 等，2011）。如果美国十年期国债的收益率高于股息率，股市资金就会流入债市，引起股市动荡。联邦基金利率下降，证券价格也下降，则股市处于股灾状态（Kontonikas，2013）。BSEYD（bond-stock earnings yield differential model）模型考察了债券收益率与股票收益率（earnngs/price）的差值，总结了股灾区间（Lieo 等，2015）。

第二种是 PE 模型（Shiller，2015）。比如，将 PE 与 1929 年股灾前的 PE 进行比较，或者与 2001 年股灾前的 PE 比较，发出泡沫预警。有一种 PE 的估值方法强调去除盈利的周期性，就是诺贝尔经济学奖获得者、耶鲁教授罗伯特·席勒（Robert Shiller）发明的 CAPE 比率（cyclically adjusted price earnings ratio）。CAPE 对盈利采取 10 年移动平均，并把盈利按照 CPI 进行了通胀的调整。他在 1998 年发表了"估值比率和股票市场长期前景"（*Valuation Ratios and the Long-Run Stock Market Outlook*）的著名论文。在论文中，席勒教授在计算市盈率时使用了格雷厄姆建议的周期调整的方法，对盈利采用 10 年的移动平均。2000 年的 PE 水平已经到了和 1929 年股灾相同的高位，最后，席勒教授认为美国股市已经整体高估，处于"非理性繁荣"。随后的 2000 年 3 月，他出版了著名的《非理性繁荣》（*Irrational Exuberance*）一书。在这本书出版之后的一个月，美国互联网泡沫崩溃，纳斯达克崩盘。

第三种方法是股票市场的总市值与该国 GDP 之比。通过数十年的历史数据分析，席勒发现，股票市场的总市值与该国 GDP 之比是一个良好的市场估值指标：当比率低于 50%，市场显著低估；比率介于 50%~75%，市场温和低估；比率在 75%~90% 时，市场估值合理；高于 90% 则市场高估。

第四种方法是经验性判断，不需要很精确。例如：①指数在三个月时间内上涨 30% 以上；②新基金一天发金额达到 1 000 亿。2007 年 11 月牛市最巅峰的时候，一只基金一天能募集到 1 000 亿，2015 年也逼近千亿。这是一个非常重要的量能转化信号，意味着社会上能进股市的钱都进了。③企业 IPO 出现巨量，单个企业募资超过 500 亿，有的企业打算募集千亿。④整个股市上市公司的平均市盈率超过 50 倍。

2. 研究泡沫的新模型或方法。

第一个是 LPPL（log-periodic power law）模型，即对数周期幂律（Jiang 等，2010），该模型将股市指数的超指数增长速度视为泡沫的主要诊断依据。第二个是贝叶斯动态随机一般均衡模型（Miao 等，2015）或动态局部均衡模型（Isaenko，2015），前者解释了情绪冲击的自我实现信念支持的正反馈循环机制，后者解释了做市商如何试图补偿其因流动性不足而产生的高额交易成本。第三种是代理人（agent）模型。Kaizoji（2000）分析了日本危机（1987—1992 年）的泡沫和崩溃，发现其根源在于许多相互作用主体的集体人群行为。第四种是随机尖点突变（stochastic scusp）模型，Barunik（2009）的方法适用于由内生原因引起的股票灾害。第五种是状态转型模型，如社会状态转换模型（Levy，2008）认为羊群效应在市场崩溃中扮演着中心角色。第六种是利用收益序列对股价崩溃进行多重分形分析（Siokis，2013），Siokis（2013）使用了 MF-DFA 方法（multifractal-detrended fluctuation analysis，多重分形—去趋势波动分析）。第七种方法是动量法，Daniel 和 Moskowitz（2016）表明，动量策略可能会经历较大规模但不频繁的崩盘。

综上所述，羊群效应、动量、内生崩溃、情感冲击和 LPPL 都是从不同的角度来描述崩盘。多重分形分析和状态转换模型成功地把握了从泡沫产生到崩溃的数学特征。但这些都不是成熟且广泛应用的技术，相反，ADF 泡沫检测法是一种被广泛接受的分析时间序列数据的技术。

3. ADF 泡沫检测法。

基于单位根泡沫检测法，Phillips，Wu 和 Yu（2011）提出 PWY 策略来识别泡沫的起始点和终止点，并对 20 世纪 90 年代的纳斯达克泡沫进行了分析。2012 年，Homm 和 Breitung 证实，PWY 方法比其他检测方法更能发现多次泡沫，并使用了 Chow 测试的结构突变和蒙特卡罗模拟来改进 PWY 方法。为了更有效地识别多重泡沫，Phillips 等人（2015a，2015b）改进 PWY 方法，提出了 Phillips，Shi 和 Yu（PSY）策略——一个比 PWY 策略更可靠的策略。Pavlidis 等（2017）也使用 PSY 方法分析了现货和未来的价格泡沫。PSY 方法也被用于外汇市场（Hu 等，2017）、房地产泡沫（Greenaway-McGrevy R 等，2019）和天然气市场泡沫（Li 等，2020）的检验。但是，PSY 方法在对存在异方差的数据进行检验时，不存在泡沫的情形会被判断为存在泡沫的情形。

目前，对于该问题已有几种解决方法：第一，wild bootstrap 算法模拟关键值（Harvey 等人，2016）；第二，先估计出数据的波动率，用经过波动率调整后的所得的同方差数据进行 PSY 检验（Harvey et al.，2019）；第三，使用经过符号调整后的数据进行 PSY 检验，但该方法无法对多个泡沫时间进行一致判断（Harvey et al.，2020）。Phillips，P. C. 和 S. Shi（2020）指出，PSY 检验由于是一种递归检验，存在多重检验问题。他们提出了 composite bootstrap 的关键值模拟方法，并且模拟和实证结果证明了该方法的先进性。PSY 泡沫检测法发展多年且较为稳健，估计结果与其他方法一致。

（三）关于股灾成因的定性分析

首先是货币因素，如流动性冲击（Nneji，2015）、货币政策变化、资本流动（Focardi & Fabozzi，2014）和短期利率变化（Callen，2015）。①流动性是股灾的直接原因，但不是根本原因。美国历次股灾都是因流动性枯竭引起的，无论是金本位还是信用货币时代。所以，美国股灾要做的第一件事就是向市场提供流动性，政府出面稳定市场信心。②货币政策紧缩过快。当通货膨胀发生时，货币政策从低利率向高利率切换，总是暴发危机，美国 2008 年、2022 年危机都是这样。尤其是利率的大幅变化，在一年内达到 3%，就可以人为制造危机。③货币政策紧缩时间过长，容易引起经济萧条。货币政策可能需要盯住名义 GDP 而不是通货膨胀率，后者已经多次酿成危机。

二是参与者因素，如分析师（Andrade et al.，2013）、投资者、上市公司等，不成熟的投资者是股市崩溃的受害者（Greenwood，2009）。上市公司财务造假，假消息、假合同、假重组往往是劣质公司的特性，当然不能只看外表光亮的公司。注册制需要上市公司敬畏法制，这是注册制有效运作的道德根本。越是发达的市场，越需要更严格的道德自觉来降低交易成本，维持市场的顺畅。

三是信息不对称和激励不对称。高管超额津贴（Xu 等人，2014）诱导高管承担高风险进行投资或经营，任期股票期权诱导企业高管追求短期利益。如果激励不对称，高管承担高风险获得高回报；一旦失败，损失由股东承担；一旦成功，则获得的高额回报远超过正常回报。这种不对称的激励使得冒高风险成为高管的理性选择。

第二节　泡沫检测与泡沫预警的数据和方法

一、数据介绍

本章选取美国的纽约证券交易所和纳斯达克证券交易所、中国的上海证券交易所和深圳证券交易所的各类指数。在中国，纳斯达克能与深交所指数匹配，因为它们的功能都是为高科技公司和中小企业上市服务。然后，将纳斯达克的 IXIC 指数与深圳交易所的 399001 指数和 399005 指数进行比较。

美国五大指数和中国五大指数如表 11.1 所示①。此外，399106 和 399001 将与 000001 进行比较，研究上交所和深交所之间的激烈竞争②；SPX、DJI、NYA 和 XAX 将与 IXIC 进行比较，展示美国 COVID-19 崩溃后的高科技泡沫。③

---

① 399 001 包括深交所 500 家公司；399 005 包括中小企业板 960 家公司中的 100 家公司。
② 深交所综合指数 39106，包括深交所所有中小企业板、创业板和其他主要板的 2 263 家公司。
③ SPX 覆盖了 500 家公司，DJI 覆盖了 NYSE 和 NASDAQ 的 30 家公司。

表 11.1　美国五大指数和中国五大指数的缩写

索引名称	缩写	索引名称	代码
纽约综合指数	NYA	上证指数	000001
纳斯达克综合指数	IXIC	创业板指数	399006
纽约证券交易所美国综合指数	XAX	深证综合指数	399106
标准普尔 500 指数	SPX	深证成指	399001
道琼斯指数	DJI	中小板指数	399005

注：科技创新板块上市公司首个交易日为 2019 年 7 月 22 日，此索引尚未编译。科创板隶属于上海证券交易所（SSE），上市的是科技创新企业。

本书收集的数据从 2003 年 1 月 2 日到 2021 年 4 月 14 日，包括美国股市的几次泡沫和崩溃。中国数据和美国指数由中国金融信息服务行业领军企业 Wind Financial Terminal（WFT）和标普资本（S&P Capital IQ）提供，截至 2020 年 12 月 30 日。

二、研究方法

本书主要采用的理论模型与方法为 PSY 泡沫检测法。

（一）构建 PSY 泡沫测试统计量

需检验的方程如下：

$$y_t = \mu + \rho y_{t-1} + \sum_{j=1}^{p} \varphi_j \Delta y_{t-j} + \varepsilon_t, \quad \varepsilon_t \overset{i.i.d}{\sim} (0, \sigma^2) \tag{1}$$

零假设：$H_0: \rho = 0$；备择假设：$H_1: \rho > 0$。

设回归的样本区间为从 $T_1 = [r_1, T]$ 至 $T_2 = [r_2, T]$，则 ADF 统计量可写成：

$$ADF_{r_1}^{r_2} = \frac{\sum_{j=T_1}^{T_2} y_{j-1}(y_j - y_{j-1})}{\left[\widehat{\sigma}_{r_1 r_2} \sum_{j=T_1}^{T_2} y_{j-1}^2 \right]^{\frac{1}{2}}} \tag{2}$$

式中，$\widehat{\sigma}_{r_1 r_2}$ 为估计标准差。

对于所有样本，我们固定样本终点 r，改变样本起点，使 r_0 为最小样本宽窗[①]，$r_1 \in \left[0, \ r - r_0 \right]$，则 PSY 为：

$$PSY_r(r_0) \ = \ \sup_{r_1 \in [0, \ r - r_0], \ r_2 = r} \{ ADF_{r_1}^{r_2} \} \tag{3}$$

泡沫开始时间为：

$$\widehat{r_e} = \inf_{r > r_0} \{ r \colon \ PSY_r(r_0) \ > \ cv_\beta^r(r_0) \} \tag{4}$$

泡沫破裂时间为：

$$\widehat{r_f} = \inf_{r > r_e + \log(n)/n} \{ r \colon \ PSY_r(r_0) \ < \ cv_\beta^r(r_0) \} \tag{5}$$

其中 $cv_\beta^r(r_0)$ 为临界值。

（二）临界值的计算

我们考虑使用 composite bootstrap 方法来计算 PSY 检验统计量的临界值，以防止因数据中的异方差而导致检验能力下降。下面详细介绍整个过程。

第一步：在原假设（$\rho = 0$）下估计回归模型（1），我们可以得到 $\widehat{\mu}$ 和 $\widehat{\varepsilon_t}$。

第二步：从式（6）中模拟 $T_0 + T_b - 1$ 观测的样本。我们设 T_b 为两年，则 $T_b = 96$。

$$y_t^b = \widehat{\mu} + y_{t-1}^b + \varepsilon_t^b \tag{6}$$

用初始值 $y_1^b = y_1$，其中残差为 $\varepsilon_t^b = w_t \widehat{\varepsilon_j}$，$w_t$ 是从标准正态分布中随机绘制的，$\widehat{\varepsilon_j}$ 从第一步得到的残差序列中获得。

第三步：从模拟数据序列中计算 PSY 检验统计量序列，记为 y_t^b，被表示为 $PSY_{T_0 + T_b - 1}(r_0)^b$，具体计算如下：

$$M^b = \sup_{r \in [r_0, \ 1]} (PSY_{T_0 + T_b - 1}(r_0)^b) \tag{7}$$

第四步：重复步骤 2~3 次，B = 2 999 次[②]。

---

① 我们使用 $r_0 = \left(0.01 + \dfrac{1.8}{\sqrt{n}} \right) \times n$（Phillips et al, 2015）去决定最小样本宽窗。

② Phillips, P. C. and S. Shi（2020）. Real time monitoring of asset markets: Bubbles and crises. In Handbook of Statistics, Volume 42, pp. 61-80. Elsevier.

第五步：计算 $\{M^b\}_{b=1}^B$ 序列的95%分位点，即为PSY泡沫检测过程的关键值。

第三节　泡沫检测与泡沫预警的实证分析

一、中美股市指数结构及趋势分析

（一）指数走势显示了上交所和深交所的激烈竞争

1. 深交所挂牌的高新技术产业公司较多，增长速度快于上交所。

从表11.2和可以看出，上交所上市公司数量增长幅度为1倍，低于深交所的4倍，说明深交所的增长速度快于上交所。同时，深交所新增上市公司约1 700家，上交所新增上市公司约800家，在深交所上市的新企业多为科技型创业型企业，而在上交所上市的企业多为传统行业。在中国，企业家精神在促进经济增长方面发挥着独特的作用（Wang，2020）。目前，深圳正计划借助深易所、港交所的融资便利，与大湾区的中国香港、东莞、惠州进行整合（Zhang等人，2019）。

表 11.2　沪深两市市值（MV）及上市公司数量

指数	000001	399106
证券交易所	上交所	深交所
2003年1月1日市值（万亿）	2.6	1.3
2020年5月14日市值（万亿）	39.2	24.2
市场价值增加	15倍	18.6倍
2003年1月1日上市公司数	759	556
2020年5月14日上市公司数	1 553	2263
上市公司数量增加	1倍	4倍

2. 上海证券交易所设立科技创新板块的意义。

2019年6月13日，科技创新板正式启动；7月22日，首批科技创新板块企业挂牌；8月8日，第二批科技创新板块企业挂牌。

国务院定在上海证券交易所建立科技创新板块，试行注册登记制度，对于提高资本市场服务长三角经济圈实体经济的能力具有重要意义，有利于推进上海国际金融中心和技术创新中心建设。

面对科技革命，与美国的高科技企业竞争是实现中国梦的关键（Shi 等人，2021），因此，股票市场的体制改革是中国未来 30 年的核心改革。

3. 投资者愿意为创业板和科创板上市公司支付更高的定价。

投资者给予了深交所上市公司较高的价格，这刺激了深圳高新技术中小企业的 IPO，高新技术中小企业的快速增长也支持了更高的定价。2010 年，中国的创业板（ChiNext）在深圳交易所成立，新材料、遗传学、生物医药和医疗器械等领域的科技型和高风险企业在深交所挂牌，形成了完整的产业链。从图 11.1 至图 11.4 可以看出，上证指数 000001 的指数 PE 和 PB 比值最小。

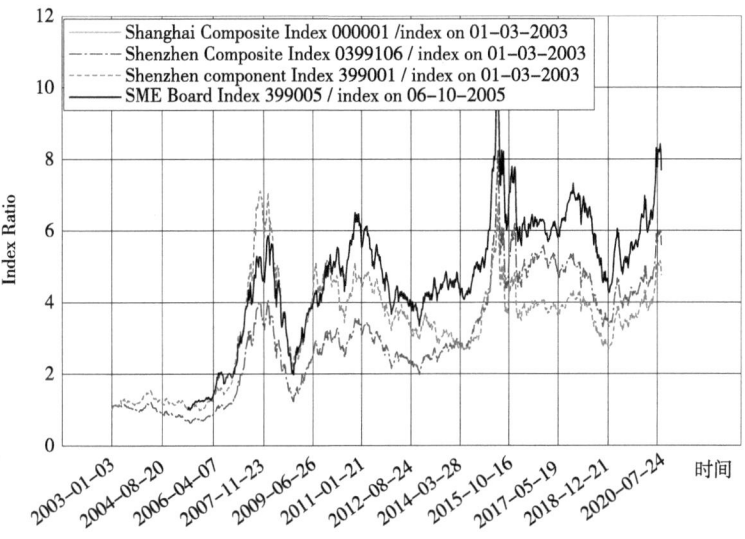

图 11.1　股票指数比较

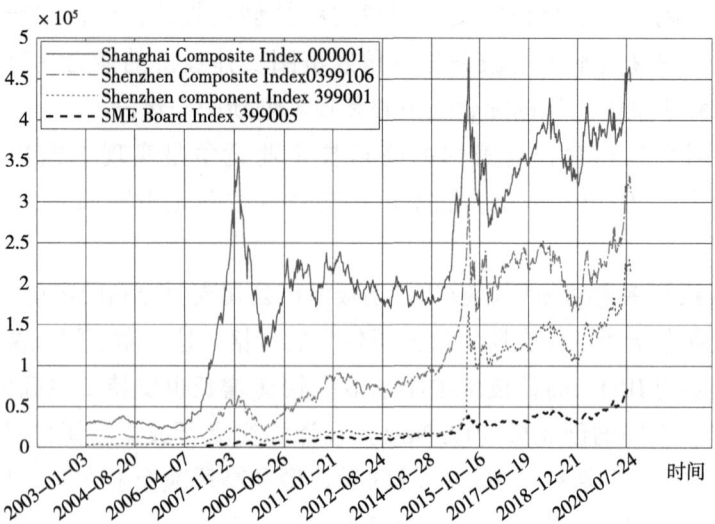

图 11.2　股指市值比较

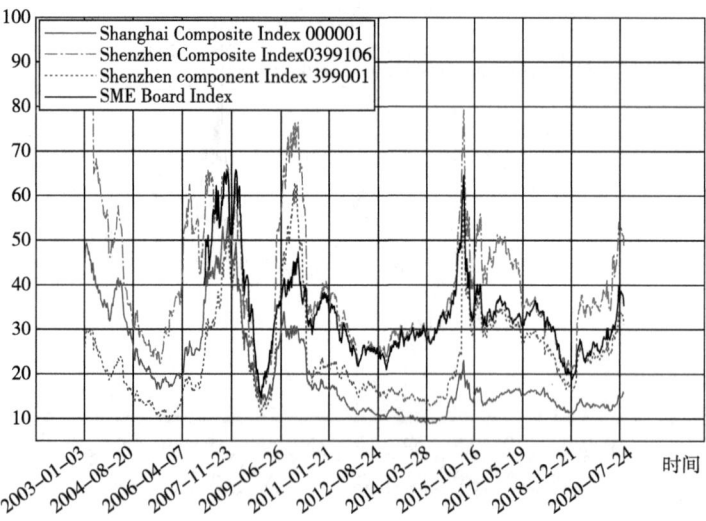

图 11.3　指数 PE 比较

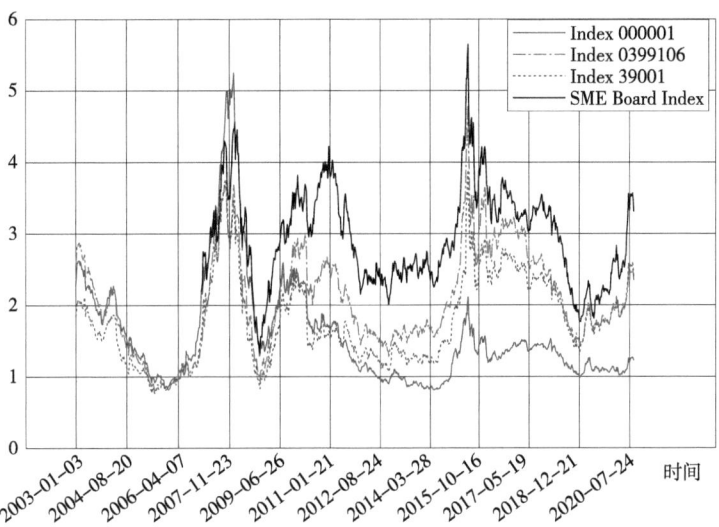

图 11.4　指数 PB 比较

注：为便于比较，图 11.1 中，将上证、深证的相关指数在 2003 年 1 月 1 天当作 1，也就是相关股指要除以 2003 年 1 月 3 日这天的股指。

4. 上交所和深交所上市公司的行业分析。

表 11.3 告诉我们，设立科创板（science and technology innovation board，STIB）的原因之一就是让更多高科技创业型企业在中国上市，而不是在美国上市。科创板的上市条件比创业板又放宽了，许多不能在创业板上市的公司可以在科创板上市。

上交所和深交所的产业结构亟待优化调整。深交所在计算机、家装、家电、传媒等行业具有相对优势，这些行业发展较快，一般是技术或人力资本密集型行业。上交所的行业优势是资本密集型的非银行金融业和交通运输业。

表 11.3 说明了上交所和深交所各自的相对优势。上交所的医学生物、交通、农林畜牧渔、家用电器、电脑、电子产品、媒体等行业的市值（MV）分别是深交所的 1.5、1.6、3.4、5.5、2.3、2.3 和 2.9 倍。深交所有色金属、银行、休闲服务、食品饮料、运输、建筑装饰、国防军事工业、公用事业、非银行金融、矿业等行业的平均市值分别是上交

所的 1.6、12.3、2.9、1.9、2.9、3.1、1.4、2.0、5.8、11.3 倍。表 11.3 中数据是根据 2020 年 6 月 20 日的行情及财务数据等进行编程计算的。

表 11.3　2020 年 6 月 12 日沪深两市行业、市值（MV）及上市公司数量

行业	证券交易所			
	上交所		深交所	
	数量	MV	数量	MV
综合的	10	931.17	25	1 198.49
有色金属	59	5 612.73	60	9 078.84
银行	8	5 255.90	28	94 641.66
医学生物学	200	35 634.04	109	22 967.71
休闲服务	20	1 163.44	19	3 345.99
交通	72	7 347.09	30	4 486.91
食品和饮料	47	16 414.62	51	31 340.18
商业贸易	38	4 317.48	62	4 826.38
轻工制造业	75	4 474.34	61	5 031.66
车	96	8 523.26	92	11 002.96
农业、林业、畜牧业和渔业	56	9 485.06	32	2 780.77
运输	41	6 344.88	82	18 613.81
建筑装饰	74	3 307.91	57	10 201.13
建筑材料	46	4 210.03	24	5 386.93
家用电器	44	11 781.86	19	2 125.73
电脑	175	19 196.66	41	8 271.42
机械设备	238	12 157.09	114	10 430.46
化学工业	223	14 746.40	125	17 232.88
国防军事工业	43	4 540.28	25	6 501.17
公用事业	90	7 088.48	80	14 403.83

续　表

行业	证券交易所			
	上交所		深交所	
	数量	MV	数量	MV
钢	16	2 919.10	18	3 263.02
非银行金融	30	8 622.05	51	49 946.36
纺织品和服装	46	2 347.64	40	1 710.77
房地产	65	10 075.47	77	12 061.28
电子产品	194	33 788.04	61	14 994.11
电气设备	126	11 407.22	71	9 158.09
媒体	112	15 112.61	57	5 275.21
矿业	22	1 546.40	47	17 540.14
总计	2 266	268 351.23	1 558	397 817.88

（二）中国股市年收益率低、年收益率波动大的深层次原因

第一，为什么中国经济持续增长而股市回报平平？这是中国股市之谜。

虽然中国是全球制造中心，但出口利润较低（Ng，2020），没有盈利的上市公司就没有持续上涨的股价。因此，中国政府制定并实施了《中华人民共和国国民经济和社会发展第十四个五年规划》和《2035 年长期目标纲要》，以便占据产业上游，获得更高的利润。这也是为什么美国试图阻止中国振兴科技发展目标的原因。美国的世界头部公司获利丰厚，可以支撑股市长期走高，当然，这不是否定当前美国股市的泡沫化。

第二，为什么我们的上市公司传统产业占了主导地位？

我们的上市公司传统产业占主导有其历史和经济的必然性，甚至是来之不易的成果，我们是全产业链制造大国，上市公司基本包括了各种类型的公司，而传统产业如能源、有色、银行、地产、港口等尽管估值

较低，却是产业链中不可缺少的。传统产业市值总量高、成长性弱，市盈率低（PE）低，必然拖大盘指数的后腿。我国股市常出现结构性行情，如电子、消费、互联网、新能源等，而传统产业的股票并未参与。

第三，中国的股市需要吸纳和培养一批世界一流的公司，我们的股票必须向着这个方向努力。

我国的新兴产业缺少足够数量的蓝筹股，不少优秀公司到国外上市。比亚迪、宁德时代已经快达到万亿市值了，这样的公司代表了 A 股的未来，腾讯、阿里、京东、拼多多都从中国经济中吸取营养并成长壮大，未来要推动它们回 A 股上市。

美国的华尔街具有全球股票定价权。他们给传统产业股票定价偏低（市盈率低），互联网等新兴产业定价高（市盈率高）。但是，根据美国利益的需要，华尔街对石油、黄金和有色等的定价波动幅度是巨大的，可能有几倍的涨幅。

图 11.5 至图 11.7 为自 2003 年以来，中国各指数的年收益率、波动性、最高/最低指数等情况。

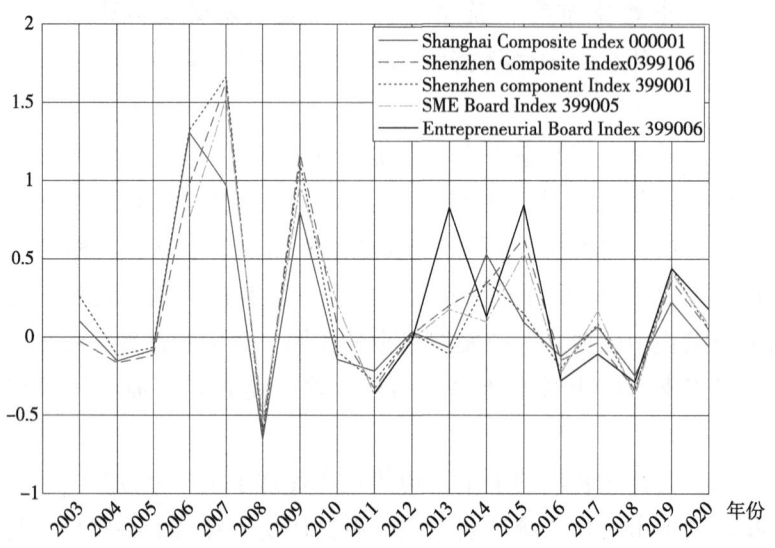

图 11.5　年回报率

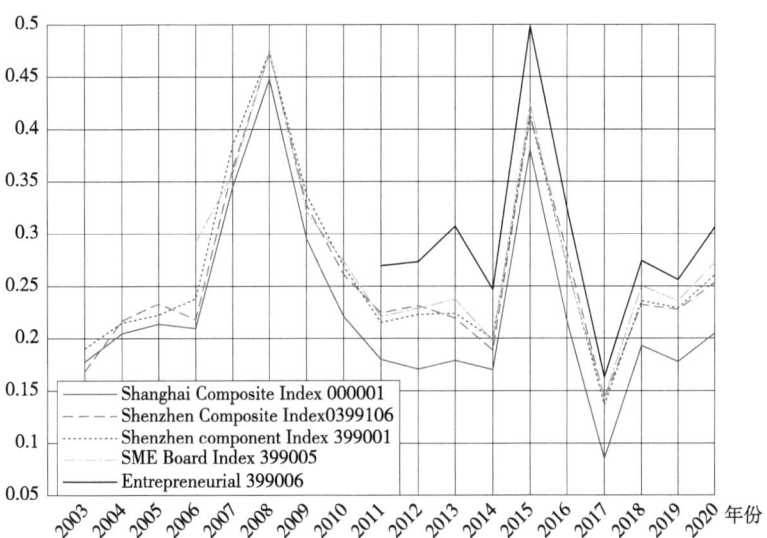

图 11.6　回报波动性

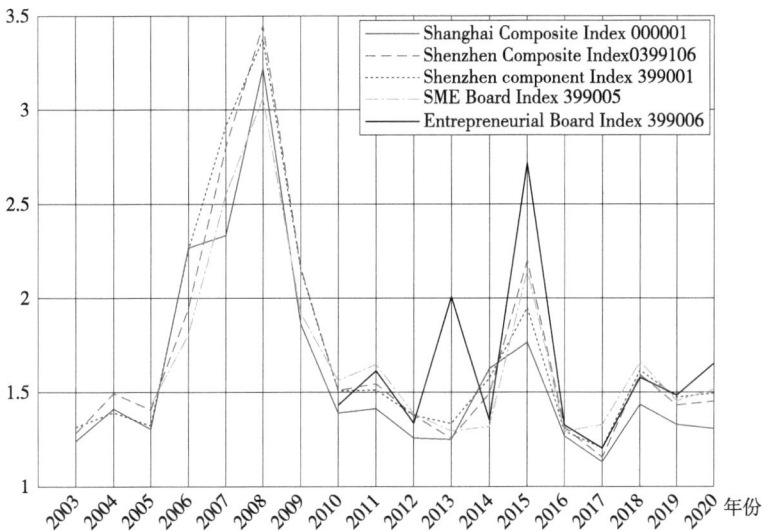

图 11.7　指数最高/最低

注：计算年回报率时，是以年底的收盘价指标值除以上一年度的指标值。年波动率的计算方法如下：①以交易日收盘价计算收益；②计算当每年日收益的标准差；③根据以下公式：年波动率=日标准差×交易日平方根。

（三）美国股市结构的特征分析

1. 美国股市指数走势：美国股市财富严重依赖互联网巨头。图11.8至图11.11显示了美国部分股票指数的数值对比。如图11.8至图11.11所示，近年来，美国股市财富严重依赖纳斯达克的全球互联网巨头。纳斯达克拥有全球著名的科技公司，如谷歌、苹果、微软和亚马逊，这些公司在纳斯达克综合指数中发挥着主导作用。2020年面临破产的怀廷石油公司（Whiting Petroleum Corporation）、HTZ（Hertz）和JBN（JC Penney）等主要的非互联网公司都在纽约证交所上市①，中国主要的互联网公司也纷纷在纽约证券交易所（NYSE）或纳斯达克（NASDAQ）上市。

2. 纽约证券交易所和纳斯达克的行业分析。美国股市的财富发展严重依赖信息技术，在通信技术、大数据、人工智能等领域的技术优势给美国带来了巨大的财富。而且，美国通过贸易摩擦、技术战争等方式，竭力为自己在通信技术方面重新获得优势创造了条件。

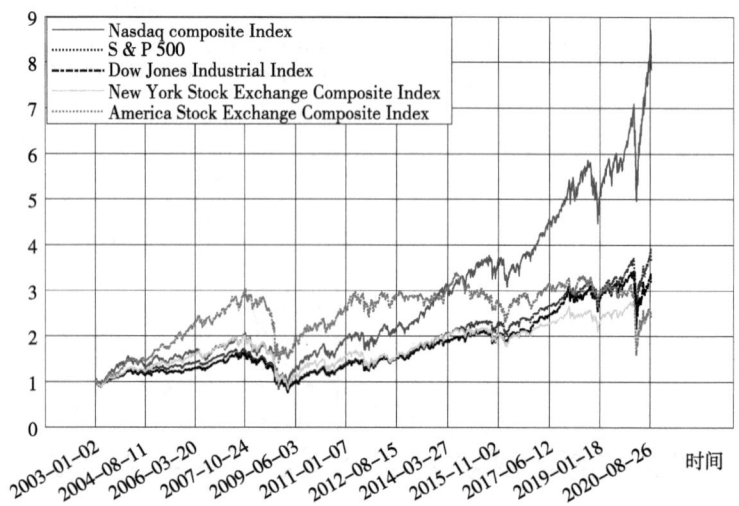

图11.8 美国五大股票指数（Nasdaq composite Index, Index S & P 500, DJI, NYA, XAX）

---

① Information was from www. sohu. com and WIND.

图 11.9　指数 PB（PB of Indices）

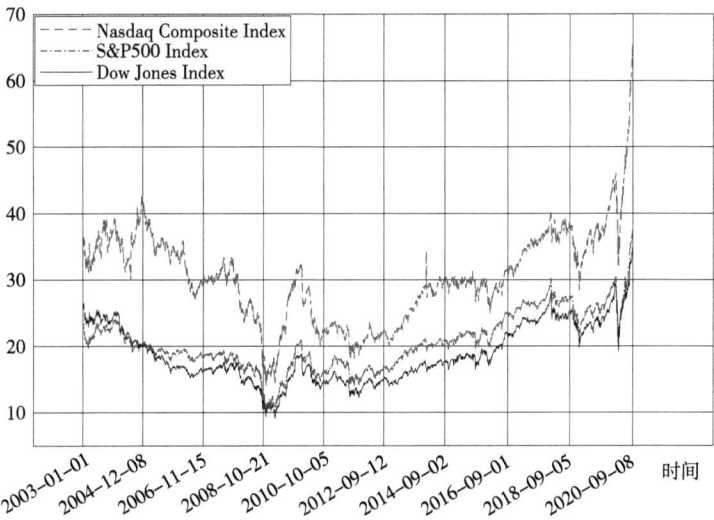

图 11.10　指数 PE（PE of Index of IXIC. GI，SPX. GI，DJI. GI）

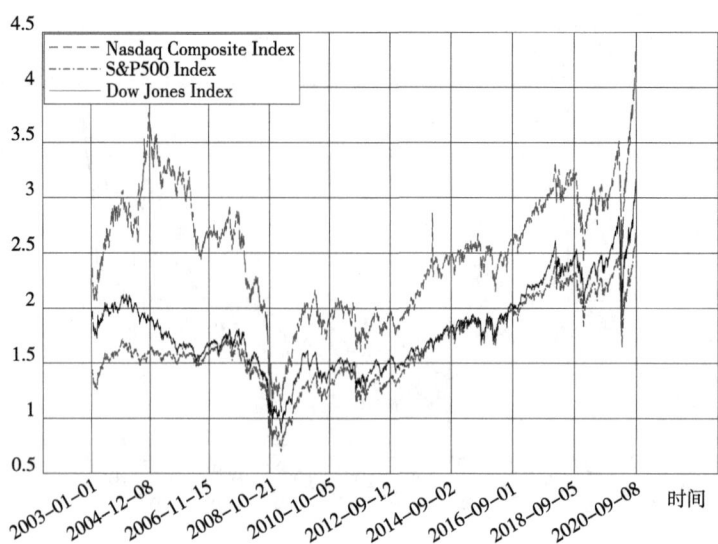

图 11.11　市值与收入之比（MV/REvenue ratio of IXIC. GI, SPX. GI, DJI. GI）

注：图 11.9 和图 11.10 的数据来自 S&P Global Market Intelligence。图 11.8 和图 11.11 的数据来自 Wind 金融终端。图 11.10 和图 11.11 告诉我们，纳斯达克的账面价值更高，PB 更低，PE 更高。如此多的金融资源都集中在纳斯达克和高科技股票上。

　　在表 11.4 中，纳斯达克信息技术行业市值几乎是纽约证券交易所的两倍，而在纽约证券交易所，材料、日用、能源、金融、公用事业、工业、房地产、电信服务的市值分别是纳斯达克的 3、4、6、6、10、5、6、5、5 倍。2020 年 6 月 12 日，NYSE、NASDAQ 和 NYSE 的市值分别为 26.5 万亿美元、16.7 万亿美元和 858 亿美元。美国股市的总市值为 43.2 万亿美元，上市公司总数为 5 032 家。

表 11.4　2020 年 6 月 12 日，NYSE、NASDAQ 和 AMEX 的行业、市值（MV）和上市公司数量

证券交易所		纽交所		纳斯达克		美国纽交所
医疗和保健	118	37 287 . 16	811	17 535 点	43	53. 406
信息技术	173	32 918 . 31	505	93 847 . 30	19	16. 798 2
日常消费	85	23 908 点	84	5 694 . 58	5	40. 377 1
能源	216	22 778 . 87 点	74	380. 314 5	29	443. 806 4

续　表

证券交易所		纽交所		纳斯达克		美国纽交所
可选消费	295	32 971 . 16	330	32 648 . 04 点	12	4. 519 7
金融	377	44 056 . 46	635	7 183 . 59	10	28. 173 9
公用事业	87	10 174 . 21	21	977. 949	1	2. 291 2
行业	293	27 049 . 62	234	4 917 . 72 点	25	16. 957 8
房地产	168	10 122 . 70	45	1 687 . 12 点	12	12. 470 9
通信服务	33	9 948 . 06 点	25	2 024 . 72 点	2	5. 781 9
材料	171	13 912 . 63 点	47	402. 776	47	233. 775 1
总计	2016	265 127 . 69 点	2 811	167 299 . 87 点	205	858. 358 2

数据来源：标普资本（S&P Capital IQ）。

（四）中美股市指数变化规律对比分析

1. 美国股指涨幅显著超过中国。2008 年至 2019 年，美国股市的表现好于中国。未来，中国将继续学习美国的股市管理经验，并引入新的改革措施。

中美股市投资回报对比差异较大。在美国，伯克希尔·哈撒韦（Berkshire Hathaway）或苹果公司（Apple Inc.）等股票的价值已经上涨了 1 万多倍。在中国，给投资者带来丰厚回报的上市公司并不多。

2. 美国股票市场指数的资本价值是中国的 4 倍多。2018 年底，中国股市市值约为美国股市市值的五分之一，然而，中国的 GDP 是美国 GDP 的三分之二。[①] 为了克服这种差距，实现人民币的国际化，独角兽互联网公司需要在中国国内股票市场上市。

3. 中国股市缺少像美国这样的顶尖高科技公司。在中国上市的科技公司规模较小。中国企业阿里巴巴（Ali Baba）和京东（JD.com）在纽约证券交易所（NYSE）的上市编号为 BABA 和 JD，而腾讯 QQ 在香港联交所（SEHK）的上市编号为 00700。中国股市最大的上市公司是贵州茅台和工商银行，前者是酒业公司，后者是银行。今天我们培养出了比亚迪、宁德时代这样的高科技万亿市值公司，是我们难得的阶段

---

① https：//baijiahao. baidu. com/s？ id = 16504705953333878320&wfr = spider&for = pc

性成果。

4. 中美股票市场的退市效应。中国股市每年退市的上市公司远不到 1%，而在美国，每年退市的公司超过 7%。美国退市的上市公司增加是由于并购的增加（Doidge et al. 2017）。对于 ST 壳公司的恶意炒作是我国股市历来的恶习，现在终于迎来了有力的改革举措。2021 年，中国借鉴美国成熟的股票市场制度，完善了退市制度，修订了《证券法》《刑法》《公司法》等相关法律，加大了对股票市场违法行为的打击力度。

二、泡沫检测与泡沫预警分析

（一）泡沫预警：PE 与 MV/GDP

1. PE 泡沫。通过对股市历史行情的观察，图 11.1 至图 11.4 告诉我们，当深证综指（399106）的 PE 值大于 40 时，预警是必要的。2007 年、2009 年和 2015 年，当深证综指（399106）的 PE 值超过 40 时，中国股市发生了三次大的波动。不同时期，不同指数的泡沫特征是不同的，有先有后，有大有小，有长有短。

我们比较图 11.1 至图 11.44 以及图 11.8 至图 11.11，发现纳斯达克处于泡沫状态，因为它的 PE 超过 40 甚至 50。我们可以看到，美国一些股票指数的 PB，PE，MV/RE 越来越高，泡沫越来越大。

2. MV/GDP 泡沫①。对我国而言，2020 年 12 月 31 日，沪深两市总市值 868 316 亿元，除以国内生产总值（GDP）1 015 986.2 亿元，得 85%；纳斯达克、纽约证券交易所和美国证券交易所的总市值 560 961.3 亿美元，除以美国 GDP 209 366 亿美元，得 268%。美国 MV/GDP 值是中国的 3 倍多，所以中国股票市场的相对发展潜力巨大，这为中国未来的经济发展提供了显著支撑。

对我国而言，金融资产总额（9 936 949 亿美元）除以 GDP 总额为 9.78；美国金融资产总额（3 048 950.94 亿美元）除以其国内生产总值为 11.56。对我国而言，商业银行总资产（258 997.7 亿元）除以 GDP

---

① 数据自 WFT 选取。

为2.55；美国银行总资产（205 887.8亿美元）除以美国GDP为0.98。在中国，商业银行创造的资产比美国多；在美国，股票市场创造的总资产比中国多。中国正在振兴股票市场，减少银行主融资渠道的风险，把因追求高收益而甘愿承担高风险的投资行为引导到发展高科技产业的宏观效益上来，实现国家与投资者利益的互利共赢。

美国的金融资产泡沫远大于中国，源于美国政府对泡沫的欢迎态度，而中国政府对泡沫是防范的。由于泡沫终会孕育危机，中国反而处于更加有利的战略地位。当美国金融危机的时候，正是中国收购优质资产从而壮大自己的良机。

（二）PSY泡沫预警

1. 中国的PSY泡沫。中国股市呈现明显的繁荣和萧条周期，在2007年和2015年出现了一定的泡沫（见图11.12至图11.19），当时股市、股指期货都没有或只有较弱的卖空能力，投机能力受一定限制。2015年以后，由于政府的反泡沫政策，再没有产生PSY泡沫。

由图11.13、图11.15、图11.17和图11.19可知，中国股市指数的PSY泡沫检验告诉我们：①上证综指（000001）的PSY检验出现了4个泡沫（见图11.13）。2006年5月12日至19日的第一次泡沫是短期泡沫，2006年11月17日至2008年1月25日的第二次泡沫，2014年11月28日至2015年1月30日的第三次泡沫和2015年2月13日至2015年6月19日的第四次泡沫。②由图11.15知，深圳综合指数（399106）的PSY检验显示有4个泡沫。第一次泡沫发生在2006年6月30日至7月7日，第二次泡沫发生在2006年12月15日至2008年1月25日，第三次泡沫发生在2008年2月5日至2008年3月7日，第四次泡沫从2015年2月13日到2015年6月26日，持续了6个月。③由图11.17可知，中小板指数（399005）的PSY检验显示有5个泡沫。第一个泡沫从2007年1月19日至2007年1月26日，第二个泡沫从2007年3月23日至2007年6月22日，第三个泡沫从2007年7月27日至2007年10月19日，第四个泡沫从2007年12月28日至2008年1月18日，第五次泡沫从2015年3月13日到 2015 年 6 月 19 日，持续了 3 个月。④如图 11.19 所示，2011 年后，创业板指数（399005）用 PSY 法检测出两个泡沫。第一次泡沫发生在 2013 年 9 月 30 日至 2013 年 10 月 11 日，第二次泡沫发生在 2015 年 3 月 13 日至 2015 年 6 月 19 日。

由图 11.13. 图 11.15、图 11.17、图 11.19 可知，①中国股市在 2005—2008 年和 2013—2015 年出现两次较大的波动。②2015 年以后，我国股市没有泡沫，因为政府对泡沫的危险性有深刻的认识，时刻警惕。③由几个短的、趋势向上的子泡沫构成的大泡沫意味着更深的跌幅和更久的下跌时间。④不同指数的泡沫运动规律不完全相同，高科技板块指数较为活跃。⑤高技术板块市值增长较快，且代表着股票市场未来的投资方向和产业发展方向。

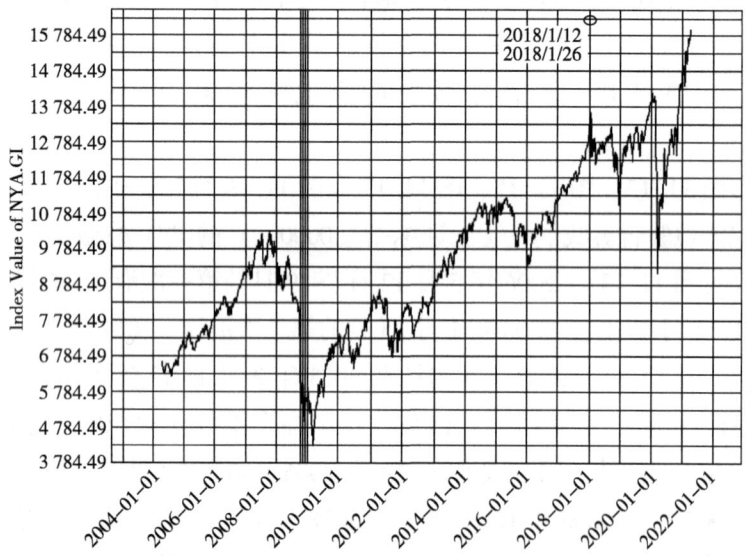

图 11.12　纽约综合指数 PSY

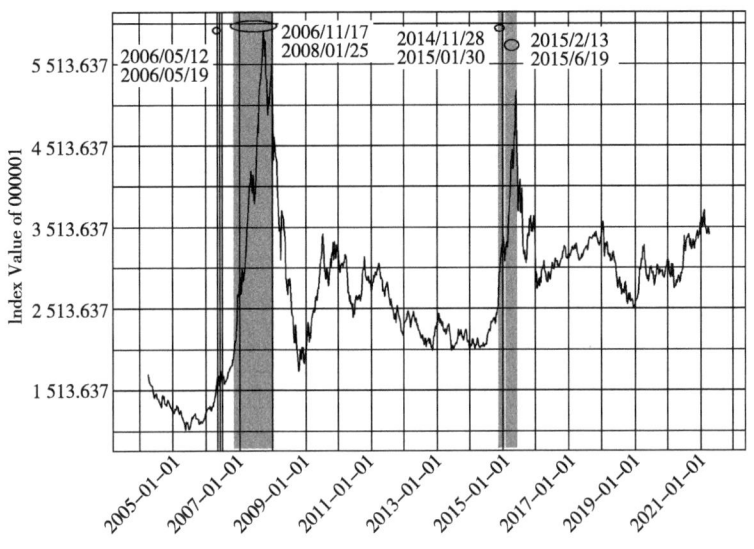

图 11.13　上证综合指数

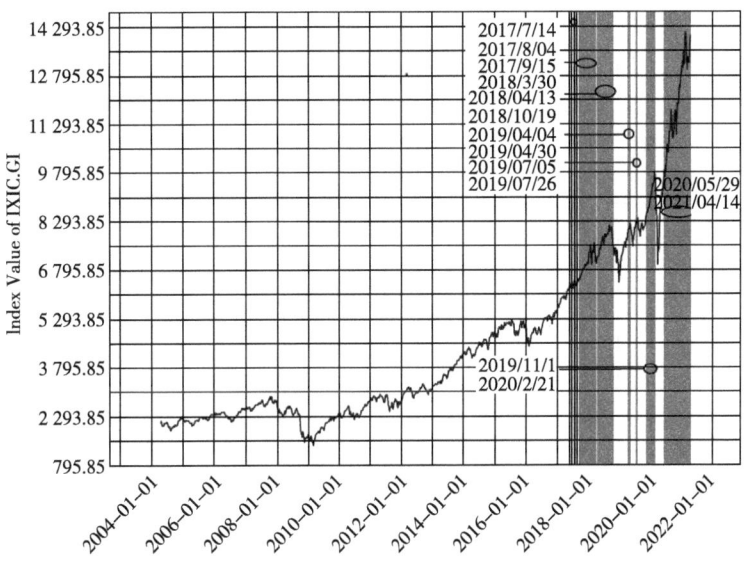

图 11.14　纳斯达克综合指数

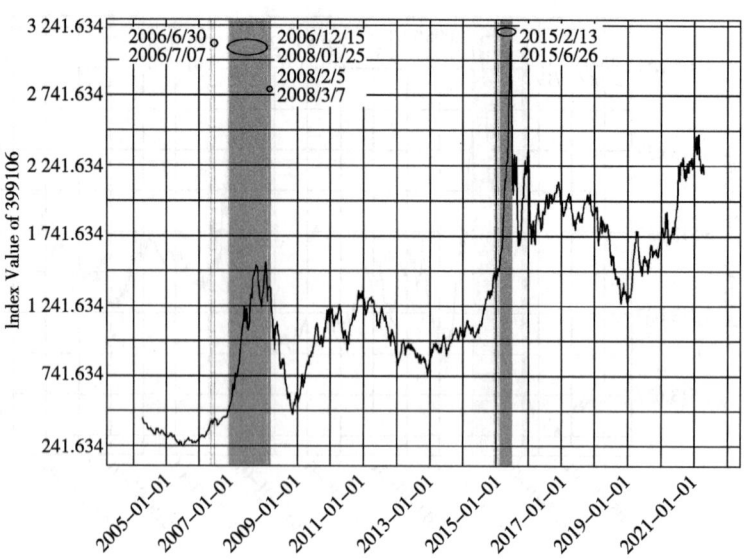

图 11.15　深圳综合指数

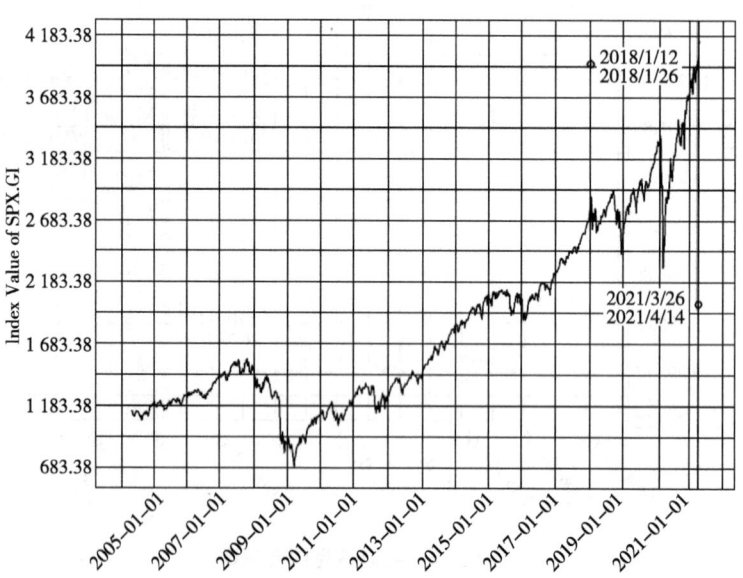

图 11.16　标普 500 指数

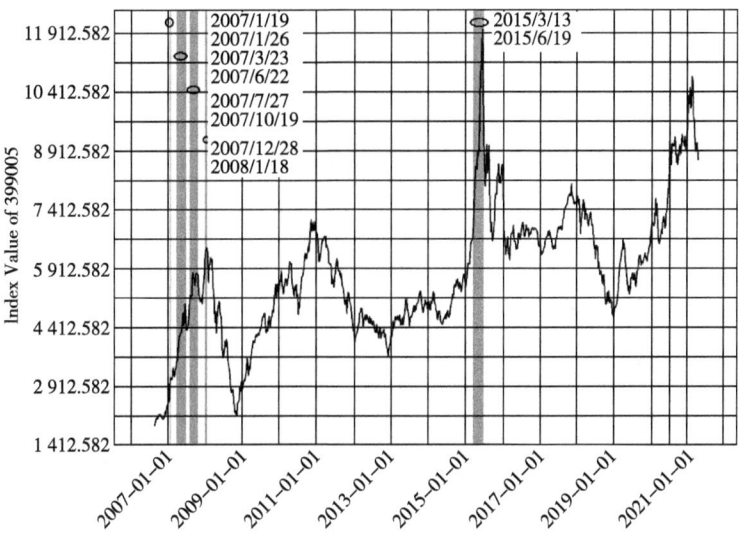

图 11.17 中小企业板块指数

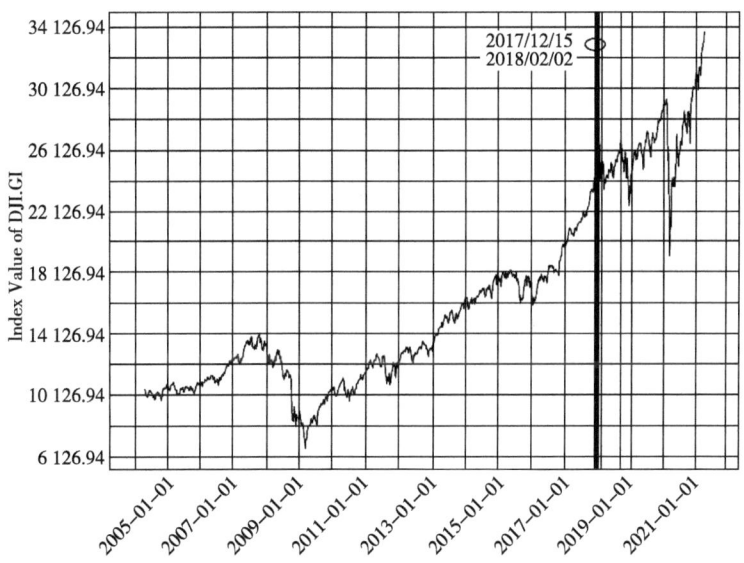

图 11.18 道琼斯指数

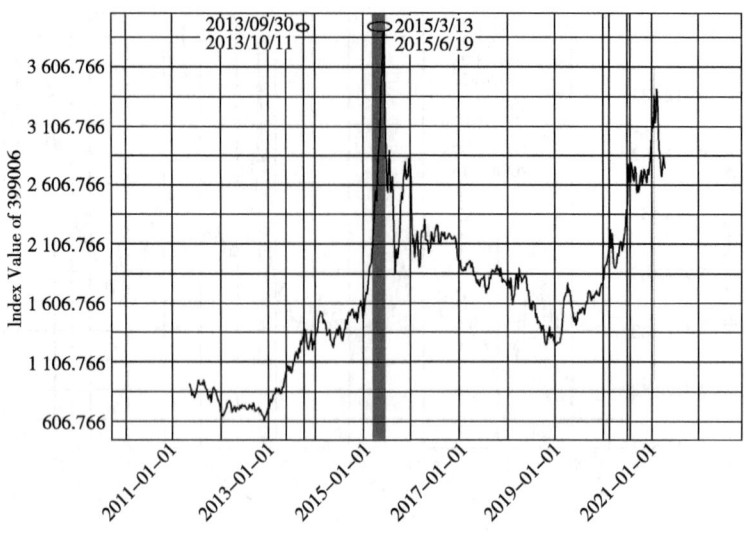

图 11.19 创业板指数

2. 美国：PE 泡沫、崩盘和新的 PSY 泡沫。由图 11.12、图 11.14、图 11.16 和图 11.18 可知，美国股指 PSY 检验告诉我们：①纽约综合指数（NYA）的 PSY 检验显示了 2018 年 1 月 12 日至 2018 年 1 月 26 日的泡沫，泡沫是短期的（见图 11.12）。②纳斯达克综合指数（IXIC）的 PSY 检验显示出 7 个泡沫（见图 11.14）。第一次泡沫出现在 2017 年 7 月 14 日至 2017 年 8 月 4 日，第二次泡沫出现在 2017 年 9 月 15 日至 2018 年 3 月 3 日，第三次泡沫出现在 2018 年 4 月 13 日至 2018 年 10 月 19 日，这三个子泡沫构成了一个时间更长、规模更大的 2016—2018 年泡沫。第四次泡沫从 2019 年 4 月 4 日至 2019 年 4 月 30 日，第五次泡沫从 2019 年 7 月 5 日至 2019 年 7 月 26 日，第六次泡沫从 2019 年 11 月 1 日至 2019 年 2 月 26 日，第七次泡沫从 2020 年 5 月 29 日至 2021 年 4 月 14 日。这四个子泡沫构成了 2019 年至 2021 年的大泡沫。要注意的是，2016—2018 年的大泡沫与 2019—2021 年的大泡沫实际上形成了一个更大的泡沫，这个 2016—2021 年的超级泡沫超过以往，是危险的。③标普 500 指数（SPX）的 PSY 检验显示，2018 年 1 月 12 日至 18 日和 2021 年 3 月 26 日至 2021 年 4 月 14 日有两个泡沫（见图 11.16），第二个泡沫是在新冠肺炎疫情后的一个更大的泡沫。④2017 年 12 月 15 日至 2018 年 2 月 2 日，道琼斯指数的 PSY 检验显示一个泡沫（见图 11.18）。

由图 11.12、图 11.16 和图 11.18 可知：①2008 年向前至 2003 年，我们没有发现美国股市的泡沫，但 2017 至 2019 年，我们发现了多个大泡沫，甚至是超级泡沫，这意味着美国将在未来面临困难时期。②纳斯达克综合指数比纽约综合指数的泡沫更大。高科技产业对美国不仅在经济上很重要，在金融资产规模上也很重要。美国这么高的泡沫孕育着较大的金融风险。如果美国再发生新的股市危机，恐怕已经没有新的货币政策工具或财政政策工具可以大规模使用了。美国的股市泡沫股灾周期十年一轮，几乎不可避免，在美国虚弱时，必然需要世界的帮助。

3. 美国和中国的 PSY 泡沫。从图 11.11 至图 11.19 中我们可以得出：①中国 2005—2008 年和 2013—2018 年的股市波动较大，这些教训让我们认识到股市大幅波动对经济的副作用。②美国新政府上台时，由于政治周期的作用，美国股市尤其是纳斯达克（NASDAQ）出现了超级泡沫，而此时的中国股市没有泡沫。③美国需要与中国合作，而不是视中国为对手，美国应该警惕自身危机的可能性。2008 年，美国只有微弱的 PE 泡沫而没有 PSY 泡沫，而今天，超级 PSY 泡沫和 PE 泡沫并存。

4. PSY 稳健检验。在 PSY 稳健检验中，我们主要考虑宽窗口大小对结果的影响，下面我们详细介绍整个过程。

步骤 1：以最佳样本宽度（长度）为中心，前后增加 30 个宽度窗口。[①] 我们可以得到最小样本宽度（长度）的序列：$\{best-30, best-29, \cdots, best+29, best+30\}$。

步骤 2：利用每个最小样本宽度（长度）计算 PSY 检验统计量，得到一系列 PSY 检验统计量，其序列表示为 $\{PSY_{best-30}, PSY_{best-29}, \cdots, PSY_{best+29}, PSY_{best+30}\}$。序列交互后得到相应样本按不同窗口计算的 PSY 检验统计量。

---

① $best = (0.01 + 1.8/\sqrt{T})$

步骤 3：计算所有 PSY 检验统计量的 p 值，计算 p 值均值。

图 11.20 至图 11.27 与图 11.12 至图 11.19 的结果相同，所检测的泡沫周期与平均 p 值大于 0.95 的周期基本重合，说明本节 PSY 检验的结果是稳健的。

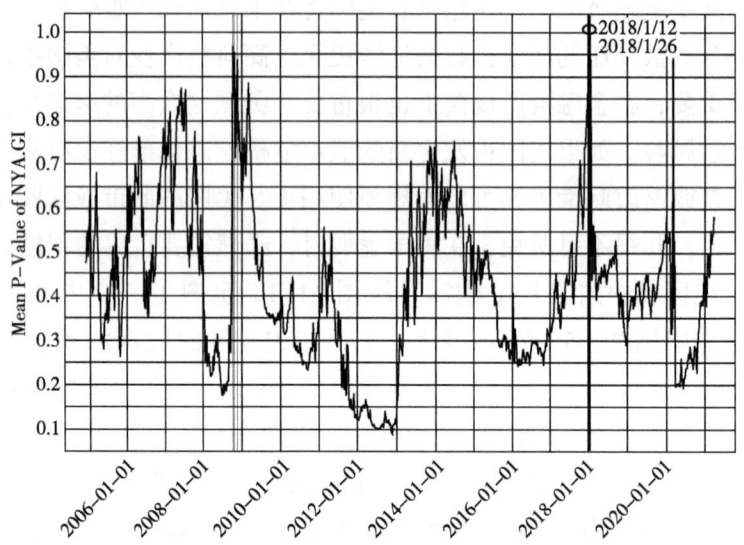

图 11.20　纽约综合指数（NYA）的稳健性检验

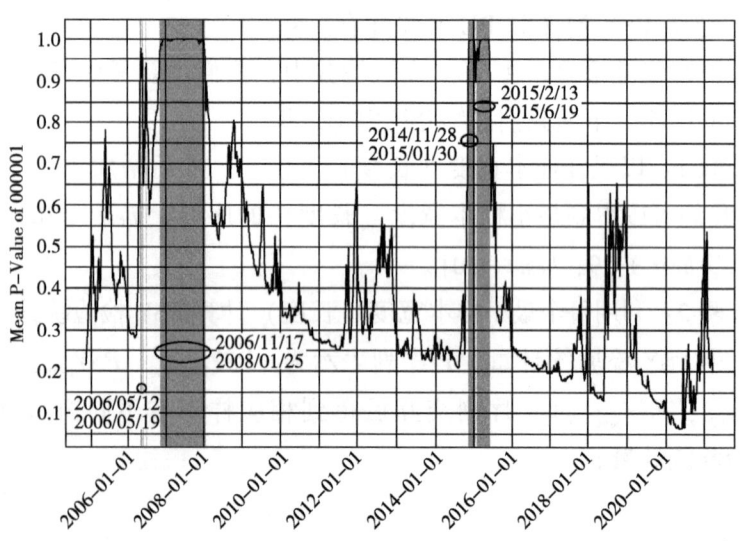

图 11.21　上证指数（000001）的稳健性检查

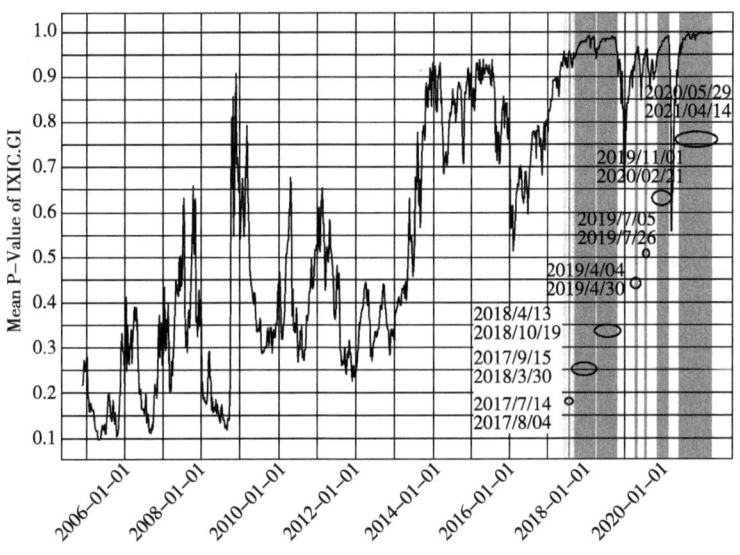

图 11.22　纳斯达克综合指数（IXIC）的稳健性检验

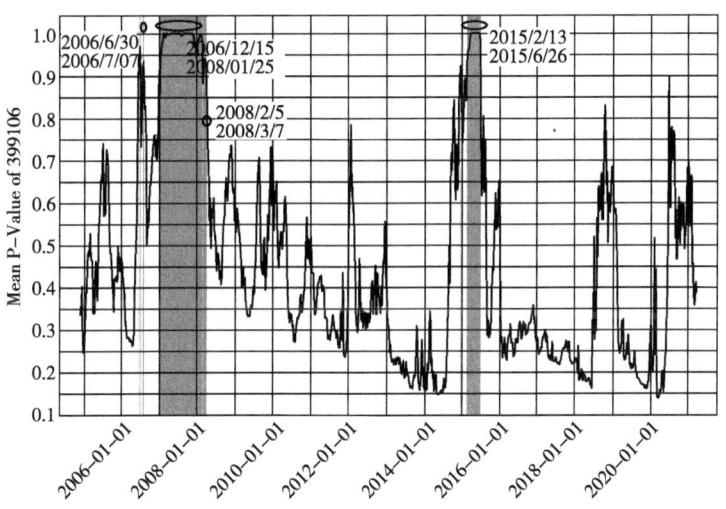

图 11.23　深圳综合指数（399106）的稳健性检验

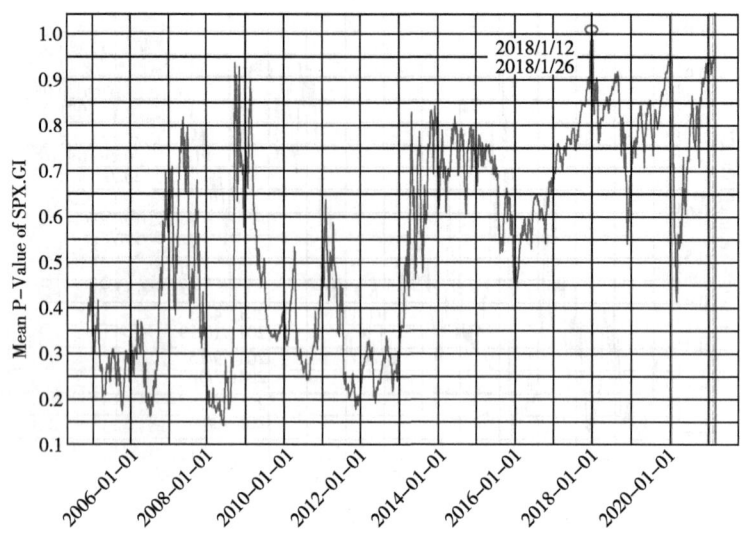

图 11.24　标准普尔 500 指数（SPX）的稳健性检验

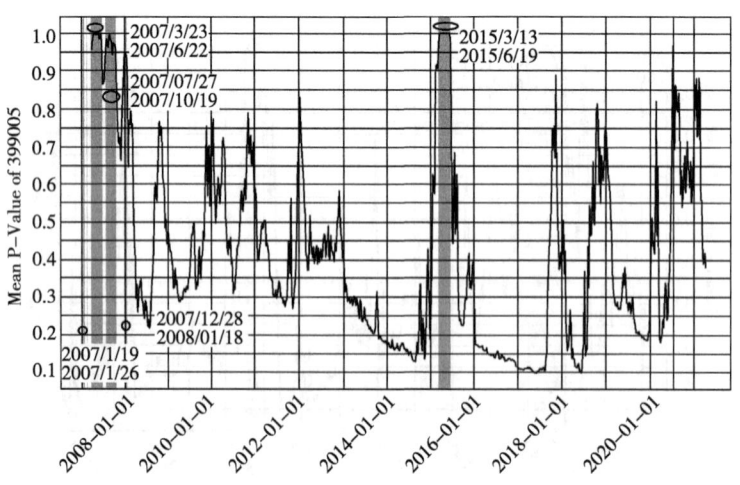

图 11.25　中小板指数（39005）的稳健性检验

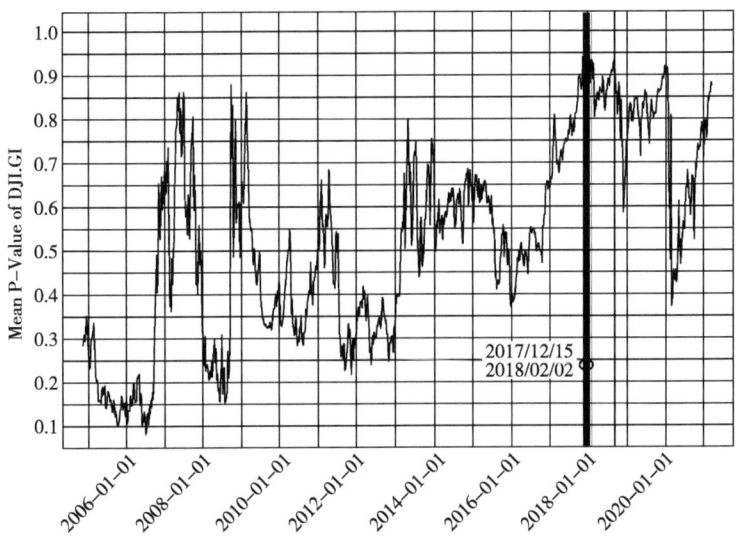

图 11.26　道琼斯指数（DJI）的稳健性检验

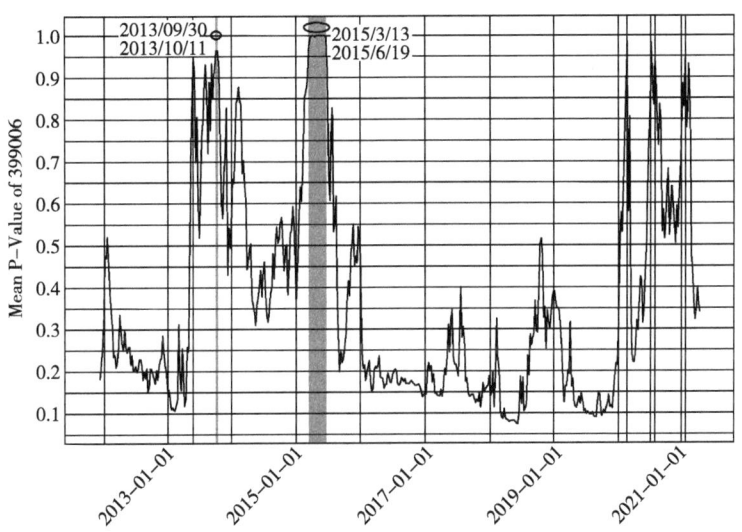

图 11.27　创业板指数（399006）的稳健性检验。

注：阴影区域是 PSY 统计超过其 95%引导临界值的时期。

参考文献

［1］ AHMAR A S, DEL VAL E B. Sutte ARIMA: Short-term forecasting method, a case: Covid-19 and stock market in Spain [J]. Science of The Total Environment, 2020 (729): 138883.

［2］ ANDRADE S C, BIAN J, BURCH T R. Analyst coverage, information, and bubbles [J]. Journal of Financial and Quantitative Analysis, 2013: 1573-1605.

［3］ ASAKO Y, UEDA K. The boy who cried bubble: public warnings against riding bubbles [J]. Economic Inquiry, 2014, 52 (3): 1137-1152.

［4］ BARUNÍK J, VOSVRDA M. Can a stochastic cusp catastrophe model explain stock market crashes? [J]. Journal of Economic Dynamics and Control, 2009, 33 (10): 1824-1836.

［5］ BERNAKE B S. A century of US central banking: goals, frameworks, accountability [J]. Journal of Economic Perspectives, 2013, 27 (4): 3-16.

［6］ BEKIROS S, JLASSI M, LUCEY B, et al. Herding behavior, market sentiment and volatility: will the bubble resume? [J]. The North American journal of economics and finance, 2017, 42: 107-131.

［7］ BODIE Z, KANE A, MARCUS A J. Investments [M]. 10th edition. NY: McGraw-Hill Education, 2011.

［8］ BRANDT L, ZHU X. Redistribution in a decentralized economy: growth and inflation in China under reform [J]. Journal of Political Economy, 2000, 108 (2): 422-439.

［9］ BRUNNERMEIER M, ROTHER S, SCHNABEL I. Asset price

bubbles and systemic risk ［J］. The Review of Financial Studies, 2020, 33 （9）: 4272–4317.

［10］ CAMPBELL J Y, SHILLER R J. Stock prices, earnings, and expected dividends ［J］. The Journal of Finance, 1988, 43 （3）: 661–676.

［11］ CAMPBELL J Y, SHILLER R J. The dividend–price ratio and expectations of future dividends and discount factors ［J］. The Review of Financial Studies, 1988, 1 （3）: 195–228.

［12］ CALLEN J L, FANG X. Short interest and stock price crash risk ［J］. Journal of Banking & Finance, 2015 （60）: 181–194.

［13］ CASE K E, QUIGLEY J M, SHILLER R J. Comparing wealth effects: the stock market versus the housing market ［J］. Advances in Macroeconomics, 2005, 5 （1）.

［14］ CERQUETI R, COSTANTINI M. Testing for rational bubbles in the presence of structural breaks: evidence from nonstationary panels ［J］. Journal of Banking & Finance, 2011, 35 （10）: 2598–2605.

［15］ CIHAN B. A history of financial crises: dreams and follies of expectations ［M］. NY: Routledge, 2011.

［16］ DANG T V, XU Z. Market sentiment and innovation activities ［J］. Journal of Financial and Quantitative Analysis, 2018, 53 （3）: 1135–1161.

［17］ DANIEL K, MOSKOWITZ T J. Momentum crashes ［J］. Journal of Financial Economics, 2016, 122 （2）: 221–247.

［18］ DOIDGE C, KAROLYI G A, STULZ R M. The US listing gap ［J］. Journal of Financial Economics, 2017, 123 （3）: 464–487.

［19］ DRIFFILL J, SOLA M. Intrinsic bubbles and regime–switching ［J］. Journal of Monetary Economics, 1998, 42 （2）: 357–373.

［20］ FOCARDI S M, FABOZZI F J. Can we predict stock market crashes? ［J］. The Journal of Portfolio Management, 2014, 40 （5）: 183–195.

［21］ FEDER T. Trade wars and other geopolitical tensions strain US–China scientific collaborations ［J］. Physics Today, 2019, 72 （11）: 22–24.

美国泡沫破灭型股灾的发生机制与预警研究

［22］FREHEN R G P, GOETZMANN W N, ROUWENHORST K G. New evidence on the first financial bubble ［J］. Journal of Financial Economics, 2013, 108 (3): 585-607.

［23］GAO Y, LI X, DONG J. Does housing policy sustainability matter? Evidence from China ［J］. Sustainability, 2019, 11 (17): 4761.

［24］GJERSTAD S, SMITH V L. Monetary policy, credit extension, and housing bubbles: 2008 and 1929 ［J］. Critical Review, 2009, 21 (2-3): 269-300.

［25］GREENWOOD R, NAGEL S. Inexperienced investors and bubbles ［J］. Journal of Financial Economics, 2009, 93 (2): 239-258.

［26］GREENAWAY - MCGREVY R, GRIMES A, HOLMES M. Two countries, sixteen cities, five thousand kilometres: How many housing markets? ［J］. Papers in Regional Science, 2019, 98 (1): 353-370.

［27］HU Y, OXLEY L. Bubble contagion: Evidence from Japan's asset price bubble of the 1980-90s ［J］. Journal of the Japanese and International Economies, 2018, 50: 89-95.

［28］GÜRKAYNAK R S. Econometric tests of asset price bubbles: taking stock ［J］. Journal of Economic surveys, 2008, 22 (1): 166-186.

［29］HE P, SUN Y, ZHANG Y, et al. COVID-19's impact on stock prices across different sectors: An event study based on the Chinese stock market ［J］. Emerging Markets Finance and Trade, 2020, 56 (10): 2198-2212.

［30］HU Y, OXLEY L. Are there bubbles in exchange rates? some new evidence from G10 and emerging market economies ［J］. Economic Modelling, 2017, 64: 419-442.

［31］HU Y, OXLEY L. Bubble contagion: evidence from Japan's asset price bubble of the 1980-90s ［J］. Journal of the Japanese and International Economies, 2018, 50: 89-95.

［32］ILAENKO S. Equilibrium theory of stock market crashes ［J］. Journal of Economic Dynamics and Control, 2015, 60: 73-94.

［33］ JIANG Z Q, ZHOU W X, SORNETTE D, et al. Bubble diagnosis and prediction of the 2005—2007 and 2008—2009 Chinese stock market bubbles ［J］. Journal of economic behavior & organization, 2010, 74 (3): 149–162.

［34］ KAIZOJI T. Speculative bubbles and crashes in stock markets: an interacting–agent model of speculative activity ［J］. Physica A: Statistical Mechanics and its Applications, 2000, 287 (3–4): 493–506.

［35］ KONG G, KONG D. Institutional investors' trading in speculation: evidence from China ［J］. South African Journal of Economics, 2015, 83 (4): 617–631.

［36］ LEVY M. Stock market crashes as social phase transitions ［J］. Journal of Economic Dynamics and Control, 2008, 32 (1): 137–155.

［37］ LI Y, CHEVALLIER J, WEI Y, et al. Identifying price bubbles in the US, European and Asian natural gas market: Evidence from a GSADF test approach ［J］. Energy Economics, 2020, 87: 104740.

［38］ LI V J, CHENG A W W, CHEONG T S. Home purchase restriction and housing price: A distribution dynamics analysis ［J］. Regional Science and Urban Economics, 2017, 67: 1–10.

［39］ LIU H Y, MANZOOR A, Wang C Y, et al. The COVID – 19 outbreak and affected countries stock markets response ［J］. International Journal of Environmental Research and Public Health, 2020, 17 (8): 2800.

［40］ MARSH T A, MERTON R C. Dividend variability and variance bounds tests for the rationality of stock market prices ［J］. The American Economic Review, 1986, 76 (3): 483–498.

［41］ MIAO J, WANG P, XU Z. A Bayesian dynamic stochastic general equilibrium model of stock market bubbles and business cycles ［J］. Quantitative Economics, 2015, 6 (3): 599–635.

［42］ MINSKY H P. An evaluation of recent monetary policy ［J］. Nebraska Journal of Economics and Business, 1972: 37–56.

［43］ NG Y K. Why does the US face greater disadvantages in the trade war with China? [J]. China & World Economy, 2020, 28 (2): 113-122.

[44] NEAL L. The South Sea bubble: an economic history of its origins and consequences [J]. Journal of British Studies, 2012, 51 (3): 739-740.

[45] NNEJI O. Liquidity shocks and stock bubbles [J]. Journal of International Financial Markets, Institutions and Money, 2015, 35: 132-146.

[46] PÁSTOR Ľ, VERONESI P. Technological revolutions and stock prices [J]. American Economic Review, 2009, 99 (4): 1451-83.

[47] PAVLIDIS E G, PAYA I, Peel D A. Testing for speculative bubbles using spot and forward prices [J]. International Economic Review, 2017, 58 (4): 1191-1226.

[48] PHAN D H B, NARAYAN P K. Country responses and the reaction of the stock market to COVID-19: A preliminary exposition [J]. Emerging Markets Finance and Trade, 2020, 56 (10): 2138-2150.

[49] PHILLIPS P C B, WU Y, YU J. Explosive behavior in the 1990s Nasdaq: When did exuberance escalate assetvalues? [J]. International Economic Review, 2011, 52 (1): 201-226.

[50] PHILLIPS P C B, SHI S, YU J. Testing for multiple bubbles: Historical episodes of exuberance and collapse in the S&P 500 [J]. International Economic Review, 2015, 56 (4): 1043-1078.

[51] PHILLIPS P C B, SHI S, YU J. Testing for multiple bubbles: Limit theory of real-time detectors [J]. International Economic Review, 2015, 56 (4): 1079-1134.

[52] PHILLIPS P C B, SHI S. Real time monitoring of asset markets: Bubbles and crises [M] //Handbook of Statistics. NY: Elsevier, 2020, 42: 61-80.

[53] RÜSCHENDORF L. SCHWEIZER B, TAYLOR M D. Distributions with fixed marginals and related topics [C]. Lecture Notes-Monograph Series, Institute of Mathematical Statistics, 1996.

[54] SHI H, MU C, YANG J, et al. A Sino-US comparative analysis

of the hi-tech entrepreneurial model [J]. Economic Modelling, 2021, 94: 953-966.

[55] SHILLER R J. The use of volatility measures in assessing market efficiency [J]. The Journal of Finance, 1981, 36 (2): 291-304.

[56] SHIRYAEV R J. Irrational exuberance: Revised and expanded third edition [M]. Princeton, N J: Princeton University Press, 2015.

[57] SHIRYAEV A N, ZHITLUKHIN M V, ZIEMBA W T. Land and stock bubbles, crashes and exit strategies in Japan circa 1990 and in 2013 [J]. Quantitative Finance, 2015, 15 (9): 1449-1469.

[58] SIOKIS F M. Multifractal analysis of stock exchange crashes [J]. Physica A: Statistical Mechanics and its Applications, 2013, 392 (5): 1164-1171.

[59] SU C W, SONG Y, TAO R, et al. Does political conflict affect bilateral trade or vice versa? Evidence from Sino-US relations [J]. Economic Research-Ekonomska Istraživanja, 2020, 33 (1): 3238-3257.

[60] THOMPSON E A. The tulipmania: Fact or artifact? [J]. Public Choice, 2007, 130 (1): 99-111.

[61] WAGNER A F. What the stock market tells us about the post-COVID-19 world [J]. Nature Human Behaviour, 2020, 4 (5): 440-440.

[62] WANG J. Will entrepreneurship promote productivity growth in China? [J]. China & World Economy, 2020, 28 (3): 73-89.

[63] WU S. Effect of the escalating China-US trade war on health care [J]. The Lancet, 2019, 394 (10204): 1140.

[64] XU N, LI X, YUAN Q, et al. Excess perks and stock price crash risk: Evidence from China [J]. Journal of Corporate Finance, 2014, 25: 419-434.

[65] ZHANG X, SUN Y. Investigating institutional integration in the contexts of Chinese city-regionalization: Evidence from Shenzhen-Dongguan-Huizhou [J]. Land Use Policy, 2019 (88): 104170.

［66］ ZHAO M. Is a new Cold War inevitable? Chinese perspectives on US-China strategic competition ［J］. The Chinese Journal of International Politics, 2019, 12 (3): 371-394.